W0245515

Julian Nida-Rümelin
Die Optimierungsfalle

Julian Nida-Rümelin

Die Optimierungsfalle

Philosophie einer humanen Ökonomie

Jede Kunst und jede Lehre, ebenso jede Handlung
und jeder Entschluss scheint irgendein Gut zu erstreben.
Aristoteles, *Nikomachische Ethik, ca. 335–323 v. Chr.*

IRISIANA

Verlagsgruppe Random House FSC-DEU-0100
Das für dieses Buch verwendete
FSC®-zertifizierte Papier *EOS*
liefert Salzer Papier, St. Pölten, Österreich.

© 2011 Irisiana Verlag,
in der Verlagsgruppe Random House GmbH München

Coverfoto: Christian M. Weiss
Umschlaggestaltung und -konzeption:
Geviert – Büro für Kommunikationsdesign, München
Beratung: Stefan Linde
Satz: Uhl + Massopust, Aalen
Druck und Bindung: GGP Media GmbH, Pößneck
Printed in Germany
ISBN: 978-3-424-15078-0

817 2635 4453 6271

Inhaltsverzeichnis

Für Amartya Sen

Irgendetwas ist grundfalsch an der Art und Weise, wie wir heutzutage leben. Seit dreißig Jahren verherrlichen wir eigennütziges Gewinnstreben. Wenn unsere Gesellschaft überhaupt ein Ziel hat, dann ist es die Jagd nach dem Profit. Wir wissen, was die Dinge kosten, aber wir wissen nicht, was sie wert sind. Bei einem Gerichtsurteil oder einem Gesetz fragen wir nicht, ob es gut ist. Ob es gerecht und vernünftig ist. Ob es zu einer besseren Gesellschaft, zu einer besseren Welt beitragen wird. Früher waren das die entscheidenden politischen Fragen, auch wenn es keine einfachen Antworten gab. Wir müssen wieder lernen, diese Fragen zu stellen.

Tony Judt, *Dem Land geht es schlecht – Ein Traktat über unsere Unzufriedenheit*, 2011

Vorwort

Dieses Buch ist überwiegend im August 2010 auf Sizilien entstanden. Für mich ergab sich daraus eine wunderbare Balance: Einerseits der Besuch faszinierender Altstädte wie Ibla (Ragusa), Noto und Ortigia sowie Sonne, Strand und Meer, andererseits Stunden in den dunklen Räumen einer alten und heruntergekommenen Villa aus dem späten 18. Jahrhundert und das beständige Nachdenken über die Inhalte dieses Buches. Dass dies möglich war, verdanke ich vor allem der Geduld meiner beiden Töchter Juliette (6) und Colette (4). Wir haben folgenden rationalen, aber auch humanen Vertrag geschlossen: Jede ungestörte Stunde am Diktafon musste mit einer Stunde Spielen, Tauchen, Fußball und Vorlesen bezahlt werden. Für die Bereitschaft, einen solchen Vertrag einzugehen, danke ich Juliette und Colette.

Gewidmet ist dieses Buch dem indischen Ökonomen Amartya Sen. Von ihm habe ich – beginnend mit meiner Doktorarbeit – über die Jahre und Jahrzehnte hinweg nicht nur zahlreiche Anregungen erfahren, er ist mir im Laufe der Zeit als direkter und indirekter Partner im interdisziplinären Gespräch zwischen Philosophie und Ökonomie auch zu einem Freund geworden. Ich denke, dass unsere Intentionen weitgehend die gleichen sind; wir beide schätzen die eleganten formalen und mathematischen Methoden der Entscheidungstheorie, teilen aber auch die Skepsis gegenüber den problematischen anthropologischen Prämissen, welche die zeitgenössische ökonomische Theorie prägen. Dennoch vermute ich, dass Amartya Sen nicht allen Thesen dieses Buches zustimmen wird.

Das Buch beruht auf einer jahrzehntelangen Beschäftigung mit Fragen der Rationalitätstheorie und dem Verhältnis zwischen Ethik und Ökonomie. Wenn ich es recht sehe, ist jedoch aus

diesem Buchprojekt mehr geworden, als ich ursprünglich beabsichtigt habe. Es ist nicht nur eine Art Summa der wichtigsten Ergebnisse meiner Forschung in einer möglichst allgemein
verständlichen Sprache, sondern geht – insbesondere im zweiten Teil – deutlich darüber hinaus. Mir ist während der Ab-
fassung dieses Buches klar geworden, dass die tugendethische
Dimension stärker einbezogen werden muss, um ein insgesamt
kohärentes Bild zu zeichnen.

Dieses Buch wird zu einem Zeitpunkt erscheinen, zu dem –
hoffentlich – die Weltfinanzkrise überwunden ist, obwohl unter Ökonomen gegenwärtig die Gefahr des Doppel-Dip, also
des zweiten Einbruchs, diskutiert wird. Dennoch spielt die
Weltfinanzkrise nur am Rande dieses Buches eine Rolle. Das
sollte aber nicht dahingehend missverstanden werden, dass die
Krisenanfälligkeit des globalen Finanzkapitalismus lediglich
ein unwichtiger Nebenaspekt wäre. Eine humane Ökonomie,
deren philosophische Grundlagen hier erörtert werden, wird –
aus systematischen Gründen, die im dritten Teil dieses Buches
dargelegt werden – von Stabilität geprägt sein.

Einer humanen ökonomischen Praxis entspräche eine humanistische ökonomische Theorie. Diese würde zur ursprünglichen Verbundenheit mit der praktischen Philosophie zu-
rückkehren. Dieses Buch versteht sich auch als Beitrag zu
einem neuen Gedankenaustausch zwischen Ökonomie und
Philosophie.

München, im Sommer 2011
JNR

Danksagungen

Niina Zuber – für die sorgfältige Niederschrift und redaktionelle Bearbeitung des Manuskripts.

Birgit Schnell – für die Unterstützung der redaktionellen Bearbeitung.

Thomas Roth – für die Anfertigung der Abbildungen.

Dr. Ulrike Kretschmer – für die aufmerksame Lektorierung.

Karin Stuhldreier – von Random House – für die vertrauensvolle Aufnahme und engagierte Begleitung dieses Buchprojekts.

Stefan Linde – für die Vermittlung zwischen Autor und Verlag.

Colette und Juliette Nida-Rümelin – für die Geduld im August 2010.

Nathalie Weidenfeld – für ihre Toleranz und ihre Liebe.

Den Hörerinnen und Hörern meiner Vorträge in Unternehmen und auf Konferenzen – für ihre Diskussionsbeiträge und Anregungen.

Den Studierenden des exekutiven Studiengangs PPW, Philosophie – Politik – Wirtschaft, der Ludwig-Maximilians-Universität München, dessen Sprecher ich bin – für einen fruchtbaren Gedankenaustausch über viele Jahre.

Einführung

Gegenwärtig werden viele Wutbücher geschrieben. Meist sind es ältere, wortgewaltige Autoren, die empört sind. In manchen Fällen ist das beeindruckend, etwa dann, wenn sich der 93-jährige ehemalige Widerstandskämpfer Stéphane Hessel[1] in seinem Manifest *Empört Euch!* über die Ungerechtigkeit der Weltgesellschaft und der Französischen Republik auslässt. In anderen Fällen transportiert diese Empörung Ressentiments, Verachtung, ja Rassismus. Manchmal richtet sich diese Empörung gegen moderne Technik, gegen zeitgenössische Kunst, gelegentlich aber auch gegen die Ökonomie, wie in *L'horreur économique* von Viviane Forrester.[2] Wenn Sie ein weiteres Empörungsbuch erwarten, werden Sie von der Lektüre dieses kleinen Traktats, das sich mit den philosophischen Grundlagen einer humanen Ökonomie befasst, enttäuscht sein. Es handelt sich um kein weiteres Wutbuch.

Nun könnte man sagen, dass die Weltfinanzkrise und die gravierenden realwirtschaftlichen Auswirkungen, die unfassbare Gier vieler Finanzmanager, die praktizierte kollektive Unverantwortlichkeit ein Wutbuch durchaus rechtfertigen. Tatsächlich gibt es unterdessen viele Wutbücher zur Weltfinanzkrise. Das Ziel dieses Traktats ist jedoch ein anderes, nämlich klarzumachen, dass die Ökonomie keine isolierte Veranstaltung ist, dass sie auf der Praxis menschlicher Individuen beruht, dass sie in einem kulturellen und moralischen Kontext steht. Die zentrale These dieses Traktats lautet: Der ökonomische Markt ist nicht moralfrei. Das klingt wie eine Selbstverständlichkeit, ist aber keine. Schon deswegen nicht, weil sie der heute do-

---

1 Stéphane Hessel, *Indignez-vous!*, Montpellier (2010).
2 Viviane Forrester, *L'horreur économique*, Paris (1996).

minanten ökonomischen Theorie widerspricht. Nach dieser
Theorie ist der Markt moralfrei, und Rationalität besteht ausschließlich darin, die eigenen Interessen – effizient – zu verfolgen. Die These ist auch deshalb keine Selbstverständlichkeit,
weil ein Gutteil der ökonomischen Praxis ihr zu widersprechen scheint.

Man kann die leitende These in zwei Teile gliedern:

(1) Der ökonomisch rationale Akteur – d. h. diejenige Person, die im Sinne der ökonomischen Theorie rational handelt – würde als Mensch, als Teilnehmer an einer kulturellen
Praxis, als Kooperationspartner, als Freund, als Vorgesetzter
auf der ganzen Linie scheitern. Der reine ökonomische Optimierer würde nicht einmal eine Persönlichkeit aufweisen, sondern lediglich wie eine Stellschraube im Getriebe wirken. Die
Entscheidungen einer solchen Person, des idealen *homo oeconomicus*, wären jeweils durch die Umweltbedingungen und
das Optimierungskalkül determiniert. Langfristige Projekte,
Bindungen, Verantwortlichkeit gegenüber anderen, persönliche Integrität spielten nur dann eine Rolle, wenn für die Optimierung nützlich. Das aber ist das Gegenteil einer moralischen
Persönlichkeit. Die ökonomisch rationale Person, wie sie die
heute dominante Theorie fasst, fällt aus allen kulturellen, sozialen, humanen Zusammenhängen heraus, sie vereinzelt radikal,
sie würde im Leben und in der Ökonomie scheitern.

(2) Eine gesellschaftliche Ordnung, die ausschließlich aus ökonomisch rationalen Akteuren besteht, die marktförmig organisiert ist, wäre ein Albtraum. Eine humane Gesellschaft setzt
eine Beschränkung oder Einbettung der ökonomischen Praxis
voraus. Auch davon handelt dieses Buch.

Während eine entfesselte ökonomische Rationalität das Ende
jeder humanen Kultur bedeutet, würde eine Gesellschaft ohne
eine ökonomisch effiziente Praxis erstarren, technologisch zu-
rückfallen, bürokratisch verknöchern, hierarchisch werden.

Das Buch beginnt daher mit einem Lob der ökonomischen Rationalität, um dann ihre Grenzen auszuloten und schließlich eine Synthese vorzubereiten.

Entsprechend ist dieser Traktat in drei Teile gegliedert. Ein erster beschäftigt sich mit dem Begriff und den Kriterien ökonomischer Rationalität. Dabei steht die Idee der Optimierung im Mittelpunkt. Ich versuche deutlich zu machen, dass wir alle ein Interesse daran haben, dass Regeln gelten, dass wir kooperieren, dass die je individuelle Optimierung nicht alle Strukturen sprengt.

Ein zweiter Teil beschäftigt sich im Anschluss an die klassische griechische Philosophie mit Werten und Tugenden, die auch in der ökonomischen Praxis unverzichtbar sind: Verlässlichkeit, Urteilskraft und Entscheidungsstärke, bis hin zu Respekt, Loyalität und Achtsamkeit. Um die Klärung ökonomischer Rationalität und die ethischen Bedingungen erfolgreicher ökonomischer Praxis geht es im dritten Teil – um eine Synthese in praktischer Vernunft: Was können wir als eine vernünftige Praxis charakterisieren, und welche Rolle spielt darin die Ökonomie?

Dieser Traktat richtet sich an diejenigen, die über den Tag hinaus denken wollen. Die über die Kritik an dem einen oder anderen gravierenden Fehlverhalten ökonomischer Akteure hinaus eine philosophische Perspektive gewinnen wollen. Die sich Gedanken machen, wie eine humane Ökonomie in der Weltgesellschaft aussehen könnte. Insofern handelt es sich um einen philosophischen Beitrag, um den unbescheidenen Versuch, die philosophischen Grundlagen einer humanen Ökonomie zu beschreiben.

Das Ergebnis ist keine Utopie. Es geht nicht um die Beschreibung eines wünschbaren, in naher Zukunft aber nicht realisierbaren Zustands, sondern um die pragmatischen Bedingungen einer humanen ökonomischen Praxis. Ich bin überzeugt, dass diese Bedingungen schon heute weiter verbreitet sind, als Ökonomisten und Ökonomiekritiker meinen. Unsere alltägliche ökonomische Praxis ist kulturell und moralisch verfasst. In ihr handeln Menschen, die auf ihre Integrität und Anständigkeit bedacht sind. Aber wir müssen die Anständigen schützen vor einer Ideologie und einer Praxis der Verantwortungslosigkeit.[3] Wenn dieser Traktat dazu einen kleinen Beitrag leistet, wäre sein Zweck bei weitem erfüllt.

---

3 Vgl. JNR, *Verantwortung*, Stuttgart (2011).

TEIL I
Ökonomische Rationalität

I.1 Was ist ökonomische Rationalität?

By the principle of utility is meant that principle which approves or disapproves of every action whatsoever, according to the tendency which it appears to have to augment or diminish the happiness of the party whose interest is in question.

Jeremy Bentham, *An Introduction to the Principles of Morals and Legislation*, 1789

Unter Ökonomie wird sowohl das Gesamt der wirtschaftlichen Praxis verstanden als auch die Wissenschaft, die sich mit dieser Praxis befasst. Wie jede menschliche Praxis folgt auch die wirtschaftliche einer bestimmten Rationalität. Worin aber besteht *ökonomische Rationalität?* Die Ökonomie als wissenschaftliche Disziplin gibt auf diese Frage unterschiedliche Antworten; und auch wenn heute eine dieser Antworten dominiert, so zeigt sich bei genauerer – eben philosophischer – Analyse, dass diese Antwort keineswegs so eindeutig ist, wie es scheinen mag.

Auch in diesem Kapitel werden wir uns auf eine erste Vorklärung beschränken müssen. Ein vollständiges Bild entsteht erst durch die Lektüre des ganzen Buches. Es handelt sich dabei nicht um ein populärwissenschaftliches Buch im üblichen Sinne. Ich berichte nicht über Forschungsergebnisse in popularisierter Form, sondern nehme Sie auf einen Gedankenausflug mit, der keine besonderen wissenschaftlichen Vorkenntnisse erfordert. Ich habe mich mit der Frage der Rationalität und besonders mit dem Verhältnis von ökonomischer Rationalität und praktischer Vernunft über viele Jahre intensiv beschäftigt.

Da diese Themen nicht nur von akademischem, gar lediglich innerphilosophischem Interesse sind, sondern viele Menschen angehen, unternehme ich in diesem Buch den Versuch, meine Auffassungen so zu präsentieren, dass keine Abstriche an Seriosität nötig sind, aber auch aller entbehrlicher akademischer Ballast entsorgt ist.

Die Ökonomie als Praxis hat die menschlichen Lebensformen wohl von Anbeginn begleitet. Diese Praxis ist nicht das späte Begleitphänomen der Industrialisierung oder des Kapitalismus im 19. Jahrhundert. Märkte, auf denen Waren angeboten und gekauft wurden, gab es schon in der Antike. Auch damals, so können wir annehmen, waren diejenigen erfolgreich, die Waren zu einem guten Preis anbieten konnten: diejenigen also, die ökonomisch rational handelten, d. h. mit einem vergleichsweise geringen Aufwand einen hohen Ertrag erwirtschafteten.

Wenn man unter Kapitalismus eine Wirtschaftsform versteht, in der das Verfügen über Kapital und die Vergrößerung des Kapitals eine zentrale, steuernde Rolle spielen, dann waren die antiken Märkte nicht kapitalistisch. Insbesondere können wir annehmen, dass es keinen Markt für Kapitalien gab, keine Finanzmärkte, keine Banken etc. Aber es gab das Prinzip der Konkurrenz: In der Antike und besonders im europäischen Mittelalter handelte es sich um eine gebändigte, durch Zunftordnungen regulierte Konkurrenz. Konkurrenz um das bessere Produkt und den günstigeren Preis. Konkurrenz gab es aber auch in der Werbung von Käufern. Die sich an Lautstärke überbietenden Marktschreier, die es auch heute noch auf ländlichen Märkten gibt, stehen für eine archaische Form des Marketing. Ökonomische Rationalität ist also älter als die industriellen und kapitalistischen Wirtschaftsformen, die gegen Ende des 18. und zu Beginn des 19. Jahrhunderts entstehen. Während sich der Charakter ökonomischer Rationalität über die Zeiten hinweg wenig verändert, transformiert sich jedoch ihre Rolle: Von der Ergänzung einer im Ganzen auf Subsistenz, auf die Selbsterhaltung ausgerichteten Lebensform wird ökonomische Rationalität für weite Bereiche menschlicher Praxis dominierend. Die Dynamik der ökonomischen und gesellschaftlichen Entwicklung, die in Europa in den ersten Dekaden des 19. Jahrhunderts einsetzt, hat kulturelle, technologische, politische und organisatorische Ursachen, ihr auffälligstes Merkmal ist jedoch die Dominanz ökonomischer Rationalität. Diese schwächt die alte Ständeordnung, marginalisiert die Rolle der Zünfte, etabliert eine neue Klasse, nämlich die des Besitzbürgertums, erschüttert die überkommene Staatenwelt und wird schließlich in der zweiten Hälfte des 19. Jahrhunderts bis zu Beginn des Ersten Weltkriegs 1914 zu einer Globalisierung der Finanzmärkte und des Warenhandels, die erst heute wieder erreicht wird.

Die Dominanz ökonomischer Rationalität ist aber nicht nur eine Erfolgsgeschichte: Konkurrenz und neue Technologien erhöhen die Arbeitsproduktivität und die Wirtschaftsleistung pro Kopf; innerhalb weniger Dekaden werden gewaltige Kapitalien akkumuliert und wieder investiert, große Stiftungen entstehen, auch die Gründung der US-amerikanischen privaten Spitzenuniversitäten etwa verdankt sich dieser Entwicklung. Doch zugleich brechen überkommene Solidaritätsbeziehungen auf, die Städte verslummen, die Agrarregionen verarmen, der neue Reichtum korrespondiert mit einer Verelendung großer Teile der Bevölkerung.

Die resultierenden kulturellen, gesellschaftlichen und politischen Krisen, die politische Radikalisierung im 20. Jahrhundert, der Erste Weltkrieg 1914 bis 1918, die Weltwirtschaftskrise Ende der 1920er-, Anfang der 1930er-Jahre, der Zweite Weltkrieg 1939 bis 1945, der daraus folgende Zusammenbruch der europäischen Staatenordnung – all das zwingt zu einer Bändigung ökonomischer Rationalität. Die Nachkriegsord-

nung ist nicht nur bipolar, sondern etabliert starke Nationalstaaten, die den internationalen Handel durch Zollschranken
behindern, wirtschaftliche Schutzzonen schaffen, Konkurrenz
eindämmen und eine sozialstaatliche Bändigung der kapitalistischen Dynamik vornehmen. Es gibt zunächst keine freien
Wechselkurse, die oft weit divergierenden Wirtschaftspolitiken
führen dementsprechend zu Spannungen auf den Finanzmärkten, die durch politische Anpassungen der Wechselkurse wieder ausgeglichen werden. Während zweier Jahrzehnte relativ
kontinuierlichen Wachstums praktizieren alle westlichen Industrieländer die eine oder andere Form wirtschaftlicher Glo-
balsteuerung, dämpfen die Konjunkturzyklen und versuchen,
möglichst nahe an Vollbeschäftigung zu bleiben. Deutschland,
dem Verursacher und Verlierer des Zweiten Weltkriegs, gelingt dies in Europa besonders gut. Erst mit den Ölpreiskri-
sen der 1970er-Jahre wird die prinzipielle Begrenztheit dieser
politischen Bändigung ökonomischer Rationalität deutlich.
Die weltwirtschaftlichen Verflechtungen nehmen wieder zu,
und die wachsende Staatsverschuldung beschränkt die kon-
junkturpolitischen Möglichkeiten. Mit dem Zusammenbruch
der kommunistischen Regime im mittleren Osteuropa und mit
dem Ende der Ost-West-Bipolarität beginnt die zweite Phase
der Dominanz ökonomischer Rationalität. Insbesondere die
Finanzmärkte globalisieren sich, der Abbau der Zollschranken vernetzt aber auch die internationalen Warenmärkte zunehmend. Die ökonomische Rationalität der globalen Märkte
erringt wieder eine überragende Prägekraft, die nur mit derjenigen der zweiten Hälfte des 19. Jahrhunderts vergleichbar ist.
Marktradikale Theoretiker aus der Ökonomie und Philosophie
legen die konzeptionellen Fundamente einer Politik, die in Europa meist als »neoliberal«, in den USA als »neokonservativ«
bezeichnet wird. Demnach kommt dem Markt die Rolle des
fundamentalen Ordnungsrahmens zu. Der Staat hat sich auf

möglichst minimale Interventionen zu beschränken: Grenzen
aller Art – für Waren, Personen und Kapitalien – sind abzu-
bauen. Die ökonomische Rationalität soll alle anderen dominieren. Mit Margaret Thatcher in England und Ronald Reagan
in den USA werden Teile dieses theoretischen Programms in
die Realität umgesetzt. Staats- und Demokratieabbau, Deregulierung und Globalisierung prägen die Agenda.

Unterdessen schlägt das Pendel zurück. Nicht zum ersten Mal
in der Wirtschaftsgeschichte. In der Krise der globalen Finanzmärkte 2008 ff. wird deutlich, dass es ein Irrtum ist anzunehmen, dass die notwendigen Regeln auf dem Markt selbst
entstehen. Wir werden in Teil I Kapitel 3 sehen, dass diese Annahme der Marktradikalen auf einem fundamentalen Denkfehler beruht. Auch wenn die Einsicht wächst, dass ökonomische Rationalität sich nur dann gedeihlich auswirkt, wenn sie
von vernünftigen Regeln begrenzt wird, bleibt die Ratlosigkeit, wer diese Regeln setzen soll. In der Weltfinanzkrise waren es die Nationalstaaten, die reagierten. Die internationalen
Institutionen, etwa der Internationale Währungsfonds (IWF),
die Weltbank, die Welthandelsorganisation (WHO), spielten –
für viele überraschend – keine nennenswerte Rolle. Es waren
die viel geschmähten Nationalstaaten – und zwar große wie die
USA, aber auch kleine wie Island –, die versuchten zu retten,
was zu retten war. Der Anfangsfehler von George W. Bush,
Lehman Brothers nicht zu retten, führte zu einer Kettenreak-
tion, welche die Weltwirtschaft nach Einschätzung vieler Beobachter an den Abgrund führte. Der Grundfehler der Weltfinanzkrise 1929ff. wurde nicht wiederholt. Damals hatte die
Sparpolitik der großen Industrienationen krisenverschärfend
gewirkt, jetzt wurden unterschiedliche Maßnahmen ergriffen,
um die Nachfrage zu stabilisieren. Allerdings um den Preis,
die Staatsverschuldung massiv nach oben zu treiben. Die ökonomische Rationalität der Finanzmärkte hatte in die Krise ge-

führt, die Bekämpfung ihrer Folgen orientierte sich an einer ganz anderen, nämlich der politischen Rationalität. Auch dieses Spannungsverhältnis wird uns noch beschäftigen.

Staatsverschuldung und Staatseinnahmen
Überschuss (+) / Defizit (-) als Prozent
am nominalen Bruttoinlandsprodukt

	2004	2005	2006	2007	2008	2009	2010	2011	2012
Australien	1,1	1,4	1,5	1,7	0,4	-4,0	-3,3	-1,7	-0,4
Kanada	0,9	1,5	1,6	1,4	0,0	-5,5	-4,9	-3,4	-2,1
Frankreich	-3,6	-3,0	-2,3	-2,7	-3,3	-7,6	-7,4	-6,1	-4,8
Deutschland	-3,8	-3,3	-1,6	0,3	0,1	-3,0	-4,0	-2,9	-2,1
Griechenland	-7,4	-5,3	-3,9	-5,4	-7,8	-13,7	-8,3	-7,6	-6,5
Italien	-3,6	-4,4	-3,3	-1,5	-2,7	-5,2	-5,0	-3,9	-3,1
Japan	-6,2	-6,7	-1,6	-2,4	-2,1	-7,1	-7,7	-7,5	-7,3
Niederlande	-1,8	-0,3	0,5	0,2	0,5	-5,4	-5,8	-4,0	-3,1
Polen	-5,4	-4,1	-3,6	-1,9	-3,7	-6,8	-7,9	-6,7	-4,8
Portugal	-3,4	-5,9	-4,1	-2,8	-3,0	-9,4	-7,3	-5,0	-4,4
Spanien	-0,4	1,0	2,0	1,9	-4,2	-11,1	-9,2	-6,3	-4,4
Schweden	0,4	1,9	2,2	3,5	2,2	-1,2	-1,2	-0,6	0,6
Schweiz	-1,8	-0,7	0,8	1,7	2,3	1,2	-0,7	-0,4	0,0
Vereinigtes Königreich	-3,6	-3,3	-2,7	-2,8	-4,8	-11,0	-9,6	-8,1	-6,5
USA	-4,4	-3,3	-2,2	-2,9	-6,3	-11,3	-10,5	-8,8	-6,8
Euro-Zone	-3,0	-2,6	-1,3	-0,6	-2,0	-6,2	-6,3	-4,6	-3,5
Total OECD	-3,4	-2,7	-1,2	-1,3	-3,3	-7,9	-7,6	-6,1	-4,7

Quelle: OECD[4]

Bevor wir uns mit der Frage beschäftigen können, in welchem Verhältnis ökonomische Rationalität zu anderen Rationalitäten

---

4 Das Statistische Bundesamt weist eine konservativere Berechnung als das OECD auf und bestimmt auch für die Jahre 2007 und 2008 für Deutschland ein Defizit von 0,2 bzw. 0,1 Prozent des Bruttoinlandsproduktes in jeweiligen Preisen.

steht – der politischen, der ethischen, der lebensweltlichen –, bedarf es einer ersten Klärung, was unter ökonomischer Rationalität eigentlich zu verstehen ist. Eine erste Charakterisierung könnte folgendermaßen lauten: Ökonomisch rational handelt jemand, wenn er seine Ziele mit einem minimalen Aufwand erreicht. Es geht um das Verhältnis von Aufwand und Ertrag. Ökonomisch handelt derjenige, der mit einem möglichst geringen Aufwand einen möglichst hohen Ertrag erwirtschaftet. Allgemeiner formuliert: Ökonomische Rationalität bemisst sich am Verhältnis von Nutzen und Kosten. Dieser Nutzen kann für ein Unternehmen als Gewinn definiert werden oder für einen Konsumenten als Gebrauchswert des jeweiligen Produkts. Ökonomische Rationalität lässt sich jedoch auch so weit fassen, dass es scheint, als könnte man so gut wie jede menschliche Praxis darunter subsumieren. Hat nicht jeder Mensch von jeder Handlung einen Nutzen bzw. Schaden? Ist nicht jede Handlung in der einen oder anderen Weise mit einem Aufwand (Kosten) verbunden?

Lassen Sie mich das am folgenden Beispiel illustrieren: Ich habe das Ziel, auf die andere Seite einer viel befahrenen Straße zu wechseln. Die Ampel ist 300 Meter entfernt. Bis zu dieser Ampel zu gehen, entspricht einem gewissen Aufwand, der sich allerdings monetär zunächst nicht leicht bewerten lässt. Andererseits garantiert mir die Fußgängerampel eine gefahrlose Überquerung, ich vermeide das Risiko eines Unfalls. Dies entspricht einem Nutzen. Ich muss also abwägen, ob mir die Kosten der zusätzlichen Wegstrecke durch den Nutzen der Risikovermeidung aufgewogen erscheinen.

Der Gedanke legt nahe, dass sich alle menschliche Praxis nach diesem Muster ökonomischer Rationalität bewerten lässt. In der Philosophie und in den Sozialwissenschaften hat sich dafür der Terminus *homo oeconomicus* eingebürgert. Der Mensch wird als ökonomisch rationales Wesen verstanden. Seine Praxis wird insgesamt nach den Kriterien ökonomischer Rationalität beurteilt. Bevor wir jedoch daran gehen können, die Tragweite, aber auch die Grenzen des *homo oeconomicus* zu bestimmen, müssen wir ihn präziser definieren. Dem dient das folgende Kapitel.

I.2 Optimierung

Then there is the will to conquer: the impuls to fight, to prove oneself superior to others, to succeed for the sake, not of the fruits of success, but of success itself.

Joseph A. Schumpeter,
The theory of Economic Development, 1934

The duty of »saving« became nine-tenths of virtue and the growth of the cake the object of true religion.

Maynard Keynes,
The Economic Consequences of the Peace, 1920

Nicht zufällig gibt es nur wenige Ausdrücke, die im modernen Wirtschaftsleben beliebter sind als »Optimierung«. Maximierung ist das Ziel, von etwas möglichst viel zu erhalten. Die Nutzenmaximierung wird in der Ökonomie durch eine konsistente Nutzenfunktion ausgedrückt. Sie ist das gängigste Modell der Darstellung der Präferenzen einzelner Wirtschaftssubjekte. Das Subjekt strebt danach, aus den ihm zur Verfügung stehenden Güterbündeln dasjenige auszuwählen, das den größten Nutzen besitzt. Optimierung dagegen hat das Verhältnis von Aufwand und Ertrag, von Kosten und Nutzen, im Blick. Man kann es auch so formulieren: Das Ziel der Optimierung ist Ausdruck einer Wertung. In der philosophischen Terminologie: Optimierung ist immer normativ.

Wir optimieren Tag für Tag. Optimierung ist Teil unserer Lebenswelt. Wenn Sie Ihr Kind jeden Morgen in den Kindergarten fahren, nehmen Sie den kürzesten Weg. Das ist allerdings doppeldeutig: Nehmen Sie den Weg, der am wenigsten Zeit in Anspruch nimmt, oder den, der in Metern am kürzesten ist? Wenn es Ihnen primär um den Benzinverbrauch geht, wählen Sie möglicherweise den kürzesten in Metern; wenn es Ihnen darum geht, möglichst früh im Büro zu sein, wählen Sie den »schnellsten« Weg. Da Ihr Auto bei kontinuierlicher Geschwindigkeit weniger Benzin verbraucht als bei häufigen Stopps, könnte es sich herausstellen, dass weder der kürzeste noch der schnellste Weg der benzinsparendste ist. Vielleicht ziehen Sie auf dieser Strecke wegen der schöneren Umgebung die Alleestraße der einbetonierten Schnellstraße vor und nehmen dafür in Kauf, dass Sie einige Minuten länger brauchen oder einige hundert Gramm Benzin mehr verbrauchen. Wenn Sie als Ausfahrer unterwegs sind und für Ihre Anlieferungen täglich eine Vielzahl von Zielen erreichen müssen, kann die Optimierung sich beispielsweise im Sinne des möglichst geringen Benzinverbrauchs oder der geringsten zeitlichen Ausdehnung zu einem komplexen mathematischen Problem auswachsen, das nur mit Gleichungssystemen zu bewältigen ist.

Für diese und andere Optimierungen verfügen wir allerdings über Heuristiken, die uns oft erstaunlich zuverlässig anleiten.[5] Ein schönes Beispiel ist die Strategie, die Geübte beim Volleyball, Baseball, Rugby oder auch bei hohen Bällen beim Fußballspielen anwenden: Der Ballfänger versucht, den Winkel zum Wurfobjekt, nachdem es seinen Zenit überschritten hat, laufend möglichst konstant zu halten. Die dabei zurückgelegte Laufstrecke ist in der Regel nicht optimal, d. h., sie weicht von der rechenbaren kürzesten Strecke ab. Aber diese Heuristik ist verlässlich. Sie lässt sich unter allen Bedingungen anwenden und erfordert keine Berechnungen.

Dieses Beispiel zeigt, dass Optimierung mit Kosten verbunden ist. In diesem Fall ginge kostbare Zeit verloren, wenn die Läufer erst Berechnungen oder wenigstens überschlägige Kalkula-

---

5 Gerd Gigerenzer, *Bauchentscheidungen*, München (2007).

tionen anstellten. Zum Optimierungsproblem gesellt sich also das, was wir als Meta-Optimierung bezeichnen wollen: Welches Maß an Optimierung ist optimal?

Die moderne Entscheidungs- und Spieltheorie, die zwar schon Vorläufer im 18. Jahrhundert hatte, jedoch erst nach dem Zweiten Weltkrieg zur vollen Blüte reifte, steckt einen begrifflichen Rahmen ab, der es uns erlaubt zu analysieren, was unter Optimierung zu verstehen ist. Die Entscheidungs- und Spieltheorie entwickelt Kriterien rationaler Entscheidung. Damit werden Optimierung und Rationalität auf das Engste miteinander verbunden. In späteren Kapiteln werden wir die Problematik einer derart engen Verbindung von Rationalität und Optimierung diskutieren. Hier geht es zunächst nur um die Präzisierung unserer intuitiven Vorstellung von Optimierung.

Unsere Entscheidungen haben Konsequenzen. Welche Konsequenzen eine Entscheidung bzw. die Handlung, die auf dieser Entscheidung beruht, hat, hängt von Umständen ab, die wir oft nicht vollständig kontrollieren können. Nehmen wir an, Sie wollen in der nächsten Woche von München nach Frankfurt reisen, Sie müssen sich aber noch entscheiden, welches Verkehrsmittel Sie wählen: Kfz, Bahn, Flugzeug. Nehmen wir weiter an, dass die Kosten dieser drei Reisevarianten sich bestimmen lassen. Aber auch das Wetter am Tag der Reise kann ausschlaggebend sein, welches Verkehrsmittel optimal ist. Bei dichtem Nebel oder Schneetreiben in Frankfurt zum Zeitpunkt der vorgesehenen Landung Ihres Flugzeugs wäre es in jedem Falle besser, mit der Bahn zu fahren, wenn Sie denn pünktlich zu Ihrem Termin in Frankfurt sein wollen. Bei gutem, trockenem Wetter und wenig Straßenverkehr bevorzugen Sie das Kfz, um flexibler zu sein. Bei regennassen Straßen und dementsprechend reduzierter Geschwindigkeit bevorzugen Sie die Bahn. Um sich die möglichen Konsequenzen einer Handlung klarzumachen, muss man die Umstände bestimmen, die für diese Konsequenzen relevant sein können. Bei jeder Handlung können das andere Umstände sein. Für jeden dieser Umstände gilt, dass wir die Konsequenzen der Handlung bestimmen können, wenn dieser Umstand eintritt. Nehmen wir an, wir hätten einen vollständigen Überblick über die uns offenstehenden Handlungen. Darüber hinaus könnten wir alle für die Handlung relevanten Umstände in dem oben erläuterten Sinn angeben. Dann wäre es möglich, das aufzustellen, was in der Entscheidungstheorie als Konsequenzenmatrix bezeichnet wird. Die Zeilen dieser Konsequenzenmatrix symbolisieren die Handlungen, die in dieser Situation offenstehen (h_1, h_2, h_3, h_m), die Spalten symbolisieren die relevanten Umstände, d. h. alle Umstände, die für mindestens eine Handlung eine Rolle für die Konsequenzen dieser Handlung spielen.

	Wetterbedingung Schnee	Wetterbedingung Regen	Wetterbedingung weder – noch
h_1	4 Stunden Reisedauer und 100 Euro	2,5 Stunden Reisedauer und 100 Euro	1 Stunde Reisedauer und 100 Euro
h_2	8 Stunden Reisedauer und 50 Euro	5 Stunden Reisedauer und 50 Euro	4 Stunden Reisedauer und 50 Euro

Beispiel: Bewertung der Handlungsalternativen, aufgrund der Dauer und der Transportkosten

h_1 Mit dem Flugzeug nach Frankfurt
h_2 Mit der Bahn nach Frankfurt

Bis hierhin scheint alles durchsichtig zu sein. Die Konsequenzen sind handfest, beispielsweise kann ich bei Schneetreiben nicht in Frankfurt landen und komme zu spät zu meiner Besprechung. Aber offensichtlich müssen wir eine Auswahl unter den Myriaden von Konsequenzen vornehmen, um überhaupt eine Entscheidung treffen zu können. Was ist der Maßstab die-

ser Auswahl? In ökonomischen Zusammenhängen könnten
wir die Konsequenzen darauf beschränken, was sich in mo-
netär-messbaren Vor- und Nachteilen niederschlägt. In unserem Beispiel müsste ich mir überlegen, welchem Geldwert
diese Verspätung in Frankfurt wegen Schneetreibens entspräche. Möglicherweise käme auf diese Weise ein Vertrag nicht
zustande, und das wiederum käme mich teuer zu stehen. Manche Menschen interessieren sich aber möglicherweise noch für
andere Dinge als geldwerte Vor- und Nachteile. Ein bedeutender Statistiker – Leonard J. Savage – hat dem in folgender
Weise Rechnung zu tragen versucht: Relevant ist, was meinen
subjektiven Zustand *(subjective state)* beeinflusst. Manchmal
fühle ich mich gut und manchmal schlecht. Wenn ich durch
eine Handlung erreichen kann, dass ich mich besser fühle,
dann spricht dies dafür, diese Handlung auszuführen.[6] Wenn
wir Savage – und nicht nur ihm, sondern einem Großteil der
Rationalitätstheoretiker in der Ökonomie und Philosophie –
folgten, dann wäre eine rationale Handlung dadurch charakterisiert, dass sie auf die Verbesserung des eigenen Wohlergehens
gerichtet ist. Der Altruist, der etwas tut, um das Wohlergehen
einer anderen Person zu verbessern, müsste als irrational gelten.
Wir werden erst in späteren Kapiteln die hier aufgeworfenen
Fragen beantworten. Hier sollte lediglich deutlich werden,
dass die so harmlos erscheinende Konsequenzenmatrix es in
sich hat. Die Auswahl der Konsequenzen als relevant – und
damit die Auswahl der relevanten Umstände für eine Entscheidung – beruht, in der Regel unausgesprochen, auf Wertungen.
Sie beruht auch dann auf Wertungen, wenn dies der entscheidenden und räsonierenden Person nicht bewusst ist.

---

6 Das immens einflussreiche Werk, insbesondere der Ökonomie und der Sta-
tistik, von Leonard Savage trägt den Titel *Foundations of Statistics*, New
York (1954). Es gilt bis heute zu Recht als eines der Standardwerke der
modernen Entscheidungstheorie.

Nehmen wir an, eine Konsequenzenmatrix sei auf irgendeine Weise zustande gekommen. Wir wüssten also die relevanten Umstände und Konsequenzen der möglichen Handlungen in der konkreten Situation. Dies allein erlaubt es uns noch nicht, eine optimale Entscheidung zu treffen. Der nächste Schritt ist die Bewertung der Konsequenzen. Wir müssen wissen, welche Vor- und Nachteile die jeweiligen Konsequenzen haben. Nehmen wir wieder den einfachen, den ökonomischen Fall: Wir wissen, welche Kosten und welche monetären Vorteile mit der jeweiligen Konsequenz verbunden sind. In unserem Beispiel etwa die Kilometerkosten bei der Nutzung des eigenen Pkw, die Kosten der Bahnfahrkarte einschließlich der Reservierung, die Kosten des Flugtickets einschließlich des Transfers vom und zum Flughafen, anfallende Taxikosten etc. Die unterschiedliche Dauer der Reise müsste ebenfalls monetär bewertet werden, etwa durch den Verdienstausfall, der dadurch entsteht. Der Vorteil rechtzeitiger Anwesenheit im Falle eines erfolgreichen Vertragsabschlusses und im Falle, dass dieser Vertragsabschluss nicht zustande kommt. Dies sind die Kosten einer massiven Verspätung aufgrund von Schneetreiben und der Entscheidung, das Flugzeug zu nehmen. Diese Berechnungen können im Einzelfall kompliziert werden, begrifflich sind sie jedoch einfach. Wir bestimmen jeweils den Geldwert des Nutzens und des Schadens, den die jeweilige Konsequenz für uns hat. Entsprechend können wir jeder Konsequenz in der obigen Matrix einen Geldwert zuordnen. Aus der Konsequenzenmatrix wird eine Bewertungsmatrix.

	Wetterbedingung Schnee	Wetterbedingung Regen	Wetterbedingung weder – noch
h_1	5000 Euro	5000 Euro	100 Euro
h_2	4950 Euro	4950 Euro	50 Euro

Beispiel: Bewertung durch Zuschreibung von Opportunitäts-
kosten, Transportkosten und sonstigen zu erwartenden Kosten
im Falle einer Verspätung

h_1 Mit dem Flugzeug nach Frankfurt
h_2 Mit der Bahn nach Frankfurt

Nun gibt es Menschen, die sich nicht nur für den geldwerten
Vorteil interessieren. Gelegentlich sind wir an Dingen und Aktivitäten interessiert, die man sich mit Geld nicht kaufen kann,
beispielsweise Freundschaft. Aber immer noch könnte Savage
recht haben, wenn er meint, dass es uns ausschließlich um die
Verbesserung des eigenen Wohls geht, dass es rational ist, den
eigenen subjektiven Zustand zu optimieren. Die Bewertung
wird also danach vorgenommen, welche Folgen eine Handlung für mein subjektives Wohlbefinden hat. Auch darin liegt
eine Wertung, nämlich dass eine Handlung nur dann rational
sein kann, wenn sie darauf gerichtet ist, das eigene Wohlbefinden zu verbessern oder, genauer, das eigene Wohlbefinden zu
optimieren.

Man kann die Idee der Bewertungsmatrix auch so zusammenfassen: Mit unseren Handlungen legen wir fest, welche Auswirkungen bestimmte Ereignisse in der Welt (Umstände), von
denen wir nicht wissen, ob sie eintreten werden, auf unser eigenes Wohl haben. Wir versuchen, uns vor den Unwägbarkeiten
des Zufalls – manche werden sagen: des Schicksals – dadurch
zu schützen, dass wir diesen Eventualitäten vorbeugen und unsere Handlungen so wählen, dass die zu erwartenden Folgen
für unser eigenes Wohl möglichst günstig ausfallen. Das allge-
genwärtige Risiko, das von Ereignissen ausgeht, die wir nicht
kontrollieren können, versuchen wir zu mindern, indem wir
so handeln, dass die zu erwarteten Folgen für uns günstig sind.
Es liegt auf der Hand, dass wir Ereignisse, deren Eintreten
wir für wahrscheinlich halten, bei unserer Entscheidungsfin-

dung stärker berücksichtigen als Ereignisse, die wir für unwahrscheinlich halten. Wenn wir morgens das Haus verlassen, schauen wir in der Regel nicht nach oben, um sicherzustellen, dass uns kein Dachziegel auf den Kopf fällt. Wenn jedoch nach einem harten Winter im Frühling das Tauwetter einsetzt, werden wir möglicherweise Vorkehrungen treffen, um zu verhindern, dass ein großer Eiszapfen unserem Leben ein vorzeitiges Ende setzt. Wir berücksichtigen, wie wahrscheinlich Ereignisse sind, die unser eigenes Wohl beeinflussen können. Die Entscheidungstheorie schlägt vor, diese Gewichtung einfach proportional zu den Wahrscheinlichkeiten vorzunehmen. Wenn ein Ereignis doppelt so wahrscheinlich ist wie ein anderes, sollten die möglichen Folgen, die meine Handlung hat – vorausgesetzt, dieses Ereignis tritt ein –, eben doppelt so stark gewichtet werden wie die Konsequenzen, die meine Handlung hat, wenn das nur halbwahrscheinliche Ereignis eintritt. Jede Konsequenz muss also nicht nur bewertet werden, sondern es muss auch die Wahrscheinlichkeit geschätzt werden, mit der diese Konsequenz eintritt – vorausgesetzt, ich habe die betreffende Entscheidung getroffen. Manchmal sind die Wahrscheinlichkeiten der Handlungskonsequenzen wiederum davon abhängig, wie ich entschieden habe. Das muss ebenfalls berücksichtigt werden: Es geht dann um die Wahrscheinlichkeiten der Handlungskonsequenzen in Abhängigkeit von den eigenen Entscheidungen. Wie das Wetter morgen wird, hängt nicht davon ab, welches Verkehrsmittel ich wähle; die Kursbewegungen auf den Märkten sind in der Regel unabhängig davon, wie der einzelne Anleger entscheidet. Wenn es sich jedoch um sehr große Summen handelt, die ein Einzelner bewegt, beeinflusst das den Kurs – was Manipulationsmöglichkeiten schafft, wie man am Beispiel der VW-Aktie sehen konnte, die durch Entscheidungen des Porsche-Managements manipuliert wurde. Diesbezüglich wurde sogar ein Prozess geführt. Im einfachsten Fall hängt diese Wahrscheinlichkeit nur von Ereignissen ab, die ich nicht kontrollieren kann und die durch die Wahl meiner Handlung nicht beeinflusst werden. Die Wetterbedingungen auf meiner Reise von München nach Frankfurt sind dafür ein Beispiel. Es ist nicht anzunehmen, dass die Wahrscheinlichkeit eines Schneetreibens über dem Frankfurter Flughafen am Reisetag davon abhängt, ob ich mich für den Flug oder die Bahn oder die Fahrt mit dem eigenen Kfz entscheide. Durch unsere individuellen Entscheidungen können wir die Wetterbedingungen nicht beeinflussen. Auf einem anderen Blatt steht, dass das Aggregat vieler individueller Entscheidungen durchaus Einfluss auf die Wetterbedingungen hat, obwohl dies lange Zeit von der Regierung des vormaligen US-Präsidenten George W. Bush bezweifelt wurde.

Wenn man den Unterschied zwischen einer Entscheidung, die auf die Wahrscheinlichkeit der Konsequenz Einfluss hat, und einer Entscheidung, die nicht auf die Ereigniswahrscheinlichkeit einwirkt, nicht beachtet, kann es zu gravierenden Fehlern in der Analyse kommen. Ein Regierungschef in einem Land im Nahen Osten, dessen Außenpolitik von zahlreichen Konflikten geprägt ist, könnte folgendermaßen räsonieren: Wenn es zum Krieg mit dem Nachbarstaat kommt, ist es besser, wir haben aufgerüstet und können den Krieg für uns entscheiden. Wenn es dagegen zu keinem Krieg kommt, ist es ebenfalls gut aufzurüsten, um in den Verhandlungen eine stärkere Position zu haben. Es ist somit immer besser aufzurüsten, also rüste ich auf.

Nun kann es aber sein, dass der Nachbarstaat, der die Aufrüstung dieses Landes beobachtet, zu dem Schluss kommt, dass ein Präventivkrieg erforderlich sei, um zu verhindern, dass dieses Land zur örtlichen Hegemonialmacht wird und den Nachbarstaaten seine Bedingungen diktieren kann. Wenn es auch nach wie vor stimmt, dass es in beiden Fällen vorteilhaft ist, aufgerüstet zu haben – sowohl wenn der Frieden erhalten bleibt als auch wenn es zum Krieg kommt –, muss also auch der Einfluss berücksichtigt werden, den die Entscheidung aufzurüsten auf die Wahrscheinlichkeit des Kriegsausbruchs hat. Wenn diese Wahrscheinlichkeit sinkt, wenn aufgerüstet wird, oder zumindest gleich bleibt, reicht es aus zu wissen, dass für beide möglichen Handlungsumstände – Krieg und Frieden – Aufrüstung günstiger ist, um die Entscheidung der Aufrüstung zu rechtfertigen.

Wenn die Wahrscheinlichkeit, dass es zum Krieg kommt, jedoch mit der Entscheidung zur Aufrüstung steigt, dann ist das sogenannte Dominanzprinzip unbrauchbar. Es auch in diesen Fällen anzuwenden, beruht auf einem Denkfehler. Wir müssen also immer sorgfältig unterscheiden zwischen Umständen, deren Wahrscheinlichkeit von menschlichem Handeln unabhängig ist, und Umständen, deren Wahrscheinlichkeit davon abhängt, was der Betreffende tut. Das Dominanzprinzip gilt nur für den ersten Fall.

Wir haben nun alles zusammengetragen, was nötig ist, um ein präzises Verständnis von ökonomischer Optimierung zu gewinnen. Entscheidungen sind genau dann optimal, wenn ihre zu erwartenden Folgen günstiger sind als bei jeder anderen Entscheidungsalternative. Das entscheidende Kriterium ist der Erwartungswert einer Entscheidung, d. h. die mit den betreffenden Wahrscheinlichkeiten gewichteten Werte (Nutzen-Schaden-Bilanz) der möglichen Folgen. Dieser Erwartungswert stellt eine quantitative Größe dar, da wir voraussetzen müssen, dass die Folgen quantitativ bewertet werden. Die Wahrscheinlichkeiten drücken wir in Prozentzahlen bzw. in reellen Zahlenwerten zwischen 0 und 1 aus. Auf unser Beispiel der Reise von München nach Frankfurt angewendet, könnten sich etwa folgende Erwartungswerte der drei möglichen Entscheidungen (Flug, Bahn, Kfz) ergeben:

Nehmen wir an, die Wahrscheinlichkeiten seien für Schneefall 0,01, für Regen 0,1 und für Sonne 0,89. Die Nutzenwerte bestimmen wir auf einer Skala von 0 bis 10, wobei 0 keinem Nutzenwert und 10 vollstem Nutzenwert entspricht.

	Wahrscheinlichkeit Schnee	Wahrscheinlichkeit Regen	Wahrscheinlichkeit weder – noch
h_1	4/0,01	5/0,1	9/0,89
h_2	2/0,01	3/0,1	8/0,89

Beispiel: Kosten und Dauer (Nutzenwerte)

h_1 Mit dem Flugzeug nach Frankfurt
h_2 Mit der Bahn nach Frankfurt

Bei den hier angenommenen Wahrscheinlichkeiten der Wetterlagen und den monetär bewerteten Nutzen-Schaden-Bilanzen wäre das Flugzeug zu wählen ökonomisch optimal.

I.3 Grenzen der Optimierung

So, wie wir das Konzept der Optimierung, speziell der ökonomischen Optimierung, eingeführt haben, scheint es naheliegend zu sein, dieses für universell anwendbar zu halten. In der Tat sind dieser Auffassung zahlreiche, auch bedeutende Ökonomen wie etwa der Nobelpreisträger von 1992, Gary S. Becker.[7] Das ist jedoch ein offenkundiger Irrtum, und die Tatsache, dass so viele diesem Irrtum verfallen sind, stimmt bedenklich. Wenn die Menschen überwiegend nach dieser Überzeugung handelten, würde dies in eine humane Katastrophe münden. Dies möchte ich im Folgenden deutlich machen.

Beginnen wir mit einem einfachen Beispiel, das es aber in sich hat. Wer dieses Beispiel verstanden hat, sollte eigentlich immun gegenüber der zeitgenössischen Ideologie des *homo oeconomicus* sein.

Eine Freundin fragt Sie, was sie tun soll. Sie ist mit ihrer gegenwärtigen Lebenssituation nicht zufrieden. Sie schildert das Verhalten ihres Freundes und fragt sich, ob sie diese Beziehung beenden soll. Wir befinden uns in einer ganz normalen, alltäglichen Gesprächssituation. Die Freundinnen sind allein, und die Erwartungen sind die üblichen. D. h., Ihre Freundin erwartet von Ihnen, dass Sie ihr einen ehrlichen Rat geben. Sie erwartet, dass Sie sich Gedanken machen, was in dieser Situation für sie am besten wäre, was ihre Situation verändern könnte. Im Falle, dass Sie glauben, das nicht beurteilen zu können, erwartet sie, dass Sie Ihre Ratlosigkeit eingestehen. Während des Gesprächs denken Sie nach, was Sie ihr jeweils mitteilen. Sie wissen, dass Ihre Freundin – gerade jetzt – empfindsam ist, daher vermeiden Sie es, sie zu kränken oder zu verunsichern. Da

---

7 Vgl. Gary S. Becker, *A Treatise on the Family*, Cambridge (1991).

Sie befreundet sind, haben Sie Vertrauen zueinander. Zu dieser Haltung des Vertrauens gehört, dass Ihre Freundin erwartet, dass Sie sie nicht anlügen, dass Sie ihr beispielsweise keinen Rat geben, von dem Sie selbst glauben, er sei der falsche. Ihre Freundin hat aber auch in dem Sinne Vertrauen zu Ihnen, als sie Ihren Rat ernst nehmen wird: Sie wird annehmen, dass wenn Sie überzeugt sind, dieses oder jenes sei das Beste für sie, damit eine gewisse Wahrscheinlichkeit einhergeht, dass dieses oder jenes tatsächlich das Beste für sie ist. Später werden wir diese beiden Dimensionen des Vertrauens unterscheiden (siehe I.5) – Vertrauen einmal im Sinne erwarteter Wahrhaftigkeit des Anderen und einmal im Sinne der erwarteten Verlässlichkeit. Mit anderen Worten: Sie werden Ihre Äußerungen bedacht wählen. Sie reden nicht einfach drauflos und wundern sich, was Sie mit Ihren Äußerungen anrichten. Das, was Sie sagen, ist in vielen Fällen Ergebnis einer Abwägung. Sie könnten dies oder auch jenes sagen, aber Sie entscheiden sich dafür, dieses zu sagen. Man erkennt solche Gespräche häufig daran, dass zwischen Fragen und Antworten einige Zeit vergeht, in denen der Gesprächspartner abwägt, wie er antworten soll. Sie treffen also während dieses Gesprächs immer wieder Entscheidungen darüber, was Sie sagen. Eine Reihe Ihrer Gedanken bleibt unausgesprochen. Sie könnten sie äußern, unterlassen es aber. Andere Gedanken, die Sie haben, müssen erst in eine sprachliche Form gebracht werden, die in dieser Situation angemessen ist.

Was ist eigentlich der Maßstab einer angemessenen Rede, der Maßstab angemessener oder unangemessener Antworten in einer solchen Gesprächssituation? Das ist nicht einfach zu beantworten. Jedenfalls verlangt eine solche Situation ein gewisses Maß an Empathie, d.h. die Bereitschaft und die Fähigkeit, sich in die Lage der anderen Person hineinzuversetzen, deren Gefühle nachzuvollziehen oder sogar teilen zu können. Diese

Empathie darf einerseits nicht dazu führen, dass Sie sich nichts mehr zu sagen trauen, was den Überzeugungen Ihres Gegenübers zuwiderläuft. Dies wäre ein Vertrauensbruch. Gute Freunde mögen sich darüber ärgern, wenn sie sich nicht einig sind, aber zugleich erwarten sie Wahrhaftigkeit, und diese hat im Zweifelsfall Vorrang. Urteile von Freunden sind uns oft wichtiger als die von Fernstehenden. Ein naheliegender Grund dafür ist, dass uns ihre Meinungen im höheren Maße interessieren. Dieses Interesse kann man als die banale Konsequenz regelmäßiger Begegnungen interpretieren. Es gibt aber auch einen weiteren, tiefer reichenden Aspekt: Urteile von Freunden sind verlässlicher. Sie können sich besser in die jeweilige Situation hineinversetzen, sie haben ein gewisses Maß an Empathie entwickelt, und von ihnen nehmen wir am ehesten an, dass es nicht ihr eigenes Wohl ist, das sie bei ihren Äußerungen anleitet. Damit sind wir am Kern meines Arguments: Ein solches Gespräch wäre im Vorhinein zum Scheitern verurteilt, wenn beide lediglich die Optimierung des eigenen Wohls vor Augen hätten. Nehmen wir an, die um Rat Gefragte – nennen wir sie im Folgenden Claudia – empfiehlt ihrer Freundin Susanne, ihren Lebensgefährten Franz zu verlassen. Das stellt sich – jedenfalls aus der Sicht Susannes – als Fehlentscheidung heraus. Einige Monate später fragt sie Claudia, wie sie denn zu dieser Überzeugung gekommen sei, und Claudia antwortet: »Ich wollte in Zukunft einfach mehr Zeit mit dir verbringen können.« Vermutlich wäre dies das Ende einer langjährigen Frauenfreundschaft.

Betrachten wir diesen Fall etwas genauer: Susanne erwartet von Claudia, dass sie ihr einen guten Rat gibt. Für diesen guten Rat sollte das Wohl Susannes durchaus, das Claudias keine Rolle spielen. Sie erwartet ein begründetes Urteil zu der Frage, ob es aus ihrer – Susannes – Perspektive sinnvoll ist, die Beziehung mit Franz fortzuführen. Claudias eigene Interessen mögen hier involviert sein, dürfen aber in dieser Gesprächssituation keine Rolle spielen, ansonsten wird das Vertrauen, das Susanne in Claudia setzt, enttäuscht. Ein zweiter Aspekt dieser Gesprächssituation sollte uns ebenfalls nicht entgehen: Susanne und mit ihr wir alle, die eine solche Gesprächssituation aus eigener Anschauung kennen, erwarten, dass der Rat begründet ist, dass Claudia nicht lediglich das äußert, was ihr gerade so in den Sinn kommt. Die von Susanne und uns allen erwartete deliberative Qualität eines solchen Gesprächs hat einen spezifischen Modus. Die Deliberation Claudias ist angeleitet von Urteilen – nach bestem Wissen Claudias – darüber, was für Susanne gut ist oder ihr schadet. Mir persönlich scheint dabei eine Reduktion von Susannes Wohl auf ihr Wohlbefinden, ihr Zufriedensein in der Zeit, unangemessen zu sein und mir scheint, dass wir in den meisten Gesprächssituationen eine weit komplexere Interpretation des guten Lebens zugrunde legen als diese hedonistische. Als gute Freundin wird Claudia Susanne vielleicht wünschen, dass sie sich in ihrer Persönlichkeit weiterentwickelt, dass sie nicht stehen bleibt, dass sie Anregungen empfängt, dass sie zusammen mit einem Mann neue und interessante Erfahrungen macht etc. Es mag sein, dass solche Erweiterungen ihres Erfahrungshorizonts für Susanne schmerzhaft sein werden, dass sie dadurch vieles infrage stellen wird, was ihr bislang vertraut erschienen ist und was sie nicht missen möchte. Aber vielleicht hat Claudia recht; dadurch würde sich die Persönlichkeit Susannes weiterentwickeln, und im Rückblick wird sie froh sein, dass es so gekommen ist. Rückblickend stellt sich möglicherweise gar nicht mehr die Frage, ob dies Susannes Zufriedenheitsniveau in der Zeit optimierte – mathematisch präzise: das zeitliche Integral des Zufriedenheitsniveaus im Laufe von Susannes gesamten Lebens maximierte bzw. ob angesichts der anzunehmenden Wahrscheinlichkeiten der Erwartungswert dieses Integrals maximal war. Im Nachhinein zeigt vielleicht das bloße Faktum der Ausbildung von Fähigkeiten und der Vergrößerung ihrer Seele Susanne, dass Claudias Rat der richtige war.

Es spricht vieles dafür, dass wir in unseren lebensweltlichen Deliberationen implizit einer Vorstellung vom guten Leben entsprechen, das aristotelische Züge trägt. Für Aristoteles ist das gute Leben nicht ein solches der maximalen Zufriedenheit, sondern zeichnet sich dadurch aus, dass es die spezifischen Fähigkeiten des Menschen als Gattungswesen und des jeweiligen Individuums zur vollen Entfaltung bringt. Das gute Leben ist die aktive Psyche im Sinne der spezifischen Fähigkeiten *(aretai)*, die der Mensch (als Individuum wie als Gattungswesen) mitbringt. Nennen wir das den *lebensweltlichen aristotelischen Perfektionismus.*

Da Claudia und Susanne sich gut kennen, ist anzunehmen, dass ihre Vorstellungen von einem guten Leben – oder jedenfalls was das gute Leben Susannes angeht – nicht allzu stark divergieren. Das macht ja Claudias Rat so wertvoll für Susanne. Susannes Erwartungen an Claudia mögen vielfältig sein: Neben Rat mag sie auch Trost erwarten. Wenn die aktuellen Ratgeber zum Geschlechterverhältnis richtig liegen, geht es Susanne gar nicht in erster Linie um die Lösung eines Problems (wie Männer in solchen Situationen häufig fälschlicherweise anzunehmen scheinen), sondern um eine Aussprache, also darum, sich beklagen zu können, eine verständige Seele gefunden zu haben, die ihre Sorge zur Kenntnis nimmt und ihre Meinungen teilt. Es mag sein, dass sich Susanne in erster Linie selbst darüber klar werden möchte, was ihr wirklich wichtig ist, dass es weitgehend irrelevant ist, was die Freundin jeweils für richtig hält, dass dies Gespräch aus Susannes Sicht dazu dient, sich selbst über wichtige Fragen klar zu werden. Dieses Resümee wird sie dann ziehen, wenn sie allein zu Hause ist; vielleicht wird sie Claudia davon gar nicht mehr in Kenntnis setzen. Aber ganz unabhängig davon, wie komplex die Erwartungen, welche teilweise widerstreitenden Wünsche Susanne mit diesem Gespräch verbindet, eines ist offenkundig: Claudia wäre als Gesprächspartnerin von Anbeginn ein Fehlschlag, wenn sie jeweils das äußerte, von dem sie glaubt, dass es ihr eigenes – Claudias – Wohl optimierte. Man könnte auch hier an Aristoteles anlehnend hinzusetzen, dass Freundschaft eine Tugend, eine spezifische Einstellung ist und die Entwicklung von Fähigkeiten verlangt, zu denen gehört, dass man sich in eine andere Situation hineinversetzt und etwas tut, von dem man glaubt, dass es der anderen, nämlich der befreundeten Person, dienlich ist. Der sein eigenes Wohl optimierende Akteur scheitert schon an der lebensweltlichen Herausforderung, eine Freundschaft zu entwickeln und aufrechtzuerhalten. Freundschaft, so könnte man das Gesagte zusammenfassen, setzt ein gewisses Maß an altruistischer Motivation voraus. Den beliebten Einwand, dass derjenige, der befreundet ist, ja daraus auch einen Nutzen ziehe, stellen wir hier zurück. Wir werden sehen, dass er nicht trägt, obwohl er ganze Forschungsrichtungen der Ethnologie und der Tierethologie prägt.

Es lohnt sich, noch einen genaueren Blick auf das Phänomen Altruismus generell zu werfen. Altruismus ist keineswegs an enge Beziehungen wie Liebe, Elternschaft oder Freundschaft gebunden. Das Dogma, wonach Rationalität und Egoismus im Sinne der Optimierung des eigenen Wohls unauflöslich zusammenhängen, steht heute erschütterter da als noch vor Jahrzehnten. Die Grenzen ökonomischer Erklärungsmodelle sind seitdem innerhalb und außerhalb der Wissenschaft deutlicher geworden. Thomas Nagel, einer der bedeutendsten US-amerikanischen Philosophen der Gegenwart, sah sich 1970 gezwungen, ein ganzes Buch der Verteidigung des Altruismus zu widmen.[8] Vieles hat sich seitdem geändert, doch die Grund-

---

8 Thomas Nagel, *The Possibility of Altruism*, Princeton (1970).

problematik blieb bestehen: Innerhalb und außerhalb der Wissenschaft gibt es allzu viele, die der Auffassung sind, dass es neben dem Modell rationaler Optimierung des eigenen Wohls keine attraktive Konzeption praktischer Vernunft gibt, die damit konkurrieren könnte. Dies allerdings hängt nicht damit zusammen, dass die Konzeption der Optimierung des eigenen Wohls so überzeugend ist, sondern damit, dass die Kriterien vernünftiger Praxis zu komplex sind, um sie in einem einfachen Modell zu erfassen. Um unser eigenes Ergebnis vorwegzunehmen: Diese hohe Komplexität der Kriterien vernünftiger Praxis lässt sich nicht auf ein einziges Prinzip reduzieren. Es gibt kein simples Rezeptbuch rationaler Praxis. Das Einzige, was uns bleibt, ist die Forderung nach Kohärenz. Unsere handlungsleitenden Gründe müssen in sich stimmig sein. Und es wird sich herausstellen, dass diese Forderung nach Kohärenz eine Brücke schlägt zur Ökonomie, zum ökonomischen Konzept rationalen Entscheidens. Dieser Brückenschlag erfordert Umbauten an beiden Ufern: an dem der lebensweltlichen Praxis und an dem der Ökonomie, wie wir noch sehen werden.

Wir beschränken uns zum Abschluss dieses Kapitels darauf, einen genaueren Blick auf das Phänomen altruistischer Motivation zu werfen. Der Streitpunkt lässt sich folgendermaßen fassen: Ist es nur dann rational, »altruistisch« zu handeln, wenn sich daraus ein Vorteil für mich selbst ergibt, oder ist das nicht der Fall? Zu Klärung dieser Frage wählen wir wieder ein einfaches, lebensweltliches Beispiel. Sie stehen in der überfüllten U-Bahn und bemerken, dass Sie im Gedränge einen anderen Fahrgast in eine unbequeme Lage gebracht haben. Es scheint uns allen selbstverständlich zu sein, dass Sie in einer solchen Situation zurückweichen, um den Fahrgast aus seiner Bedrängnis zu befreien. Die ethische Frage, die sich hier stellt, lautet: Ist die Erkenntnis, dass Sie jemanden in eine unangenehme Lage gebracht haben, ein ausreichender Grund, um Ihr Zurückweichen zu motivieren? Der Dogmatiker des Egoismus wird sagen: nur dann, wenn ich daraus einen Vorteil ziehe, z. B. den, dass ich nicht vor allen anderen Vorwürfe einstecken muss oder dass sich der bedrängte Fahrgast am Ende nicht gar gewalttätig aus seiner Lage befreit. Ich bin mir sicher, dass so gut wie alle darin übereinstimmen, dass es dieser zusätzlichen Bedingung nicht bedarf, dass allein die Feststellung, dass sich der Fahrgast in einer bedrängten Lage findet, einen hinreichenden Grund dafür gibt, mich entsprechend – d. h. hier rücksichtsvoll – zu verhalten. Jemand, der behauptet: »Du hattest doch keinen Grund zurückzuweichen, weil dieser Fahrgast so eingeschüchtert war, dass er sich sicher nicht zur Wehr gesetzt hätte«, würde bei den meisten von uns auf Unverständnis stoßen. Altruistische Motive können Handlungen rechtfertigen.

Das Ziel, jemanden aus seiner misslichen Lage zu befreien, kann einen guten Handlungsgrund darstellen, kann die betreffende Handlung wohlbegründet, d. h. rational machen. In vielen Situationen mögen andere Motivationen – auch die, das eigene Wohl zu befördern – der altruistischen entgegenstehen, sodass eine Abwägung erforderlich ist. Nicht immer sind altruistische Motive ausreichend, um eine Handlung zu rechtfertigen, um diese als rational auszuweisen. Für unsere Zwecke genügt es an dieser Stelle zu sehen, dass altruistische Motive eine Handlung rational machen *können*. Damit ist dem Dogma, wonach Rationalität als Optimierung des eigenen Wohls zu bestimmen sei, eine wichtige Säule weggebrochen: Handlungen können wohlbegründet, sprich rational sein, wenn sie anders, z. B. altruistisch motiviert sind. Der ökonomische Mensch, der ausschließlich die Optimierung des eigenen Wohls im Auge hat, ist nicht freundschaftsfähig, wie wir vorhin gesehen haben. Er fällt aus den sozialen Bezügen heraus, er vereinsamt.

Ohne altruistische Motive keine Freundschaft, ohne Freundschaft keine soziale Gemeinschaft, ohne soziale Gemeinschaft kein gutes Leben.

I.4 Jenseits der Optimierung

*Utility is only a tendency to a certain end: and were the end
totally indifferent to us, we should feel the same indifference
towards the means. It is requisite a sentiment should here
display itself, in order to give a preference to the useful above
the pernicious tendencies.*

David Hume, *An Enquiry Concerning
the Principles of Morals*, 1751

*... und so alle übrigen eigentlichen Sittengesetze; dass mithin
der Grund der Verbindlichkeit hier nicht in der Natur des
Menschen [...] gesucht werden müsse, sondern a priori in
der Vernunft, und dass jede andere Vorschrift, die sich auf
Prinzipien der bloßen Erfahrung gründet [...] zwar eine
praktische Regel, niemals aber ein moralisches Gesetz heißen
kann.*

Immanuel Kant,
Grundlage zur Metaphysik der Sitten, 1785

Wir können für unsere Entscheidungen, wenn gefragt, Gründe
angeben. Gründe, aus denen heraus wir uns so und nicht anders entschieden haben. Wir handeln aufgrund von Entscheidungen. Unser Handeln erfüllt die Absichten, die wir mit der
betreffenden Entscheidung verbunden haben. In diesem Sinne
sind wir verantwortlich für unser Tun. Immanuel Kant hat
die moderne Ethik ähnlich stark beeinflusst wie außer ihm
nur David Hume. Auch heute noch lässt sich ein Gutteil der
philosophischen Ethik in Humeaner und Kantianer untertei-
len. Kant macht gegen Hume, aber auch gegen die Utilitaristen (die oft Humeaner waren und sind) geltend, dass wir nicht

nur aus Neigung, sondern auch aus Pflicht handeln. Sofern wir aus Neigung handeln, sind wir heteronom, d. h., wir bleiben gewissermaßen den Naturgesetzen unterworfen. Sofern wir aus Pflicht handeln, gewinnen wir Freiheit, werden zu autonomen Akteuren, die sich selbst das Gesetz ihres Handelns geben. Aus Pflicht handeln bedeutet, dem Gebot der Vernunft zu gehorchen, sich der Vernunftsgründe anzunehmen und diese zur Motivation seines Handelns zu machen. Nicht der natürliche Zwang, der einer Neigung anhaftet, ist Handlungsgrund, sondern der Gedanke, der qua Vernunft entsteht, der uns, indem wir ihn verfolgen, erst zu autonomen Wesen macht. Humeaner verweisen auf die Vielfalt der Wünsche, die von natürlichen Dispositionen und kulturellen Normen bestimmt sind und die wir als Akteure zu erfüllen trachten. Ich dagegen bin überzeugt, dass eine angemessene Ethik diesen Gegensatz zwischen Humeaner und Kantianer hinter sich lassen muss. Kant stellt einen wesentlichen Erkenntnisfortschritt der Ethik dar, indem er die Rolle des verantwortlichen Akteurs, also die Verbindung von Freiheit und Verantwortung ins Zentrum rückt. Aber dieser Fortschritt wird durch eine ungute Dichotomie erkauft, nämlich durch die zwischen Neigung und Pflicht, die der Komplexität menschlicher Praxis nicht gerecht wird. Die ethische Konzeption, für die ich plädiere, überwindet diesen Gegensatz so radikal, dass sich beide – Humeaner wie Kantianer – in ihr wiederfinden können. Ich hoffe, dass diese Bemerkungen, die manchen Lesern zunächst undurchsichtig erscheinen müssen, im Folgenden klarer werden – ohne dass wir in die Verästelungen des modernen Ethikdiskurses gehen müssen. Die Würde des Menschen ist für Immanuel Kant an seine Fähigkeit gebunden, aus Achtung vor dem Sittengesetz, sprich: motiviert von dem Ziel als Vernunftwesen zu handeln, also dem Kategorischen Imperativ zu entsprechen. Viele handeln pflichtgemäß, und das ist erfreulich; doch deswegen handeln

sie noch nicht notwendigerweise aus Pflicht, d.h. aus Achtung
vor dem Sittengesetz, sodass die spezifische moralische Motivation fehlt. Jemand handelt pflichtgemäß, wenn er eine Straftat unterlässt, weil er befürchtet, dafür zur Verantwortung gezogen zu werden. Dann handelt er jedoch nicht aus Pflicht,
da sein eigentliches Motiv die Vermeidung der Strafe und
nicht die Achtung vor dem Sittengesetz war. Eltern haben die
Pflicht, für ihre Kinder zu sorgen. Wenn sie diese Pflicht aus
Liebe zu den Kindern erfüllen, ist das erfreulich, hat aber keinen moralischen Charakter. Die Handlung geschieht aus einer
Neigung heraus.

Humeaner setzen dagegen, dass alles Neigung sei, dass wir eine
Vielfalt von Neigungen haben und dass wir diese kultivieren
und verändern können. Dies ist die berühmte Unterscheidung
zwischen künstlichen und natürlichen Tugenden bei David
Hume. Sie glauben aber nicht an eine besondere Dignität des
moralischen Handelns, wie Immanuel Kant, sie glauben nicht
an die Möglichkeit eines Handelns aus Pflicht allein. Es sind
immer Wünsche – oder in der Kantischen Terminologie Neigungen –, die uns leiten.

Die Radikalität der Kantischen Kritik an traditioneller Ethik
ist die Verknüpfung von Moralität und Vernunft. Das Vernunftwesen ist durch moralische Motive – den guten Willen,
das Handeln aus Pflicht, d.h. Handeln aus Achtung vor dem
Sittengesetz – definiert. Nur das macht das Besondere der
menschlichen Würde aus: als Vernunftwesen handeln zu können, d.h. aus (moralischer) Pflicht.

Man kann diesen Kantischen Ansatz von seiner ursprünglichen
Terminologie ablösen und ihn verallgemeinern. Demnach wären es nicht mehr unsere Präferenzen, aufgrund derer wir handeln, sondern die Einsicht in das Richtige, in die angemessene
Praxis. Auch zahlreiche Forschungsergebnisse der Ökonomie sprechen für eine Trennung von Präferenz und Entschei-

dung. Die für Immanuel Kant und den deutschen Idealismus so zentrale These, dass Menschen in der Lage sind, entgegen ihren Augenblicksneigungen zu handeln, sollten wir radikal zu Ende denken. Es ist nicht lediglich die Sonderform moralischer Praxis, die sich am Sittengesetz orientiert, sondern es macht Rationalität generell aus, aus Gründen und nicht den jeweiligen Augenblicksneigungen folgend zu handeln. Die Idee des Kategorischen Imperativs muss also einerseits radikalisiert und verallgemeinert und andererseits mit der Lebenswelt versöhnt werden.

Beginnen wir mit Ersterem: der Radikalisierung und Verallgemeinerung. Stellen wir uns einen Kriminellen vor, der zusammen mit seinen Kumpels einen Bankraub vorbereitet. In anspruchsvolleren Krimis ist dies eine intellektuelle Herausforderung: Die Strategie muss vom Ziel des erfolgreichen Bankraubs ohne Risiko der Aufdeckung und Bestrafung, also von hinten her entwickelt werden. Sie umfasst mehrere zeitliche Stufen und eine Vielzahl individueller Entscheidungen, bei denen die zeitliche Koordinierung und die interpersonale Kooperation eine wichtige Rolle spielen. Da die Praxis des Bankraubs nicht alltäglich ist, können sich die beteiligten Personen nicht auf Routine und Erfahrung verlassen. Wie immer sich die Strategie im Detail ausnimmt, eines liegt auf der Hand: Alle Beteiligten dürfen nicht den jeweiligen Neigungen des Augenblicks folgen, sondern müssen sich über einen längeren Zeitraum hinweg streng an Vorgaben halten, die dem Ziel des erfolgreichen Bankraubs untergeordnet sind. Alkoholkonsum schon ab dem späteren Vormittag muss beispielsweise unterbleiben. Das lose Mundwerk muss auch gegenüber der Geliebten für die nächsten Wochen geschlossen bleiben. Die alltäglichen Aktivitäten dürfen kein Misstrauen erwecken und müssen daher einer strengen Kontrolle der Interpretierbarkeit als harmlose Praxis unterliegen. Insbesondere in den letzten Tagen vor der Tat muss die natürliche Schlafneigung weitgehend unterdrückt werden, da nächtliche Vorbereitungen zu treffen sind etc. Im Nachhinein befragt, kann jeder der Beteiligten für jede Entscheidung, die in diesem Zeitraum getroffen wird, einen Grund angeben. Jedes einzelne Detail fügt sich ein in eine mehr oder weniger kohärente Praxis, deren innere Stimmigkeit die Wahrscheinlichkeit des erfolgreichen Coups erhöht. Die Handlungen der einzelnen Beteiligten entsprechen nicht ihren jeweiligen Neigungen des Augenblicks, sondern ihrer Einsicht in die Notwendigkeit – gegeben das Ziel des gemeinsam verübten erfolgreichen Bankraubs.

In der Kantischen Terminologie spielen hier technische und pragmatische Imperative, aber keine moralischen eine Rolle. Technische Imperative sind solche, welche die angemessene Mittelwahl zu gegebenen Zwecken bestimmen. Pragmatische Imperative sind auf die eigene Glückseligkeit gerichtet. Sofern wir technischen oder pragmatischen Imperativen folgen, verhalten wir uns heteronom, nicht autonom. Unser Motiv ist die eigene Glückseligkeit bzw. daraus abgeleitete Ziele, die durch eine entsprechende Bestimmung der Mittel (technische Imperative) erreicht werden. Die Bankräuber handeln also heteronom. In der Tat handeln sie offensichtlich nicht aus Achtung vor dem Sittengesetz. Nehmen wir an, sie haben ausschließlich ihr eigenes Wohl vor Augen, dann orientieren sie sich an pragmatischen Imperativen im Sinne Kants. Die Dichotomie scheint gerettet. Doch werfen wir noch einmal einen genauen Blick auf die Situation: Die beteiligten potenziellen Bankräuber haben jeweils Gründe für das, was sie tun, sie lassen sich von diesen Gründen affizieren, sie tun das, was den aus ihrer Sicht besten Gründen entspricht, sie handeln in diesem Sinne rational. Wenn der Bankraub zudem damit motiviert wäre, dass sie nicht ihr eigenes Wohl verbessern wollen, sondern beispielsweise den Armen helfen – die Robin-Hood-Variante –

oder den Umsturz ungerechter politischer Verhältnisse befördern – die Terrorismusvariante –, dann haben sie zudem ein
moralisches Motiv. In diesem Falle handelten sie aus dem Motiv der Pflichterfüllung heraus, und für die Kantianer unter den
Robin Hoods und den Terroristen handelten sie aus Achtung
vor dem Sittengesetz.

Zwischen dem heteronomen und dem autonomen Bankräuber verläuft offenbar ein schmaler Grat, der noch schmaler erscheint, wenn man den altruistischen Bankräuber berücksichtigt, dem es um das Wohl seiner Familie oder seiner Kinder
und nicht um sein eigenes geht.[9]

Die Kantische Dichotomie kennt nur zwei Grundmotive: das
eigene Wohl (pragmatische Imperative) und die Pflichterfüllung. Unsere lebensweltliche Praxis ist aber vielgestaltiger, sie
ist von einem weiten Spektrum von Motiven bestimmt, die sich
gegen diese Einteilung sperren. Manchmal haben wir das Wohl
uns nahestehender Personen im Auge und keine abstrakten
Prinzipien wie den Kategorischen Imperativ. Manchmal handeln wir aus Gründen, die sich aus eigenen früheren Handlungen ergeben. Wir haben uns beispielsweise verpflichtet, uns so
und nicht anders zu verhalten, und wollen dieser Verpflichtung nachkommen. Die Institution des Versprechens scheint es
in allen Kulturen und Sprachgemeinschaften zu geben. Wenn
wir etwas versprochen haben, sind wir verpflichtet, das Versprechen zu halten. Diese Verpflichtung kann mit anderen
Verpflichtungen kollidieren, aber es bleibt eine Verpflichtung.
Diese Verpflichtung haben wir unabhängig davon, ob sie unserem eigenen Wohl dient oder nicht. Wir scheinen diese Verpflichtung auch nicht deswegen zu haben, weil wir nicht wollen

---

9 Susan Neiman hat in *Das Böse denken – Eine andere Geschichte der Philosophie*, Frankfurt (2004) eine Neubegründung der Ethik nach 9/11 gefordert, da es offensichtlich böse Taten, die aber moralisch motiviert sind, gibt.

können, dass Menschen generell ihre Versprechungen nur einhalten, wenn dies in ihrem eigenen Interesse ist. Vielmehr haben wir die Verpflichtung allein aufgrund der Tatsache, dass wir ein Versprechen gegeben haben. Die Reduktion der Moralität auf Achtung vor dem Sittengesetz, auf die Einhaltung des Kategorischen Imperativs als Motiv stellt die Begründungsstruktur auf den Kopf. Es ist nicht der Kategorische Imperativ, der uns verpflichtet, sondern es ist das Versprechen, das wir gegeben haben, das uns verpflichtet – und möglicherweise ist der Kategorische Imperativ geeignet, eine Vielzahl von konkreten Verpflichtungen in einem Prinzip zusammenzuführen. Das spräche dann dafür, dass Kant einen wesentlichen Aspekt der Moral in Gestalt des Kategorischen Imperativs erfasst hat. Doch die Begründung läuft von den konkreten Verpflichtungen zu den abstrakten und nicht von den abstrakten zu den konkreten.

Die Radikalisierung und Verallgemeinerung der Kantischen Ethik, für die ich plädiere, besteht darin, dass wir den Gründen, die unser Handeln leiten, unseren Respekt zollen. Diese Gründe sind nicht lediglich Ausfluss von etwas anderem, sondern müssen sich als Prinzipien der Ethik an diesen lebensweltlichen Gründen bewähren.

Die Rolle der Gründe in unserer alltäglichen Praxis beruht auf keinem Entweder–Oder. Vielmehr ist alles, was wir Handlung nennen, von Gründen geleitet. Jedenfalls können wir immer eine Antwort geben, warum wir uns so und nicht anders verhalten haben, wenn dieses Verhalten Handlungscharakter hat. Wenn das Verhalten keinen Handlungscharakter hat, wenn es automatisch, ohne jede Chance der Deliberation und Kontrolle erfolgte, wie es zum Beispiel bei Reflexen der Fall ist, dann sind wir dafür auch nicht verantwortlich. Bildlich gesprochen: Handlungen intervenieren in den Strom unseres Verhaltens, und für diese Intervention sind wiederum die Gründe, die ich für meine Handlungen habe, ausschlaggebend. Insofern ist es letztlich die Abwägung von Gründen – und sei sie noch so rudimentär –, über die wir unser Verhalten steuern und damit unsere Verantwortung als Akteure wahrnehmen. Manchmal ist klar, was dafür spricht, sich so und nicht anders zu verhalten. Eine weitere Abwägung erübrigt sich. Es ist aber charakteristisch für Handlungen, dass wir sie auch nicht hätten ausführen müssen. Kant hat sich die Frage gestellt, unter welchen Bedingungen jemand für eine Straftat verantwortlich gemacht werden kann. Seine Antwort hat er in Gestalt des »Galgentests« gegeben. Wenn jemand die betreffende Tat auch dann vollbracht hätte, wenn er sich dabei bewusst gewesen wäre, dass der Galgen schon aufgebaut ist und er unmittelbar nach der Tat an diesen geknüpft wird, kann die betreffende Person nicht für ihre Tat verantwortlich gemacht werden. Dieser Test erscheint nicht nur deswegen brutal, weil er mit der in zivilisierten Staaten üblichen Ablehnung der Todesstrafe unvereinbar ist, sondern auch deswegen, weil allzu viele Taten auf diese Weise als schuldhaft gelten müssen. Ich gestehe, dass ich ein Anhänger des Galgentests bin. Dieser zieht die ultimative Grenze, jenseits derer eine Schuldhaftigkeit nicht mehr angenommen werden kann. Der schwer Drogenabhängige, der gar nicht anders kann, als jemanden zu berauben, um an die nächste Spritze zu kommen, würde das möglicherweise auch dann tun, wenn der Galgen auf ihn wartet und er weiß, dass dem so ist. Dieser schwer Drogenabhängige ist nicht mehr zur Verantwortung zu ziehen. Er ist ein pathologischer Fall. Er trägt für das, was er tut, keine Verantwortung mehr. Seine Tat kann nicht gesühnt werden. Eine Strafe wäre unangemessen. Diesseits dieser ultimativen Grenze jedoch sind wir verantwortlich für das, was wir tun. Genauer (radikaler und allgemeiner): Wir sind für alle Handlungen im engeren Sinne verantwortlich. Das Verhalten des schwer Drogenabhängigen kann in unserer Terminologie gar nicht mehr als genuine Handlung zählen.

Aber es gibt Grade der Verantwortung, und damit brechen wir eine weitere Dichotomie des von Kant und weiteren Denkern der Europäischen Aufklärung etablierten ethischen Denkens auf. Dieser Gradualismus von Verantwortung und Schuld korrespondiert mit einem Gradualismus des Handlungscharakters. Unser Verhalten hat im höheren oder geringeren Maße Handlungscharakter. Es geht um das Ausmaß der Kontrolle über das, was wir tun. Dieser lebensweltliche Gradualismus lässt sich gut anhand der je individuellen Genese der verantwortlichen Praxis illustrieren. Jede Gesellschaft verwendet viel Mühe darauf, dass die Kinder ein gewisses Maß an Verantwortung für ihr Verhalten übernehmen können. Nur so sind sie offen für Argumente und in der Lage, zunehmend selbstständig zu leben. Wir verlangen keine Kalkulation der Folgenoptimierung, sondern die Fähigkeit, Gründe abzuwägen und aufgrund dieser Abwägung zu handeln. Wir alle – auch die, die einem neoklassischen Rationalitätskonzept anhängen – legen viel Wert darauf, dass kleine Kinder andere Kinder in der Konkurrenz um Gegenstände nicht schlagen und verletzen. Wir begründen dies nicht damit, dass sie nur so ihr eigenes Interesse wahren und ihr eigenes Wohlergehen optimieren können, sondern damit, dass dieses andere Kind Schmerzen empfindet, wie es selbst Schmerzen empfinden würde. Dies allein ist ein guter Handlungsgrund. Das Motiv, Anderen keinen Schaden und keine Schmerzen zuzufügen, reicht aus, um seine Handlung zu begründen. Um die Abwägung von Gründen zu vereinfachen, fördern wir Tugenden, Einstellungen, beispielsweise die des Respekts. Eine Vielzahl von konkreten Handlungsgründen mündet, sofern sie jemals akzeptiert werden, in einer Einstellung des Respekts vor anderen Personen. Tugendethiker drehen dieses Verhältnis um und betonen, dass es Tugenden sind, die konkrete Handlungsgründe bestimmen. In der lebensweltlichen Praxis scheint mir hier ein wechselseitiges Stützungsverhältnis vorzuliegen. Das Vorbild bestimmter Personen mit ihren Charaktermerkmalen, Einstellungen und Verhaltensdispositionen, ihren spezifischen Fähigkeiten, ihrer Empathie und Offenheit erleichtert moralisches Lernen. Uns stehen diese Personen vor Augen, und wir müssen uns dann lediglich fragen, wie sich diese entschieden hätten.

I.5 Kommunikation in der ökonomischen Praxis

What is created in dialogue is not a common language but understanding; each partner comes to understand the other.

Donald Davidson,
Truth, Language and History.
Philosophical Essays, 2008

Kein Unternehmen kann ökonomisch erfolgreich sein ohne verlässliche interne Kommunikationsprozesse. Keine Volkswirtschaft als Ganze kann ökonomisch erfolgreich sein ohne eine verlässliche und effektive Informationskultur. Das scheinen banale Feststellungen zu sein, die nicht weiterer Rede wert sind. Das ist jedoch ein Irrtum. Es lohnt sich sehr wohl, die Rolle der Kommunikation in der ökonomischen Praxis genauer unter die Lupe zu nehmen. Hier zeigt sich geradezu exemplarisch das Spannungsverhältnis zwischen ökonomischer Optimierung auf der einen Seite und den notwendigen ethischen Bedingungen dieser Praxis auf der anderen Seite. Eine entfesselte ökonomische Rationalität, die alle anderen Rationalitäten unterjocht oder marginalisiert, zerstört sich am Ende selbst. Um das Ergebnis vorwegzunehmen: kein ökonomischer Erfolg ohne verlässliche Kommunikation. Keine gelungene Kommunikation ohne die allgemeine Befolgung der für die Kommunikation unverzichtbaren Regeln der Wahrhaftigkeit, des Vertrauens und der Verlässlichkeit.

Wir erinnern uns an das Gespräch zwischen Claudia und Susanne. Wir haben versucht, ein wenig von der lebensweltlichen Komplexität einer solchen Situation wiederzugeben. Die Erwartungen, die die beiden Freundinnen aneinander haben und die sie zu erfüllen versuchen. Vereinfachen wir das Beispiel: Es geht nun nicht mehr um einen Rat, den Susanne von Claudia in einer existenziell schwierigen Situation erwartet, sondern lediglich um eine Sachfrage, etwa um die, ob es sinnvoll ist, durch Steuersenkungen die Konjunktur, die im Gefolge der Weltfinanzkrise eingebrochen ist, in Deutschland anzukurbeln. Um diese Sachfrage zu klären, bedarf es ökonomischen Sachverstands, zum Beispiel wer in Deutschland welche Steuer in welcher Höhe zahlt, wie hoch die Sparquote der verschiedenen Steuerzahlergruppen ist, ob diese Sparquote bei Steuersenkungen steigen wird oder nicht, ob sinkende Steuereinnahmen des Staates die staatliche Nachfrage deutlicher senken als die steigenden Realeinkommen die Konsumneigung steigern wird etc. Da selbst innerhalb der ökonomischen Disziplin die Meinungen dazu auseinandergehen, handelt es sich um eine anspruchsvolle Sachfrage, und Susanne und Claudia verwickeln sich in eine längere Debatte. Aber auch eine solche Debatte um eine Sachfrage besteht aus einer Vielzahl einzelner Äußerungen. Jede dieser Äußerungen ist eine (Sprach-) Handlung. Bei jeder dieser Handlungen könnte auch eine andere Äußerung – sprich: Handlung – vollzogen werden. Claudia bzw. Susanne treffen im Laufe dieses Disputs eine Vielzahl von Einzelentscheidungen, und die Frage ist, was diese Einzelentscheidungen leitet, welche Gründe Claudia bzw. Susanne haben, um die Entscheidung so und nicht anders zu treffen, d. h. die betreffende Äußerung zu tun und nicht eine andere. Susanne und Claudia bringen Argumente vor. Claudia ist der Meinung, dass Steuersenkungen nichts bringen, Susanne ist der Auffassung, dass Steuersenkungen auch in dieser Situation sinnvoll sind. Claudia argumentiert, dass Steuersenkungen vor allem diejenigen entlasten, die solche Entlastungen in keine Erhöhung ihres Konsums verwandeln. Susanne argumentiert, dass der Staat am wenigsten geeignet sei, die notwendige Binnennachfrage zu schaffen, da staatliche Aktivitäten weit weniger auf die Präferenzen der einzelnen Bürger abgestimmt seien als ihre eigenen Kaufentscheidungen. Claudia argumentiert, dass es doch im Interesse der allermeisten Bürger sei, wenn die Kommunen auch in Zukunft zur staatlichen Vorsorge in der Lage seien, dass es ein großes individuelles Interesse an kollektiven Gütern gebe sowie an öffentlichen Infrastruktureinrichtungen, kulturellen »Angeboten« und sozialen »Dienstleistungen« und dass diese durch den Markt nur unzureichend bereitgestellt würden. Steuersenkungen würden insofern zu Wohlfahrtsverlusten des Einzelnen führen, und dies könne durch mehr individuelle Mittel für den Konsum nicht ausgeglichen werden. Fast niemand könne sich schließlich private Hilfen leisten, welche die sozialen Dienste ersetzen. Susanne hält dagegen, dass die staatlichen Leistungen ohnehin schon überdimensioniert und in hohem Maße ineffektiv seien, dass die aufgeblähten öffentlichen Verwaltungen zu einem Investitionshemmnis für die private Wirtschaft geworden seien. Wir sehen: Die Sachfrage hängt mit vielen anderen Sachfragen zusammen und führt tief hinein in die wirtschaftspolitische Auseinandersetzung. Uns interessiert in diesem Kapitel aber nicht die Klärung der Sachfrage selbst, uns interessieren die Bedingungen gelungener Kommunikation.

Susanne erwartet von Claudia, dass die Argumente, die sie vorbringt, ihren eigenen Überzeugungen entsprechen. Sie wäre sehr enttäuscht, später zu erfahren, dass Claudia diese Argumente nur vorgebracht hat, um Susanne zu provozieren. Mit anderen Worten: Susanne erwartet von Claudia *Wahrhaftigkeit*. Und das gilt auch vice versa: Claudia erwartet von Susanne Wahrhaftigkeit, sie erwartet, dass sie tatsächlich der Überzeugung ist, dass die staatlichen Ausgaben aufgebläht seien und ein Investitionshindernis darstellten etc. Wenn die beiden nicht wahrhaftig sind, ist ihre Kommunikation gestört.

Insbesondere wäre das Vertrauen, das sie wechselseitig ineinander setzen, enttäuscht.

Claudia vertraut Susanne zunächst nur insofern, als sie annimmt, dass die Argumente, die sie vorbringt, ihren eigenen Überzeugungen entsprechen. Sie kann daher von den Äußerungen Susannes auf die Überzeugungen Susannes schließen. Wenn wir hier eine philosophische Terminologie einführen, kann Claudia aufgrund des Verhaltens, das sie an Susanne beobachtet – gemeint sind hier die Äußerungen Susannes –, auf ihren epistemischen[10] Zustand schließen, d. h. auf ihre Überzeugungen. Wenn Claudia feststellt, dass die Äußerungen Susannes nicht wahrhaftig sind, dann war das Vertrauen, das Claudia hatte, tatsächlich nicht gerechtfertigt.

Wahrhaftigkeit und Wahrheit müssen dabei sorgsam voneinander unterschieden werden. Da sich die beiden widersprechen, da Claudia Überzeugungen äußert, die Susanne für falsch hält, und umgekehrt, kann es nicht sein, dass alle geäußerten Überzeugungen wahr sind. Dennoch ist es möglich, dass alle Äußerungen wahrhaftig sind, d. h. mit dem epistemischen Zustand des Diskussionsbeteiligten angemessen korrespondieren. Wahrhaftigkeit und Widersprüchlichkeit sind jedoch nur dann vereinbar, wenn mindestens eine der beiden Personen sich in mindestens einer Überzeugung irrt.

Es ist sogar möglich, mit wahren Überzeugungen unwahrhaftig zu sein, ohne dass man sich irrt. Wenn Susanne ihren Freund Maximilian fragt, wo die Autoschlüssel seien, und dieser antwortet: »Im Schlafzimmer auf dem Nachttisch oder auf der Ablage im Gang«, dann ist diese Äußerung genau dann wahr, wenn der Schlüssel sich an dem einen oder anderen genannten Ort befindet. Nehmen wir an, der Schlüssel befand

---

10 *Episteme* (griech.: Wissen, Wissenschaft): auf Wissen, Erkenntniserwerb bezogen.

sich auf dem Nachttisch, und Maximilian wusste, dass er sich auf dem Nachttisch befand. Dann ist diese Äußerung wahr, aber unwahrhaftig, denn er erweckt mit dieser Äußerung den Eindruck, er nähme an, dass sich der Schlüssel auf dem Nachttisch oder auf der Ablage im Gang befinde, wisse aber nicht, an welchem der beiden Orte. Insofern war die Mitteilung nicht wahrhaftig. Dennoch bleibt sie wahr – schließlich befindet sich der Schlüssel in der Tat an einem der beiden Orte. Man kann also die Wahrheit sagen und dennoch unwahrhaftig sein.

Die Auffassung ist weitverbreitet, dass in der Politik viel gelogen wird. Lügen heißt, wissentlich die Unwahrheit zu sagen. Wenn ich unwissentlich die Unwahrheit sage, dann irre ich mich, lüge aber nicht. Nach meinem Eindruck beruht diese Auffassung auf einer Verwechslung von Wahrhaftigkeit und Wahrheit. Da der politische Diskurs permanent dokumentiert und von öffentlichen Kommentaren begleitet wird, können Unwahrheiten leicht nachgewiesen und vorgehalten werden. Schwieriger ist der Nachweis, dass eine Unwahrheit wissentlich geäußert wurde, das ist aber für die moralische Beurteilung in erster Linie ausschlaggebend. Lügen sind daher eher selten in der Politik. Es gibt jedoch zweifellos eine Tendenz zur strategischen Kommunikation, d. h. zu einem Äußerungsverhalten, das sich nicht in erster Linie an dem richtig Eingesehenen orientiert, sondern an dem, was den eigenen Zielen oder der eigenen Fraktion, der eigenen Partei, der eigenen Regierung etc. nützlich zu sein scheint. Aspekte, die das eigene Handeln in einem günstigen Licht erscheinen lassen, werden herausgestellt, während andere gar nicht erst erwähnt werden. Auch dies ist eine Form von Unwahrhaftigkeit. Die Äußerungen erwecken beim Adressaten einen Eindruck, der von dem abweicht, was der betreffende Politiker selbst weiß. Andererseits bewirkt die verbreitete Unterstellung, dass so gut wie jede Äußerung in der Politik unter strategischen Gesichtspunkten erfolgt und nicht von guten Gründen – eigenen Überzeugungen, eigenen Wertungen – geleitet ist, ebenfalls eine Störung der Kommunikation. Selbst wenn alle Äußerungen wahrhaftig wären, sind sie für Adressaten, die kein Vertrauen haben, ohne Informationswert. Diese glauben dann zwar, die Interessenlagen aufgrund von Äußerungen besser verstanden zu haben, schließen aber von Äußerungen nicht auf die Überzeugungen des jeweiligen Politikers. Man könnte auch sagen, dass die Regel der Wahrhaftigkeit (sage nur das, wovon du selbst überzeugt bist) in der Luft hängt ohne die korrespondierende Regel des Vertrauens (gehe davon aus, dass die jeweiligen Äußerungen wahrhaftig sind). Die Kommunikation ist schon dann gestört, wenn eine der Regeln systematisch verletzt wird.

Kommunikation hat ihren Wert allerdings nicht nur darin, dass sie Überzeugungen zum Ausdruck bringt, sondern dient vor allem auch zur Orientierung in der Welt. Kommunikation hat, anders formuliert, einen Realitätsbezug. Wenn alle unsere Äußerungen wahrhaftig wären, aber keine zuträfe, und wir alle Vertrauen in die Wahrhaftigkeit unserer Kommunikationspartner hätten, dann würden wir uns wechselseitig verlässlich über unsere Meinungen in Kenntnis setzen können. Diese Meinungen hätten aber darüber hinaus keinen Wert, da sie – weil irrtümlich – keinen Realitätsbezug haben.

Wir müssen daher eine dritte Regel, ohne die Kommunikation nicht erfolgreich sein kann, ins Spiel bringen. Das ist die Regel der *Verlässlichkeit*. Alle Kommunikationsteilnehmer sollten nicht nur darum bemüht sein, dass ihre Äußerungen wahrhaftig sind, also ihren eigenen Meinungen entsprechen, sondern auch darum, dass sie verlässlich sind, d. h. zutreffen. In der Tat könnten wir keine ursprüngliche Sprache (Muttersprache) erwerben, ohne dass diese Anforderung erfüllt ist: Die meisten unserer Äußerungen müssen wahr sein, damit wir eine Sprache lernen können, ohne schon über eine andere Sprache zu verfügen. Der bedeutende Sprachphilosoph Donald Davidson hat diese Situation des ursprünglichen Spracherwerbs als *radical interpretation* charakterisiert und das *principle of charity* für unverzichtbar gehalten. Das Prinzip, dass wir in der Regel davon ausgehen, dass wir nicht nur wahrhaftig sind, sondern dass unsere Überzeugungen auch mit der Realität übereinstimmen. Man kann dies durchaus zuspitzen: Die allermeisten unserer Äußerungen müssen wahrhaftig, und die allermeisten unserer Überzeugung, die von wahrhaftigen Äußerungen zum Ausdruck gebracht werden, müssen wahr sein, damit der ursprüngliche Spracherwerb und die darauf aufbauende Verständigung überhaupt möglich sind.

Die kulturelle und zivilisatorische Entwicklung des Menschengeschlechts wäre undenkbar ohne sprachliche Verständigung. Die über eine geteilte gesprochene Sprache mögliche Ausdrucksvielfalt ermöglicht erst komplexe Sozialgefüge, Handlungskoordination, die Entwicklung von Kultur und Wissenschaft. Mit anderen Worten: Die Fähigkeit zur Verständigung, zur Kommunikation ist von unschätzbarem Wert. Als ökonomische Größe ist dieser Wert nicht zu berechnen. Sehr wohl aber kann man abschätzen, welche Kosten heraufbeschworen werden, wenn Kommunikation nicht mehr verlässlich ist, wenn jeder Sachverhalt in einem zum Teil aufwendigen Verfahren nachgeprüft werden müsste. Das Gesamt der wissenschaftlichen und technischen Praxis ist ohne verlässliche Kommunikation unmöglich. Das erreichte Niveau könnte nicht gehalten werden, und am Ende drohte der Rückfall in die sprachlose Vereinsamung unter Bedingungen des Lebens, die ohne zivilisatorische Leistungen auskommen müssten.

Vor diesem dramatischen Hintergrund müssen einzelne Störungen von Kommunikation betrachtet werden. Diese Störungen können etwa darin bestehen, dass die Vertrauenskultur einer Gemeinschaft, eines Unternehmens, einer Gesellschaft, eines Subsystems wie etwa das der Politik verfällt. Die einzelne Person, die sich nicht an die genannten Regeln der Wahrhaftigkeit, des Vertrauens und der Verlässlichkeit hält, kann dann daraus einen Vorteil ziehen, wenn die Anderen sich weiterhin an diese Regeln halten oder jedenfalls überwiegend daran halten. Es kann also ein je individuelles Interesse daran bestehen, Vorteile daraus zu ziehen, dass man die Konformität der anderen mit den Regeln der Kommunikation selbst fallweise verletzt. Einzelne können dies tun, ohne dass das Gesamt der Kommunikationsgemeinschaft kollabiert. Mehrere bekommen schon dann Probleme, wenn sie ihresgleichen begegnen. Einzelne geraten in Schwierigkeiten, wenn ihre Unwahrhaftigkeit oder mangelnde Verlässlichkeit transparent wird, weil sie dann nämlich im Kreis derjenigen, die sich an die Regeln gelungener Kommunikation halten, niemanden mehr finden, der mit ihnen kommunizieren möchte. Gerade in modernen, komplexen, von dauernd wechselnden Interaktionsbeziehungen geprägten Gesellschaften ist die Verführung zu parasitärem Kommunikationsverhalten in diesem soeben präzisierten Sinne groß. In kleineren Gemeinschaften gibt es wechselseitige Kontrolle und ein gutes Gedächtnis für Regelübertretungen. Das schreckt ab. Kleine Gemeinschaften sind stabiler, sie sind robuster gegenüber Störungen der Kommunikation. In größeren Gemeinschaften müssen Anstrengungen unternommen werden, um verlässliche Kommunikation zu ermöglichen. Diese Anstrengungen sind geringer, wenn unter den Beteiligten die angemessenen moralischen Einstellungen verbreitet sind. Es gehört zum Anstand des alltäglichen Verhaltens, aber auch der ökonomischen Praxis, dass man wahrhaftig ist. Ein Teil der Probleme, die auf den Weltfinanzmärkten in den Jahren 2008 ff. deutlich wurden, hängt mit dem Verfall der Kommunikationskultur zusammen. Die Interaktionsbeziehungen zwischen Vertragspartnern waren durch Bündelung von Weiterverkauf von

Tausenden von Hypothekenverträgen aufgelöst und der Realitätsbezug einzelner Überzeugungen mangels Sachkenntnis (Regel der Verlässlichkeit) nicht mehr gegeben. Die Beurteilung von Risiken richtet sich damit an Bewertungen von Rating-Agenturen, die ihrerseits von den Banken finanziert wurden. Diese Beurteilungen haben sich im Nachhinein als wenig sachhaltig herausgestellt. Sie verletzten gravierend die oben genannte dritte konstitutive Regel der Kommunikation, nämlich Verlässlichkeit oder Realitätsbezug. Die verschiedenen Instrumente auf den Weltfinanzmärkten haben zudem *face to face*-Kommunikation zu einem seltenen Sonderphänomen werden lassen, und angesichts der Beschleunigung einzelner Entscheidungen und der rasch wechselnden Akteure der Interaktionen konnte eine Vertrauenskultur nicht wachsen. Die Weltfinanzkrise ist auch Ausdruck einer fehlenden Kommunikationskultur, fehlender Wahrhaftigkeit, fehlenden Vertrauens und fehlender Verlässlichkeit.

Werfen wir zum Schluss einen Blick auf das Verhältnis zwischen ökonomischer Rationalität und kommunikativer Praxis. Wenn unsere Analyse zutrifft, dann ist Kommunikation ohne die Einhaltung dreier Grundregeln, nämlich die der Wahrhaftigkeit, des Vertrauens und der Verlässlichkeit, nicht möglich. Um nicht missverstanden zu werden: Sehr wohl ist es möglich, dass Einzelne diese Regeln fallweise verletzen. Aber wenn alle oder nur hinreichend viele diese Regeln systematisch immer dann verletzten, wenn die Regeleinhaltung nicht in ihrem persönlichen Interesse ist, dann ist Kommunikation unmöglich. Das, was wir unter Kommunikation verstehen, nämlich über Meinungen Anderer und über die Welt verlässliche Informationen zu erhalten, wäre nunmehr unmöglich – mit gigantischen, auch ökonomischen Kosten. Wenn es also stimmt, dass erfolgreiche ökonomische Praxis – sei es die eines Unternehmens oder eines Marktsegments, gar eines so umfassenden Interaktionssystems wie das der Weltfinanzmärkte – ohne verlässliche Kommunikation nicht möglich ist, stehen wir zunächst vor einer gedanklichen und dann auch vor einer praktischen Herausforderung: Das, was ökonomische Praxis erst möglich macht, ist etwas anderes als diese Praxis selbst – in diesem Fall ist es verlässliche Kommunikation. Akteure, die bei jeder ihrer Entscheidungen, einschließlich der Entscheidung für eine Äußerung, ausschließlich die Optimierung ihres Eigeninteresses im Auge haben, halten die Regeln nicht ein, die verlässliche Kommunikation erst ermöglichen. Ökonomischer Erfolg verlangt also nach einer Praxis, die nicht auf ökonomische Optimierung gerichtet ist. Ich weiß, dass dieser Gedanke nicht leicht nachvollziehbar ist und dass er einer in der Moderne weitverbreiteten Ideologie widerspricht. Das ändert aber nichts an seiner Richtigkeit.

I.6 Regeln

*Damit es mir erscheinen kann, als hätte die Regel alle
ihre Folgesätze zum Voraus erzeugt, müssen sie mir
selbstverständlich sein. So selbstverständlich, wie es mir ist,
diese Farbe »blau« zu nennen.*

Ludwig Wittgenstein,
Philosophische Untersuchungen, 1953

Echte Kommunikation ist, wie wir im vorhergehenden Kapitel
gesehen haben, nur möglich, wenn einige fundamentale Regeln
befolgt werden: Wahrhaftigkeit, Vertrauen und Verlässlichkeit.
Dies sind offenkundig moralische Regeln, da sie nicht allein aus
Eigeninteresse eingehalten werden. Manchmal liegt es in unserem Eigeninteresse, wahrhaftig zu sein, oft jedoch nicht; und
wenn Menschen immer dann, wenn es nicht ihrem Eigeninteresse entspricht, wahrhaftig zu sein, unwahrhaftig wären, würde
unsere Kommunikation zusammenbrechen. Aber hat nicht jeder ein Interesse daran, dass wir auch in Zukunft kommunizieren? Dies ist der übliche Einwand. Er beruht auf einem Denkfehler. Auch wenn wir selbstverständlich alle ein Interesse daran
haben, auch in Zukunft wahrhaftig, vertrauensvoll und verlässlich miteinander zu kommunizieren, heißt dies noch nicht, dass
der Einzelne in jeder Situation ein Eigeninteresse hat, wahrhaftig und verlässlich zu sein. Und wenn alle immer dann, wenn
sie einen Vorteil davon haben, unwahrhaftig zu sein, auch tatsächlich unwahrhaftig wären, würde kein vernünftiger Mensch
mehr Vertrauen haben. Und wenn er Vertrauen hätte, würde
dieses Vertrauen immer wieder enttäuscht werden. Mit anderen
Worten: Wir können nur als moralische Akteure miteinander
kommunizieren. Unter unmoralischen Akteuren, beispiels-

weise solchen, die nur ihrem Eigeninteresse folgen, findet keine echte Verständigung statt; eine Welt der Unmoralischen kennt nur vereinsamte und isolierte Individuen.

Ich möchte das an einem Beispiel illustrieren. Es geht dabei um unsere Praxis, Versprechen zu geben und Versprechen zu halten. Wir sind uns vermutlich rasch einig, dass unser Umgang mit anderen Menschen zutiefst gestört wäre, wenn wir uns auf Verabredungen, Vereinbarungen, Zusicherungen etc. – eben Versprechen im weitesten Sinne – nicht mehr verlassen könnten. Sprachphilosophen zählen Vereinbarungen, Verabredungen, Verträge, Versprechen etc. zu den kommissiven Sprechakten. Ein Sprechakt ist eine Handlung mit den Mitteln der Sprache. Wenn ich ein Versprechen gebe, vollziehe ich eine bestimmte Handlung, nämlich die des Versprechens. Und mit dem Vollzug dieser Handlung verpflichte ich mich zu etwas, ich vollziehe also einen kommissiven Sprechakt.

Kommissive Sprechakte gibt es in allen uns bekannten Sprachen und Kulturen. Dies ist sicher kein Zufall, sondern zeigt, wie wichtig es für das menschliche Zusammenleben ist, dass wir uns verpflichten können, dass wir Versprechungen geben oder Vereinbarungen treffen können. Man könnte auch sagen: Kommissive Sprechakte dienen dazu, das Handeln von Menschen zu koordinieren. Es scheint, dass Tiere, auch hochentwickelte Säugetiere – selbst unsere nächsten Verwandten, die großen Menschenaffen – über diese spezifische Fähigkeit, ihr Handeln über Vereinbarungen zu koordinieren, nicht verfügen. Andererseits spricht die Tatsache, dass diese Fähigkeit in allen menschlichen Kulturen verankert ist, dafür, dass sie für die humane Lebensform unverzichtbar ist.

Um ein Versprechen zu geben, muss ich nicht sagen: »ein Versprechen«. »Ich komme morgen um acht Uhr zu dir, und dann gehen wir ins Kino« ist – normalerweise – ein Versprechen. Wenn Sie dann um acht Uhr nicht erscheinen und das damit rechtfertigen, dass Sie ja gar kein Versprechen gegeben hätten, werden Sie auf Unverständnis stoßen. »Du hast doch gesagt, du kommst um acht zu mir, und damit hast du mir doch versprochen, auch wirklich um acht zu mir zu kommen. Du hast dein Versprechen also gebrochen.« Wenn Sie darauf beharren und zum Beispiel sagen: »Es war nur eine Prognose, kein Versprechen« oder: »Ich habe lediglich vermutet, dass ich morgen zu dir komme, aber das nicht als Versprechen gemeint«, werden Sie im besten Falle als verschroben, im ungünstigsten Fall als notorischer Lügner gelten. Aber was heißt es nun, ein Versprechen gegeben zu haben? Tasten wir uns vor: Versprechen haben einen Inhalt, nennen wir ihn *p*. Wenn Maximilian verspricht, morgen zu kommen, dann ist der Inhalt des Versprechens, dass er morgen kommt. Philosophen nennen das eine Proposition. Propositionen kann man in Gestalt von DASS-Sätzen formulieren. Diese Propositionen beziehen sich immer auf eigene Handlungen derjenigen Person, die das Versprechen gibt. Wenn der Inhalt des Versprechens keine eigene Handlung ist, bewegen wir uns in einem Grenzbereich, meist sogar liegt ein Missbrauch vor. Der Lehrer, der zu einer Kollegin sagt: »Ich verspreche Ihnen, dass alle meine Schüler morgen pünktlich bei Ihrem Kurs sein werden«, kann selbst nicht garantieren, dass dem so sein wird. Die Kollegin mag sich dann beschweren und sagen: »Aber Sie haben doch versprochen, dass alle Ihre Schüler pünktlich zu meinem Kurs kommen werden.« Und die Antwort könnte lauten: »Ich kann das ja nicht bei jedem Einzelnen kontrollieren.« Dann aber hätte er es erst gar nicht versprechen dürfen. Es handelt sich um ein missbräuchliches Versprechen. Vielleicht war es auch nur als Kurzform gemeint dafür, dass der Lehrer alles unternehmen wird, um die Schüler zu verpflichten und ihnen den Ernst dieser Verpflichtung klarzumachen. Dann verspricht er eine eigene Anstrengung, aber kein Ergebnis.

Wenn jemand ein Versprechen gibt, dass *p*, dann weckt er dadurch (durch die betreffende Äußerung) die Erwartung, dass *p*. In manchen Fällen wird diese Erwartung enttäuscht, ohne dass der Person, die das Versprechen gegeben hat, ein Vorwurf zu machen ist. Etwa dann, wenn etwas dazwischengekommen ist, das die Person nicht kontrollieren konnte. Wir müssen also offenkundig einige Unterscheidungen treffen.

Maximilian gibt ein unwahrhaftiges Versprechen, wenn er das, was er verspricht, zum Zeitpunkt des Versprechens gar nicht beabsichtigt. Wenn Maximilian das Versprechen gibt, morgen um vier Uhr zu kommen, dann kann Claudia davon ausgehen, dass Maximilian auch beabsichtigt, um vier Uhr zu kommen. Claudia hat Vertrauen, und dieses Vertrauen ist berechtigt, wenn Maximilian ein wahrhaftiges – ein ehrliches – Versprechen gegeben hat.

Angenommen, Maximilian hat ein ehrliches Versprechen gegeben, kommt aber doch nicht am nächsten Tag um vier Uhr. Claudia wird dann vermutlich annehmen, dass Maximilian unwahrhaftig war, dass er gar nicht beabsichtigte, um vier Uhr zu kommen.

Wenn sie dann schließlich erfährt, dass Maximilian alles unternommen hat, um um vier Uhr zu ihr zu kommen, aber auf dem Weg eine Reifenpanne hatte, dann wird sie diesen Verdacht vermutlich wieder aufgeben. In einem solchen Fall wird man sagen, dass Maximilian sein Versprechen zwar nicht gehalten hat, das Versprechen aber ehrlich war. Die Regel der Wahrhaftigkeit war erfüllt, die Regel der Verlässlichkeit nicht.

Wenn Maximilian zwei Stunden vor dem vereinbarten Termin mit seinem Auto aufbricht, wohl wissend, dass nur im allergünstigsten Fall dieser Zeitraum ausreicht, um pünktlich zu kommen, wird man ihm Nachlässigkeit vorhalten. Sein Versprechen war vermutlich wahrhaftig, sein Verhalten jedoch nicht verlässlich.

Vertrauen hat also zwei Aspekte: einen subjektiven und einen objektiven. Der subjektive bezieht sich auf die Meinungen und Absichten der betreffenden Person und der objektive auf die Realität. Wenn ich einer Person im subjektiven Sinne vertraue, dann nehme ich an, sie ist wahrhaftig, d. h., sie lügt mich nicht an. Ich kann aber Vertrauen im subjektiven Sinne haben, ohne Vertrauen im objektiven Sinne zu haben. Es mag ja sein, dass die Person nicht lügt, aber dass sie sich irrt. Es kann ja sein, dass die Person zwar beabsichtigt, zum versprochenen Zeitpunkt einzutreffen, aber in der Regel nicht sorgfältig genug plant und dass daher nicht zu erwarten ist, dass sie ihr Versprechen tatsächlich einhält. Das Vertrauen in eine Person ist schon dann gestört, wenn sie nicht verlässlich ist. Wahrhaftigkeit und Verlässlichkeit rechtfertigen Vertrauen. Wahrhaftigkeit rechtfertigt subjektives Vertrauen, und Verlässlichkeit rechtfertigt objektives Vertrauen.

Kein Unternehmen wird erfolgreich sein, wenn seine Mitarbeiterinnen und Mitarbeiter nicht vertrauensvoll – sowohl im subjektiven als auch im objektiven Sinne – miteinander umgehen. Wenn sie sich wechselseitig Unwahrhaftigkeit unterstellen, also kein subjektives Vertrauen haben, werden die Auskünfte wertlos. Misstrauen greift um sich, und am Ende wäre jeder in diesem Unternehmen isoliert. Nachlässigkeit, mangelnde Planung, mangelnde Überprüfung, Kontrolle führen auch dann zu Vertrauensverlust, wenn alle Akteure wahrhaftig sind. Die zweite Seite des Vertrauens, das objektive Vertrauen, setzt voraus, dass die Meinungen und Absichten der Beteiligten einen Realitätsbezug haben, dass alle wissen, wie sie ihre Überzeugungen überprüfen und ihre Absichten realisieren können. Entscheidungs- und Handlungsschwäche führt auch dann zu Vertrauensverlust, wenn alle wahrhaftig agieren, wenn sie nur das sagen, von dem sie überzeugt sind, und ihre Absichten in die Realität umsetzen.

Ökonomischer Erfolg ist ohne Vertrauen nicht zu haben. Vertrauen setzt voraus, dass Menschen wahrhaftig und verlässlich sind. Sie müssen wahrhaftig und verlässlich auch dann sein, wenn es nicht in ihrem Interesse ist, wahrhaftig und verlässlich zu sein. Alle haben als Mitarbeiterinnen und Mitarbeiter Interesse am Erfolg dieses Unternehmens. Alle haben, wenn unsere Argumentation zutrifft, daher ein Interesse daran, dass die Interaktionen im Unternehmen vertrauensvoll sind. Alle haben also ein Interesse daran, dass die Regel der Wahrhaftigkeit und der Verlässlichkeit auch dann befolgt wird, wenn ihre Befolgung nicht im je individuellen Eigeninteresse ist. Die Philosophie unterscheidet an dieser Stelle zwischen einem kollektiven und einem distributiven »Alle«. Markieren wir diese Unterscheidung durch den Index k für »kollektiv« und den Index d für »distributiv«. Dann können wir präziser sagen: Alle$_k$ haben ein Interesse daran, dass die Regeln der Wahrhaftigkeit und der Verlässlichkeit von allen eingehalten werden, da nur so die für den ökonomischen Erfolg notwendige Vertrauenskultur entstehen und bewahrt werden kann. Alle$_d$ haben jedoch immer wieder ein Eigeninteresse daran, diese Regeln zu missachten. Wenn Alle$_d$ diesem Eigeninteresse an Abweichung in jedem Einzelfall folgten, wäre das Interesse Aller$_k$ am Erfolg des Unternehmens nicht realisierbar. Vertrauenskultur verlangt mit anderen Worten ein gewisses Maß an Distanzierung vom je eigenen, besonderen, individuellen, situationsbezogenen Interesse; verlangt danach, sich in Übereinstimmung mit den beiden fundamentalen Regeln der Vertrauenskultur zu verhalten, da Alle$_k$ ein Interesse daran haben.

Auf der Verwechslung von Alle$_k$ und Alle$_d$ beruht die vielleicht wirkungsmächtigste Ideologie der Gegenwart. Das kollektive Interesse aller ist nicht identisch mit dem distributiven Interesse aller. Alle$_k$ haben ein Interesse daran, dass in unserer Gesellschaft Eigentum respektiert wird, dass niemand befürchten muss, jeder unbeaufsichtigte Augenblick würde genutzt, um Taschen zu entwenden, Fahrräder zu stehlen, in Wohnungen einzubrechen etc. Viele haben aber ein je individuelles Interesse daran, Taschen zu entwenden, Fahrräder zu stehlen, in Wohnungen einzubrechen. Die allermeisten von diesen lebten lieber in einer Gesellschaft, in der nicht gestohlen und betrogen wird. $Alle_k$ haben ein Interesse daran, dass nicht gestohlen und betrogen wird, aber nicht $Alle_d$ haben ein Interesse daran, dass nicht gestohlen und betrogen wird. Wenn jeder für sich selbst sorgt, ist für alle gesorgt – das stimmt nur distributiv. Wenn jeder für sich selbst sorgt, ist für alle im Sinne jedes Einzelnen gesorgt, insofern als jeder für sich selbst sorgt. Aber $Alle_k$ haben ein Interesse daran, dass sich nicht jeder lediglich um sich selbst sorgt. Auch in der Diskussion um die politischen Herausforderungen der letzten Weltwirtschaftskrise kam in Deutschland und anderswo das Argument auf, am besten sei nun die Kaufkraft jedes Einzelnen zu stärken, also die Steuern zu senken, weil der Einzelne am besten wisse, was für ihn gut sei. Es mag ja durchaus sein, dass eine Reaktion auf diese Krise Steuersenkungen sind (ich hatte und habe da meine Zweifel), aber diese Begründung ist auf jeden Fall irrig. Wenn diese Begründung zuträfe, dürften gar keine Steuern erhoben werden. Kein Einzelner baut Straßen, Schwimmbäder, Schulen für sich und seine Familie. $Alle_k$ haben jedoch ein Interesse daran, dass es Straßen, Schwimmbäder, Schulen gibt. Keiner tut hier individuell etwas dafür, dass es Straßen, Schwimmbäder, Schulen gibt, obwohl $Alle_k$ ein Interesse daran haben. Wie ist das zu erklären? Ganz einfach: Das, was je individuell gut für den Einzelnen ist, lässt sich nicht immer durch das Handeln des je individuellen Einzelnen realisieren. Je individuell können wir keine Vertrauenskultur schaffen. Vertrauenskultur bedarf der allgemeinen Konformität mit den Regeln der Wahrhaftigkeit und der Verlässlichkeit. Wir haben alle ein Interesse daran, dass diese Regeln eingehalten werden, und zugleich haben wir alle im Einzelfall das Interesse, diese Regeln zu brechen. Dies ist kein Widerspruch, sondern beruht darauf, dass unser Handeln eben nicht nur die Addition unseres je individuellen Handelns ist, sondern Teil einer Handlungsstruktur, eben Teil gemeinschaftlichen Handelns ist.

Die Praxis des Versprechens wird nur so lange Bestand haben, als Menschen sich vertrauen können – subjektiv und objektiv. Auch Verträge kann man als eine Art von Versprechen interpretieren. Um die Bindungskraft zu erhöhen, ist der Bruch von Verträgen in der Regel mit Konventionalstrafen belegt. Man schafft also einen zusätzlichen Anreiz, um sicherzustellen, dass das je individuelle Eigeninteresse in den meisten Fällen mit dem Inhalt des Vertrags übereinstimmt. Doch die Vorstellung, dass man die Vertrauenskultur als Ganze, die alltägliche Praxis von Versprechungen und Vereinbarungen durch ein ausgetüfteltes System von Kontrolle und Strafe ersetzen könne, ist bizarr. Die Realisierung des Programms würde geradewegs in eine totalitäre Gesellschaft münden, angesichts derer Orwells Visionen verblassen.

I.7 Kooperation und ökonomische Rationalität

Our claim is that in certain situations involving interaction with others, an individual chooses rationally only in so far as he constrains his pursuit of his own interest or advantage to conform to principles expressing the impartiality characteristic of morality.

David Gauthier,
Morals by Agreement, 1986

Das Ergebnis des letzten Kapitels war, dass ökonomisch erfolgreiches Handeln, die Optimierung der Ergebnisse, ohne verlässliche Kommunikation nicht möglich ist, dass diese aber gerade voraussetzt, dass die Einzelnen sich nicht ökonomisch rational verhalten. Der viel zitierte Satz des Verfassungsrichters Ernst-Wolfgang Böckenförde, »die liberale Demokratie lebt von Voraussetzungen, die sie selber nicht garantieren kann«, hat ein Pendant in der Ökonomie: Erfolgreiche ökonomische Praxis lebt von Voraussetzungen, die sie selbst nicht garantieren kann. Eine dieser Voraussetzungen ist verlässliche Kommunikation. Nun könnte man versucht sein, dieses Phänomen in den Bereich der kulturellen Bedingungen zu verlagern und damit von der ökonomischen Praxis abzukoppeln. Jeder Praktiker wird mir zustimmen, dass sich diese Trennung nicht durchhalten lässt. Selbstverständlich müssen wir die Kosten von Informationen mit bedenken, um ökonomisch erfolgreich zu sein; schließlich bringen die einzelnen kommunikativen Vorgänge Kosten mit sich, und sei es nur in Gestalt von Telefonrechnungen und Flugtickets. Selbstverständlich ist es legitim, auch hier Kosten-Nutzen-Erwägungen anzustellen.

Die philosophische Analyse des letzten Kapitels hat allerdings ergeben, dass diese Kosten-Nutzen-Erwägungen nicht in die konstitutiven Bedingungen von Kommunikation selbst hineinreichen dürfen. Wer jede seiner Äußerungen ausschließlich unter dem Gesichtspunkt seiner Kosten und seines Nutzens tut, fällt als verlässlicher Kommunikationspartner aus. Wir müssen davon ausgehen, dass in der Regel die einzelnen kommunikativen Akte anders, nämlich durch Gründe motiviert sind. Wir haben Gründe, etwas für richtig zu halten, und wir teilen dies unseren Gesprächspartnern mit. Wenn statt dieser Gründe ausschließlich die Vorteile, die der Einzelne durch eine Äußerung hat, ausschlaggebend wären, würde das Gesamt der Kommunikation kollabieren mit gigantischen ökonomischen Kosten als Folge. Kommunikation ist also Bestandteil ökonomischer Praxis, sie ist nicht abzulösen aus der Abwägung von Kosten und Nutzen, aber sie beruht auf Regeln, die selbst dem Kosten-Nutzen-Kalkül entzogen sind.

Die Frage, die sich stellt, ist, ob dieses geradezu paradoxe Verhältnis von Kommunikation und Ökonomie ein Sonderfall ist oder einem allgemeinen Muster entspricht. Alles spricht dafür, dass Letzteres der Fall ist. Die genauere Analyse des Phänomens der Kooperation kann die Augen dafür öffnen.

Individuen haben in der Regel individuelle Interessen, und es ist legitim, dass sie versuchen, diesen Interessen gerecht zu werden. Üblicherweise wird die Rolle der Moral darin gesehen, diese Interessenverfolgung so weit einzuschränken, dass Andere keinen oder jedenfalls keinen zu großen Schaden nehmen. Die Regeln der Moral werden meist als Einschränkungen verstanden, und in der Tat liegt darin eine wichtige Funktion der Moral. Aber – und dies soll das folgende Kapitel deutlich machen – darin erschöpft sich nicht die Funktion der Moral. Es ist das Phänomen kooperativen Handelns, das uns nun beschäftigen muss. Ein richtiges Verständnis von Kooperation klärt das Verhältnis von Ökonomie und Ethik, ja man kann sagen, Kooperation ist die Brücke zwischen Ökonomie und Ethik. Was macht eine kooperative Handlung aus? Wann verhält sich eine Person kooperativ? Mithilfe der Spieltheorie lässt sich diese Frage beantworten. In diesem Zweig der rationalen Entscheidungstheorie können verschiedene Situationen unterschieden werden, indem man die Strategien, die den Beteiligten offenstehen, durch sogenannte Matrizen charakterisiert. Manchmal spricht man auch von (Spiel-)Formaten. Wir können das an einem einfachen Beispiel deutlich machen: Angenommen, zwei Personen wollen sich im Café in einer Kleinstadt treffen. Sie haben das vereinbart, aber versäumt zu verabreden, in welchem der beiden existierenden Cafés sie sich zum vereinbarten Zeitpunkt treffen wollen. Sie können nicht mehr miteinander kommunizieren. Ihnen liegt lediglich daran, sich zu treffen; unwesentlich ist, in welchem Café. Also ergibt sich folgende Matrixdarstellung:

		B	
		C_1	C_2
A	C_1	1/1	0/0
	C_2	0/0	1/1

Die Ziffern markieren den Wert, die eine der vier Handlungskombinationen für die eine und für die andere Person hat. Die erste Ziffer gibt jeweils den Wert für A an und die zweite Ziffer die Handlungskombination für B.
Variieren wir das Beispiel ein wenig: Beide haben nach wie vor ein vorrangiges Interesse, sich in einem der Cafés zu treffen, aber die Präferenzen, in welchem, gehen auseinander.

		B	
		C₁	C₂
A	C₁	2/1	0/0
	C₂	0/0	1/2

Hier gibt es offensichtlich einen Interessenkonflikt. A möchte lieber in das erste Café, und B möchte lieber in das zweite Café. Es gibt aber auch eine Interessenkonvergenz: Beide möchten sich lieber im Café treffen als sich nicht zu treffen. Wenn A als Egoist bekannt ist, wird B annehmen, dass er auch dann in das erste Café geht, wenn er weiß, dass B das zweite Café bevorzugt. B wird dann ebenfalls in das erste Café gehen, da B ja mit A eines gemeinsam hat: Sie wollen sich gern in einem der Cafés treffen.

Spitzen wir die Situation zu: A teilt B mit, dass er in jedem Fall in das von ihm präferierte Café gehen wird, ganz unabhängig davon, was B tut. Man könnte sagen, diese Strategie ist irrational. Schließlich kündigt A an, auch dann in das bevorzugte Café zu gehen, wenn B in das andere geht, und schädigt sich damit selbst – wir haben ja angenommen, dass auch A ein Interesse daran hat, B zu treffen. Diese Irrationalität zahlt sich jedoch manchmal aus. B gibt nach und geht in das von A bevorzugte Café.

Spitzfindige werden einwenden, dass lediglich die Ankündigung, in das bevorzugte Café zu gehen, sich für A auszahlt und nicht die Entscheidung selbst. Am besten wäre es für A anzukündigen, er gehe auf jeden Fall in das von ihm bevorzugte Café, aber dann, wenn er vermuten muss, dass B nicht nachgibt, schließlich doch in das von B gewählte geht. Nicht die sture Strategie selbst zahle sich aus, sondern die Ankündigung der Strategie.

Mich überzeugt dieser Einwand nicht. Es ist zwar richtig, dass man die Frage, was man sagt, separat von dem sehen muss, was man tut. Wir können nicht für alle Personen annehmen, dass sie wahrhaftig sind. Viele äußern sich strategisch, d. h., sie äußern nicht das, wovon sie überzeugt sind, oder kündigen das an, was sie tatsächlich vorhaben, sondern sagen, X sei der Fall, wenn sie meinen, dass diese Äußerung für sie nützlich ist. Wir haben dann zwei entkoppelte Ebenen der Praxis: Die Praxis der Äußerungen und die der konkreten Entscheidungen. In einem früheren Kapitel (siehe I.5) habe ich ausgeführt, dass Kommunikation ohne Wahrhaftigkeit, Vertrauen und Verlässlichkeit nicht möglich ist. Der Erfolg dieser Ankündigung hängt also davon ab, dass B mir Glauben schenkt.

Aber auch, wenn wir annehmen, dass es A gelingt, B zu täuschen, bleibt die irritierende Tatsache, dass irrationales Verhalten den eigenen Interessen dienlicher sein kann als rationales. Wir haben im letzten Absatz von rational und irrational in der Bedeutung gesprochen, die in den ökonomischen Disziplinen üblich ist. Wir haben dieses Verständnis von Rationalität (siehe I.1 und I.2) über den Begriff der ökonomischen Optimierung präzise dargestellt. Die Tatsache, dass in Situationen wie der eben beschriebenen sich derjenige durchsetzt, derjenige Erfolg hat, der nicht optimiert, während der »Rationale«, also derjenige, der jeweils die optimale Strategie wählt, in diesem Interessenkonflikt den Kürzeren zieht, sollte uns zu denken geben. Wir haben es hier mit einer Problematik zu tun, die in der englischsprachigen Literatur als *resolute choice* diskutiert wird. Edward McClennen hat eine anspruchsvolle Theorie ausgearbeitet, um dieses Phänomen resoluter Entscheidungen, also Festlegungen, die im Einzelfall für die betreffende Person nicht optimal sind, zu analysieren[11]. McClennen ist, wie ich, der

---

11 Edward McClennen, *Rationality and Dynamic Choice: Foundational Explorations,* Cambridge (1990).

Überzeugung, dass rationale Akteure »resolut« entscheiden müssen, um sich in Situationen, die von Konflikt und Kooperation geprägt sind, zu behaupten. McClennen ist, wie ich, der Auffassung, dass Rationalität über Optimierung allein nicht charakterisiert werden kann, oder, anders formuliert, dass das Konzept des *homo oeconomicus*, des Akteurs, der zu jedem Zeitpunkt optimiert, nicht aufgeht. Trotz dieser Übereinstimmungen unterscheiden sich jedoch unsere Theorien deutlich voneinander. McClennen bleibt Konsequentialist und insofern enger einem ökonomischen Konzept von Rationalität verhaftet als ich, und ich plädiere für ein Verständnis von Rationalität, das auf guten Gründen beruht, die am Ende so gegeneinander abgewogen werden, dass die Präferenzen einer Person kohärent sind. Dies führt – manche werden sagen paradoxerweise – dazu, dass ich die Axiome des zeitgenössischen ökonomischen Rationalitätskonzepts akzeptieren kann, vorausgesetzt, sie werden wörtlich genommen, denn dann handelt es sich lediglich um Bedingungen für die Kohärenz von Präferenzen, die Individuen haben.

Aber nun zurück zur Kooperation. Im Beispiel der beiden, die sich in einem Café treffen wollten, aber unterschiedlicher Meinung waren, in welchem, gab es ein Motiv der Kooperation – beide wollen sich treffen – und eines des Konflikts – sie haben unterschiedliche Präferenzen, in welchem Café. Wenn beide stur sind und jeweils in das von ihnen bevorzugte Café gehen, werden sie sich nicht treffen – die Kooperation kommt nicht zustande. Wenn beide jeweils die Strategie wählen, die im günstigsten Fall die eigenen Interessen optimiert – hier: man trifft sich in dem gewünschten Café –, erreicht keiner von beiden sein Ziel – sie treffen sich nämlich dann gar nicht, weder in dem einen noch in dem anderen Café. Man kann das auch ein Dilemma nennen: Optimiere sowohl ich als auch der Andere, haben wir beide nichts davon. Optimiert nur einer von uns, treffen wir uns, wie von uns beiden gewünscht, aber derjenige, der nachgibt, ist benachteiligt. Wenn beide nachgiebig sind und jeweils das vom anderen präferierte Café ansteuern, verfehlen sie sich ebenfalls. Da die Situation symmetrisch ist – die Handlungsoptionen und Folgen stellen sich aus der Perspektive des einen genauso dar wie aus der Perspektive des anderen –, müssten wir, vorausgesetzt, beide sind gleichermaßen rational, erwarten, dass sich beide auch jeweils gleich verhalten, d. h. entweder das präferierte Café ansteuern oder das vom Anderen präferierte Café ansteuern. In beiden Fällen ist das Ergebnis für beide geradezu desaströs, ginge es nicht lediglich um ein nachmittägliches Treffen zum Kaffee; schließlich wollen sich ja beide treffen, und das Ergebnis ihrer »rationalen« Entscheidung ist, dass sie sich nicht treffen. Wohlgemerkt: Es gibt zwischen beiden keinen Interessenkonflikt hinsichtlich dieser Frage. Es ist nicht so, dass der eine sich treffen will und der andere nicht. Beide wollen sich treffen, es gibt lediglich einen Interessenkonflikt hinsichtlich des Treffpunkts. Beide stimmen aber darin überein, dass jeder der beiden Treffpunkte immer noch besser ist, als sich gar nicht zu treffen.

Nehmen wir an, wir hätten ein Kriterium der Rationalität, d. h., wir hätten eine Regel, nach der wir sagen könnten, wie Personen in solchen Situationen rational handeln. Da die Situation symmetrisch ist, muss jedes Kriterium beiden Beteiligten die gleiche Handlung als rational empfehlen. Da jedoch jede daraus resultierende Handlungskombination für beide nachteilig ist – sie treffen sich ja nicht, entgegen ihrem eigenen Wunsch –, wäre es einigermaßen merkwürdig, jedem der beiden Beteiligten eine solche Strategie vorzuschlagen. Für keine der beiden asymmetrischen Kombinationen von Handlungen – der eine geht in das von ihm bevorzugte Café, der andere gibt nach und geht in das nicht erwünschte – müsste es einen Grund geben, einen Grund, der dafür spricht, dass der eine sein Ziel erreichen darf und der andere nicht. Auch der hier naheliegende Hinweis auf die Möglichkeit der Kommunikation macht die Sache nicht wesentlich besser. Wenn die Situation wirklich symmetrisch ist, werden beide möglicherweise darauf bestehen, ihren Wunsch durchzusetzen. Was sollte den einen dazu bewegen nachzugeben, wenn der andere dazu nicht bereit ist? Unsere Ratlosigkeit als Rationalitätstheoretiker überträgt sich auf die konkrete Beratungssituation der beiden Beteiligten. Wir haben als Theoretiker kein Kriterium, und sie haben als Praktiker keinen Grund nachzugeben. Diese Kombination von Konflikt und Kooperation hat keine rationale Lösung.

Betrachten wir nun eine reine Kooperationssituation. Zwei Personen A und B haben jeweils zwei Optionen C und D. Wenn beide sich für C entscheiden, bekommt jeder 10 000 Euro. Wenn einer sich für C und der andere sich für D entscheidet, bekommt der, der sich für C entscheidet, nichts und der, der sich für D entscheidet, 11 000 Euro. Wenn beide sich für D entscheiden, bekommen beide 1000 Euro. Was würden Sie tun? Offenkundig ist es für jeden der beiden besser, sich für D zu entscheiden, unabhängig davon, was der andere tut. Wenn A sich für C entscheidet, hat B die Wahl zwischen 10 000 und 11 000 Euro. B bekommt 11 000, wenn er sich für D entscheidet, und 10 000 Euro, wenn er sich für C entscheidet. Wenn A sich dagegen für D entscheidet, hat B die Wahl zwischen 1000 und 0 Euro. Wenn B sich für D entscheidet, bekommt er 1000 Euro, wenn er sich für C entscheidet, 0 Euro – vorausgesetzt, A entscheidet sich für D. Strategien – oder Entscheidungen –, die unabhängig davon vorteilhafter sind, was die anderen tun, werden in der Spieltheorie dominant genannt. D ist sowohl für A als auch für B eine dominante Strategie. Wenn die beiden Beteiligten A und B sich nicht zuvor abstimmen können, wenn sie also unabhängig voneinander entscheiden, dann scheint viel dafür zu sprechen, dass beide, A wie B, sich für D entscheiden. Das Ergebnis ist für beide jedoch wenig erfreulich: Sie erhalten jeweils 1000 Euro, obwohl sie, wenn sie sich beide für C entschieden hätten, 10 000 Euro hätten bekommen können. Da beide je individuell optimieren, ist das Ergebnis für beide schlechter, als wenn sie kooperieren würden. Mit Kooperation ist hier lediglich gemeint, dass sie sich beide für C entscheiden. Wenn beide kooperieren, ist das für beide vorteilhafter als wenn beide optimieren.

In einer solchen Entscheidungssituation gibt es also offenkundig einen Konflikt zwischen je individueller Optimierung und Kooperation, manche würden sagen: zwischen Eigeninteresse und Moral. Man spricht in solchen Fällen auch von einem Kooperationsdilemma. Spieltheoretisch lässt sich diese Situation in folgender Matrix (als »Format«) charakterisieren:

Präferenzrelationen über die möglichen Handlungen wären:

Für A: DC > CC > DD > CD

Für B: CD > CC > DD > DC

Wenn man die oben beschriebene Entscheidungssituation als ein Beispiel nimmt:

		Person A	
		Handlung C	Handlung D
Person B	Handlung C	10 000/10 000	0/11 000
	Handlung D	11 000/0	1000/1000

Man kann sich das Kooperationsdilemma auch folgendermaßen klarmachen: Wenn beide, A und B, einen Ratgeber engagieren, dann wird dieser ihnen empfehlen, jeweils gemeinsam C zu wählen, denn es wäre gar nicht einzusehen, warum dieser Ratgeber nicht die beiden beteiligten Personen gleich behandeln sollte, da die Entscheidungssituation ja völlig symmetrisch ist. Wenn man die beiden symmetrischen Entscheidungssituationen (CC und DD) vergleicht, ist aber offenkundig, welche Lösung vorzuziehen ist. Bei CC erhalten beide jeweils 10 000 Euro, bei DD beide jeweils 1000 Euro.

Wenn die beiden Beteiligten jedoch je individuell einen Ratgeber heranziehen, dann ist durchaus denkbar, dass der Ratgeber der Person A empfiehlt, D zu wählen, denn unabhängig davon, wie B sich entscheidet, ist D die günstigere Strategie für A. Ebenso könnte der Ratgeber von B empfehlen, dass dieser sich für D entscheidet, denn auch für ihn gilt, dass er, unabhängig davon, was der andere tut, mit der Strategie B besser dran ist: Wenn A sich für C entscheidet, erhielte er bei Wahl der Strategie D 11 000 statt 10 000 Euro, wenn A sich für D entscheidet, erhielte er 1000 statt 0 Euro. Ergebnis dieser beiden Ratschläge an A und B ist jedoch, dass beide lediglich 1000 Euro erhalten, obwohl sie beide jeweils 10 000 Euro hätten erhalten können.

Seit der spieltheoretischen Formulierung des Kooperationsdilemmas sind viele Bücher und noch viel mehr Aufsätze dazu erschienen. Ich selbst habe mich an dieser Debatte ebenfalls beteiligt. Meine feste Überzeugung war und ist, dass es rational sein kann, sich in einer Entscheidungssituation dieses Typs, die nach einer Anekdote, die diese Situation illustriert, oft auch Gefangenendilemma genannt wird, für die kooperative Strategie – also für C – zu entscheiden. Ich sage *kann*, nicht *muss*. Die typische Motivation ist, dass der Einzelne seinen Teil zu einer Handlungsweise beisteuert, die er befürwortet und von der er hofft, dass auch die anderen Beteiligten sie wählen. Der Kooperierer sieht sich gewissermaßen als ein Teil einer gemeinsamen Praxis, er trägt seinen Teil zur kooperativen Praxis bei – in der Erwartung, dass dies auch der andere tut. Es ist keineswegs einfach, die schlichte Einsicht, dass Kooperation rational sein kann, in die Entscheidungs- und Spieltheorie zu integrieren. Auch heute noch ist der Mainstream der Entscheidungstheoretiker davon überzeugt, dass Kooperation in einem Ge-

fangenendilemma irrational ist.[12] Diese Schwierigkeit, eines der
zentralsten Probleme menschlicher Praxis, nämlich Kooperation, nicht nur angemessen zu beschreiben, sondern auch überzeugend in die Rationalitätstheorie einzubinden, hängt mit
dem radikalen Individualismus verbunden mit dem Optimie-
rungskriterium der ökonomischen Theorie zusammen. Wenn
Rationalität als individuelle Optimierung definiert wird, kann
Kooperation nicht rational sein, und hier können wir Kooperation über die Strategie C im obigen Format definieren. Das
Ergebnis je individueller Optimierung ist – so können wir sagen – kollektiv irrational. Beide Personen haben daraus einen
Nachteil. Es gibt eine andere Kombination individueller Strategien, die beide bevorzugen. Ökonomen sprechen an dieser
Stelle davon, dass D nicht pareto-optimal ist.[13] Ideale ökonomische Märkte führen zu pareto-optimalen Verteilungen, d. h.,
auf idealen Märkten ist es ausgeschlossen, dass eine Verteilung
alle schlechter stellt, als es sein müsste. Kooperationsdilemmata kann es auf dem idealen Markt nicht geben. Das bedeutet aber: Kooperation gibt es auf den ökonomischen Märkten
(idealiter) nicht. Dort treten Nachfrage als Konsumenten und
Anbieter als Produzenten mit ihren Waren auf und versuchen,
einen jeweils hohen Gewinn bzw. einen jeweils hohen Konsum bei möglichst niedrigen Kosten zu realisieren. Doch die
Welt besteht nicht nur aus (idealen) ökonomischen Märkten
im Sinne der Lehrbücher. Es spricht vieles dafür, dass Kooperation der Normalfall ist. Darauf werden wir in den nachfolgenden Kapiteln noch eingehen. So gut wie jede Regel, die wir
befolgen, bringt Kooperationsdilemmata hervor. Jede kollektive Handlung stellt den Einzelnen vor die Wahl: »Beteilige ich

---

12 Das Gefangenendilemma ist eine Interaktionssituation, die zeigt, dass Kooperation zu kollektiv besseren Ergebnissen führen kann als individuelle
   Nutzenmaximierung.
13 Nach Vilfredo Pareto, einem italienischen Ökonomen und Soziologen.

mich oder nicht?«, und für viele kollektive Handlungen gilt, dass sie auch dann vollzogen werden, wenn ein Einzelner sich an ihr nicht beteiligt. Kollektive Handlungen generieren ebenfalls Kooperationsdilemmata.

Kooperation verlangt, dass der Einzelne sich so weit von seinen eigenen Interessen distanziert, dass er sich an einer gemeinsamen Praxis beteiligen kann, die allen, auch ihm selbst, zugutekommt. Die Motivation kann in diesen Fällen, wie wir gesehen haben, nicht die Optimierung des eigenen Vorteils sein. Vielmehr distanziert sich die kooperierende Person so weit von ihren eigenen Interessen, dass sie diese gerade nicht optimiert, wenn eine solche je individuelle Optimierung der gemeinsamen Praxis im Wege stünde. Der je individuelle Verzicht auf Optimierung schafft ein Ergebnis, von dem alle profitieren – im Vergleich zu demjenigen Ergebnis, das sich bei allgemeiner, je individueller Optimierung eingestellt hätte.

Zugegeben, dies ist ein abstrakter, philosophischer Gedanke. Aber mit dieser Charakterisierung von Kooperation wird in großer Allgemeinheit klar, warum eine Gesellschaft je individuell optimierender Personen inhuman wäre. Eine solche Gesellschaft würde keinerlei Kooperation kennen. Kooperation ist nicht alles. Es gibt Pflichten gegenüber anderen, die mit Kooperation nichts zu tun haben. Wir haben die Pflicht, in Not Geratenen auch dann zu helfen, wenn wir nicht erwarten können, dass diese uns helfen. Die Allerschwächsten mögen als Kooperationspartner gerade deswegen nicht infrage kommen, weil sie so hilfsbedürftig sind. Das bedeutet aber nicht, dass wir keine Hilfspflichten hätten oder sich Hilfspflichten auf Situationen beschränken würden, in denen wir erwarten können, dass diejenigen, denen wir helfen, ihrerseits uns in vergleichbaren Situationen helfen können. Moralische Pflichten ergeben sich nicht allein aus Kooperation. Wenn wir kooperieren, lassen wir den Interessenstandpunkt hinter uns. Wir berücksichtigen dann sowohl eigene als auch fremde Interessen, wägen ab, welche Praxis uns gemeinsam dienlich ist – und wenn dies unklar ist, entscheiden wir darüber gemeinsam. Und schließlich realisieren wir diese gewünschte gemeinsame Praxis durch unseren je individuellen Beitrag, der nur möglich wird, sofern wir darauf verzichten, unser Eigeninteresse zu optimieren. Eine Gesellschaft von Egoisten wäre nicht nur inhuman, sondern auch kooperationsunfähig. Kooperation aber ist im Interesse aller, insofern alle verlieren, wenn je individuell optimiert würde. Nicht alles ist Kooperation, aber ohne Kooperation ist alles nichts.

I.8 Regeln und Optimierung

Das verstörende Ergebnis des letzten Kapitels war, dass Kooperation und Optimierung unvereinbar sind. Entweder man optimiert, dann ist Kooperation ausgeschlossen, oder man kooperiert, dann optimiert man nicht. Dieses Dilemma, manchmal als Kooperationsdilemma bezeichnet, ist natürlich in der Wissenschaft nicht unbemerkt geblieben. Es stellt eine Herausforderung für unser Verständnis von Rationalität dar. Für einen Spieltheoretiker galt es als einer von drei *break-downs of rationality* (Nigel Howard).[14] Ökonomen verweisen auf den Markt: Dort ist Kooperation nicht vorgesehen, ja wird sogar systematisch unterbunden – man denke etwa an die Kartellgesetze. Und das Entscheidende ist: Auf dem Markt ist Kooperation unerwünscht. Das lässt sich präziser formulieren: Auf idealen Märkten kommt es zu effizienten Verteilungen (von Gütern), während das Kooperationsdilemma gerade darin besteht, dass je individuelle Optimierung zu einem ineffizienten Resultat führt. Solche Situationen kann es auf dem Idealmarkt nicht geben. In weltanschaulicher Zuspitzung heißt dies: Wir sollten versuchen, möglichst alle Entscheidungssituationen marktförmig zu gestalten. Der universale Markt der je individuellen Optimierer ist das Ideal ökonomischer Vernunft. Dieses Ideal trägt anarchistische Züge – hier berühren sich die politischen Gegensätze von Wirtschaftsliberalismus einerseits und anarchistischer Utopie andererseits. Eine dritte Position besagt, dass das Kooperationsdilemma durch Institutionen zu beheben sei. Institutionen, die darauf abzielen, den Konflikt zwischen Kooperation und Optimierung aufzuheben, in-

---

14 Nigel Howard, *Paradoxes of Rationality*, Cambridge/London (1971).

dem sie nicht kooperatives Verhalten entsprechend bestrafen
(sanktionieren).[15]
Diesen Lösungsvorschlägen ist eines gemeinsam: Sie unter-
schätzen die Reichweite des Kooperationsdilemmas. Jeder
dieser Vorschläge beruht auf dem gleichen Irrtum. Ziel dieses
Kapitels ist es, diesen Irrtum aufzudecken. Dazu ist es erforderlich, sich die Rolle von Regeln für menschliches Handeln
klarzumachen.

In einem bestimmten Sinne kann man sagen, dass alles, was
Menschen tun, regelgeleitet ist. Allerdings nicht in dem Sinne,
dass wir immer bewusst Regeln befolgen, ja nicht einmal in
dem Sinne, dass wir im Nachhinein wenigstens angeben könnten, welcher Regel wir gefolgt sind, sondern lediglich insofern als unser gesamtes Handeln nur einen Sinn ergibt, wenn
es Regeln folgt. Philosophen sprechen in diesem Zusammenhang gern von Zuschreibungen *(ascriptions)*. Wir schreiben uns
wechselseitig Handlungen zu, sofern das Verhalten, das wir an
einer Person beobachten, bestimmten Regeln folgt.

In unserem Beispiel des Versprechens: Wann sagen wir, dass
Maximilian etwas versprochen hat? Wann schreiben wir Maximilian die Handlung des Versprechens – eines spezifischen
Versprechens – zu? Voraussetzung dafür ist, dass Maximilian
etwas sagt. Dass das, was Maximilian sagt, an jemanden gerichtet ist. Dass die Adressatin des Gesagten erwarten kann,
dass Maximilian tut, was er ankündigt. Dass Maximilian sich
also entsprechend verhält. Wenn wir sagen: »Maximilian hat
Claudia etwas versprochen«, dann schreiben wir Maximilian
nicht nur die konkrete Handlung zu, sondern zugleich Absichten, die Maximilian verfolgt, Erwartungen, die die Adressatin
seiner Äußerungen hat; als Beobachter würden wir vielleicht

---

15 Karl Homann und Andreas Suchanek, *Ökonomik: Eine Einführung*, Tübingen (2000).

Zweifel bekommen, ob Maximilian wirklich etwas versprochen hat, wenn er keinerlei Anstalten macht, dieses Versprechen zum gegebenen Zeitpunkt auch einzulösen. Versprechen ist eine regelgeleitete Praxis. Sie könnte vom Einzelnen in einer Kultur, in der es kein Versprechen gibt, gar nicht erfunden werden. Das ist eigentlich der Kern des berühmten Privatsprachenarguments von Ludwig Wittgenstein. Die Regeln, die unser Handeln leiten, haben wir mit den anderen Mitgliedern der gleichen Sprachgemeinschaft gemeinsam. Wir alle folgen diesen Regeln im Großen und Ganzen mit gewissen Abstrichen – im Einzelfall mag Maximilian ein Versprechen gegeben haben, ohne jedoch Anstalten zu unternehmen, dieses Versprechen zu halten. Wir machen ihm dann Vorwürfe, man kann aber auch sagen: Maximilian verhält sich nicht regelkonform.

Meist wird Maximilian gar nicht angeben können, welche Regeln eigentlich befolgt werden müssen, damit man ein bestimmtes Verhalten als die Handlung des Versprechengebens interpretieren kann. In der Tat zeigen genauere sprachphilosophische Analysen, dass diese Regelsysteme ziemlich komplex sind. Dennoch sind wir in der Lage, diesen komplexen Regelsystemen zu entsprechen. Wir merken sehr genau, wenn jemand von der einen oder anderen Regel abweicht, und meist missbilligen wir dies dann.

Man mag das als merkwürdig empfinden: Wie kann es sein, dass man Regeln folgt, die man nicht kennt? Aber man denke an die grammatischen Regeln der eigenen Muttersprache. Wir folgen diesen Regeln – im Großen und Ganzen –, wir sind uns fast immer sicher, wann etwas richtig und wann etwas falsch formuliert ist, ohne – gerade als Muttersprachler – in der Lage zu sein, diese grammatischen Regeln zu formulieren. Wer Deutsch als Fremdsprache gelernt hat, kann die Regeln, die im Deutschen gelten, meist viel besser formulieren. Die Muttersprachler bleiben aber auch ohne Kenntnis der Regeln die kompetenteren Regelbefolger. Sie folgen diesen Regeln »intuitiv«, ohne sie angeben zu können. Es ist also möglich, wie dieses Beispiel zeigt, Regeln zu befolgen, ohne sie formulieren zu können. Regeln müssen nicht *explizit* sein, um befolgt zu werden. Es genügt, dass die Regeln implizit gelten, um sie zu befolgen und Abweichungen zu bemerken. So haben wir selbst das Gefühl, etwas falsch gemacht zu haben, wenn wir diese Regel nicht befolgen, und kritisieren auch andere dafür, wenn sie die Regel nicht befolgen.

Hinter diesen Feststellungen verbirgt sich eine wichtige sprachphilosophische Kontroverse. Die Behaviouristen sind der Überzeugung, dass es sich lediglich um die faktische Regelbefolgung handelt, die hier ausschlaggebend ist. Die betreffenden Verhaltensregularitäten sind beobachtbar, sie sind faktisch gegeben. Die Normativisten hingegen betonen, dass diese Regeln wie Gebote funktionieren: Das Entscheidende ist nicht, dass sie tatsächlich befolgt werden, sondern dass wir Abweichungen feststellen und Abweichungen für falsch halten. Selbst wenn bestimmte grammatische Regeln häufig in unserer Alltagssprache verletzt werden, so können sie dennoch in dem Sinne gelten, dass wir diese Regelverletzung bemerken, dass wir wissen, dass diese Formulierung nicht korrekt war. Die Regeln, die unser gesamtes Verhalten, nicht nur unser Sprachverhalten, steuern, sind normativ, wobei wir durchaus zugeben können, dass dieser normative Charakter nicht unabhängig vom tatsächlichen Verhalten festgestellt werden kann. Nur dann, wenn sich die Menschen in bestimmten Situationen auch de facto bemühen, sich an diese Regeln zu halten, kann man sagen, dass sie normativ gelten. Die Vorstellung, dass die normative Geltung einer Regel – beispielsweise die, seine gegebenen Versprechen einzuhalten – anerkannt ist, aber niemand sich auch nur im Leisesten darum bemüht, seine Versprechungen einzuhalten, erscheint widersinnig. Das macht ja gerade den normativen Charakter einer Regel aus, dass man sie als ein Gebot interpretiert und dementsprechend diesem Gebot folgen kann.

Der normative Charakter von Regeln wäre gewissermaßen ohne Witz, wenn es jeweils unser Eigeninteresse wäre, das uns die betreffende Regel einhalten ließe. Oft genug mag es in unserem Eigeninteresse sein, ein gegebenes Versprechen einzuhalten; doch es gibt eben auch Fälle, in denen unseren eigenen Interessen besser gedient wäre, wenn wir in diesem Fall dieses Versprechen brechen würden. Erst dann – wenn dieser Konflikt auftritt – wird der normative Charakter der Regel – des Versprechenhaltens – relevant. Dann halte ich mein Versprechen, obwohl die Handlung nicht in meinem eigenen Interesse ist. Diese Beobachtung rechtfertigt die folgenden drei Thesen:

(1) Es gibt ein allgemeines Interesse an einer allgemeinen Befolgung der meisten Regeln, die unser Verhalten prägen.

(2) Es gibt ein je individuelles Interesse, im Einzelfall diese Regeln zu brechen.

(3) Wir befinden uns hinsichtlich der Befolgung der Regeln, die eine menschliche Gesellschaft ausmachen, in einem universellen Kooperationsdilemma.

Ein Kooperationsdilemma ist, wie wir in Teil I, Kapitel 7 gesehen haben, dadurch bestimmt, dass die je individuelle Optimierung des Eigeninteresses zu einem Ergebnis führt, das für alle nachteilig ist. Das bedeutet: Die allgemeine Befolgung einer anderen Praxis wäre vorteilhafter gewesen, obwohl gilt, dass die je individuelle Abweichung für den je Einzelnen günstiger ist als die Befolgung dieser allgemeinen (kooperativen) Praxis. Wir leben also in einem die gesamte Lebensform durchdringenden Gefangenendilemma.

Ökonomische Rationalität ist mit Kooperation unvereinbar. Ein Mensch, der in einer Situation vom Typ des Gefangenendilemmas optimiert, handelt ökonomisch rational. Wenn wir alle

ökonomisch rational handelten, würde die gesamte Praxis, wie
wir sie im Alltag gewohnt sind, kollabieren. Etwas philosophischer gesprochen: Die normative Ordnung unserer Lebenswelt
würde sich nicht aufrechterhalten lassen, wenn wir uns ökonomisch rational verhielten. Da der Erfolg eines Unternehmens
oder auch einer gesamten Volkswirtschaft davon abhängt, dass
Menschen kommunizieren und kooperieren können, ist dieses
Ergebnis einigermaßen besorgniserregend.

Der Verfassungsrichter Ernst-Wolfgang Böckenförde, den man
zur einflussreichen Ritter-Schule konservativen politisch-phi-
losophischen Denkens zählt, hat wie bereits erwähnt darauf
hingewiesen, dass die Demokratie von Voraussetzungen lebt,
die sie selbst nicht garantieren kann. Ich halte diese Einschätzung für zutreffend; die Demokratie setzt eine moralische alltägliche Praxis voraus, die sich nicht in der bloßen Befolgung
von Rechtsnormen erschöpft. Sie setzt ein humanistisches
Ethos voraus: das der gleichen Anerkennung und des gleichen
Respekts, eine anthropologische Grundüberzeugung, wonach
Menschen gleichermaßen befähigt sind, ihre Überzeugungen,
ihre Handlungen, ihre Lebensführung als Ganze zu verantworten. Ohne ein solches Ethos, das im weitesten Sinne huma-
nistisch ist, wäre eine Demokratie nicht lebensfähig. Welchen
Beitrag zu diesem humanistischen Ethos die Religionsgemein-
schaften leisten, ist umstritten. Unzweifelhaft ist, dass funda-
mentalistische religiöse Glaubensgemeinschaften dieses humanistische Ethos bedrohen können. In Analogie zu diesem
Verhältnis von Demokratie und lebensweltlichem Ethos kann
man auch für die Ökonomie sagen, sie lebt von Voraussetzungen, die sie selbst nicht garantieren kann. Doch wenn unsere
Analyse stimmt, muss man hinzufügen: Sie lebt nicht nur von
Voraussetzungen, die sie selbst nicht garantieren kann, sondern
sie gefährdet diese Voraussetzungen. Eine Gesellschaft ökonomisch rationaler Individuen wäre nicht lebensfähig.

Viele meinen, dass es einen Ausweg aus diesem Dilemma gibt, dass man sowohl am Konzept ökonomischer Rationalität festhalten als auch die zerstörerischen Wirkungen einer Praxis ökonomisch rationaler Individuen vermeiden könne. Die Regeln, die für ein humanes Zusammenleben erforderlich sind, müssen in Gesetzesform gebracht werden, und die Einhaltung dieser Gesetze muss durch geeignete Strafandrohung erzwungen werden. Der englische Philosoph Thomas Hobbes war der Erste, der die Problematik des Kooperationsdilemmas zumindest in seinen Umrissen erfasst und zu dessen Auflösung einen absoluten Staat, der seine Untertanen vollständig kontrollieren und jederzeit bei Abweichungen von den Gesetzen streng bestrafen kann, vorgeschlagen hat. Die heutigen Anhänger des Hobbes'schen Modells treten weniger martialisch auf. Sie sprechen nicht von einem Staat, der seine Untertanen in Angst und Schrecken halten muss (»to keep them all in awe«[16]), sondern von Institutionen und Sanktionen. Sie glauben, ohne die absolutistischen, ja tendenziell totalitären Implikationen des Hobbes'schen Modells auszukommen und seine Essenz dennoch zu retten. Die Essenz des Hobbes'schen Modells ist, dass wir keiner Moral bedürfen, dass wir unsere eigenen Interessen rational optimieren können, sofern es nur im Rahmen einer gesetzlichen Ordnung geschieht, deren Einhaltung durch Strafandrohung erzwungen wird. Hier scheint sich eine Versöhnung von ökonomischer Rationalität und praktischer Vernunft abzuzeichnen: Wir müssen nur die Regeln entsprechend fassen, ihre Einhaltung kontrollieren und Strafen verhängen, um ökonomisch optimierende Individuen kultur-, gesellschafts-, ja moralfähig zu machen. Wir verlangen dabei keinerlei morali-

---

16 Thomas Hobbes, *Leviathan*, »The Second Part: Of Commonwealth Chapter XIII, Of the Natural Condition of Mankind as concerning their Felicity and Misery«, Cambridge (2004).

sche Motivation oder soziale Gesinnung oder gar altruistische Gefühle des Individuums, sondern lediglich das Geschick von Sozialtechnologen, Institutionen zu etablieren, die Kooperation unter Egoisten sichern.

Die zeitgenössischen Vertreter dieser Auffassung scheinen meist nicht zu sehen, dass diese Lösung im wörtlichsten Sinne *totalitär* ist. Sie setzt eine totale Kontrolle jedes einzelnen menschlichen Individuums, ja jeder einzelnen Handlung voraus. Jede Abweichung muss festgestellt und bestraft werden. Und die Strafen müssen hinreichend hoch sein, um eine Abweichung auszuschließen. Ja, es liegt in der Logik dieses Vorschlags, dass die Strafen ausschließlich nach ihrem verhaltenssteuernden Effekt angesetzt werden. Dies hätte inhumane Konsequenzen. So lassen sich kleine, meist rational kalkulierte Vergehen durch entsprechende Kontrolle – wo diese Kontrollen nur lückenhaft möglich sind – mittels einer entsprechend hohen Strafandrohung wirksam unterbinden. Dies zeigt die Praxis des NS-Regimes in den Jahren von 1933 bis 1945. Geringste Vergehen in der Ausnutzung der Verdunkelung als Schutz vor Bombenangriffen wurden drakonisch, mit dem Tode, bestraft. Kleine Ladendiebe wurden erschossen. Diese Maßnahmen waren in der Tat effektiv, sie unterbanden fast völlig die kalkulierte Kleinkriminalität. Andererseits zeigen kriminologische Untersuchungen, dass gerade die schlimmsten Verbrechen, etwa Mord, sich kaum abschrecken lassen und nach dieser Logik dann straffrei bleiben könnten.

Der Vorschlag ist aber noch in einem anderen Sinne totalitär. Er beendet, wenn realisiert, dass sich Menschen zu verantwortlichen Personen entwickeln. Die Verhaltenssteuerung durch Sanktionen steht moralisch verantwortlichem Handeln entgegen, macht dieses nicht nur überflüssig, sondern erstickt es im Keim. Das Kindergartenkind, das ein anderes ins Wasser schmeißt und es damit in Lebensgefahr bringt, mag antworten:

»Aber die Erzieherin hat uns das doch nicht verboten!« Für einen Erwachsenen ist das eine unangemessene Antwort. Verhaltenssteuerung über Strafen und Anreize lässt die Persönlichkeitsentwicklung verkümmern. Eine humane Gesellschaft setzt auf die menschliche Fähigkeit, sich von den besseren Gründen leiten zu lassen, Mitgefühl zu empfinden, Rücksicht zu nehmen und mit anderen auch dann zu kooperieren, wenn es im Einzelfall nicht im eigenen Interesse ist. Auch eine humane Gesellschaft, eine Gesellschaft entwickelter moralischer Persönlichkeiten braucht Institutionen, Regeln, Strafen; aber in einer humanen Gesellschaft ersetzen diese das eigene vernünftige und moralische Urteil, die Gerechtigkeit und Einsichtsfähigkeit der Menschen nicht. Sie machen diese nicht überflüssig, sondern stützen sie lediglich.

I.9 Kooperation und Konkurrenz

Wunderlicherweise nennt man das, was man beim Boxen als überlegene Geisteskraft empfindet, nur kalt und gefühllos, sobald es bei Menschen, die nicht boxen können, als Neigung zu einer bestimmten Lebenshaltung entsteht.

Robert Musil,
Der Mann ohne Eigenschaften, 1930

Die ökonomische Dynamik, die Anfang des 19. Jahrhunderts einsetzte, beruhte auch auf der Auflösung der mittelalterlichen Zunftordnung. Diese legte nicht nur Qualitätsstandards der Waren fest und regelte die Ausbildung der unterschiedlichen handwerklichen Berufe, sondern beschränkte auch die Konkurrenz unterschiedlicher Anbieter im selben Einzugsbereich durch Kontingentierung auf ein Minimum. Das Ende der Zunftordnung beinhaltete Verluste und Gewinne. Verluste, weil die hohen Qualitätsstandards der frühen Neuzeit erodierten – ein Prozess, der bis in die Gegenwart anhält. Gewinne insofern, als die entstehende Konkurrenzökonomie eine gewaltige Zunahme der Produktivität auslöste, das Warenangebot erweiterte, verbilligte und schließlich – wenn auch mit einer Verzögerung von einigen Jahrzehnten – den Lebensstandard im Mittel deutlich erhöhte.

Wir haben in den vorangegangenen Kapiteln gesehen, dass man (normative) Regeln als Lösung von Kooperationsproblemen ansehen kann. Entsprechend bedeutet das Ende von Regelsystemen auch das Ende einer spezifischen Form von Kooperation. Die mittelalterliche Zunftordnung sicherte die Versorgung der Bevölkerung (Konsumenten) und machte die Produktion der Anbieter langfristig planbar. Sie beschränkte die Konkurrenz, dämpfte die Produktivität und erforderte ein

System der Kontrollen und der Bestrafung. Die zünftischen Ordnungen erfüllten einen guten Zweck, aber sie hatten sich überlebt. Wirtschaftshistoriker sind unterschiedlicher Auffassung bezüglich der Frage, was dafür ausschlaggebend war: die technische Entwicklung, d. h. das Entstehen größerer Manufakturbetriebe, die Dampfkraft etwa, die höhere Lebenserwartung und das damit einhergehende Überangebot von Arbeitskräften auf dem Land, die dann in die Stadt strömten, oder die kulturellen Entwicklungen der Individualisierung und Verstädterung. Für die systematische Analyse ist das ohne Belang. Uns geht es in diesem Kapitel darum, das Verhältnis von Konkurrenz und Kooperation zu klären. Wir wollen ein realistisches Bild zeichnen, das die Karikaturen ersetzt, die im ökonomischen Denken weitverbreitet sind.

Wir beginnen mit einem Beispiel fern aller Ökonomie: die Konkurrenz im Sport. Viele Jugendliche treiben Leistungssport, sie konkurrieren in Wettkämpfen mit anderen Jugendlichen der gleichen Altersgruppe und sind stolz, wenn sie gute Ergebnisse erzielen. In vielen Fällen wird daraus eine zeitaufwendige und ernste Angelegenheit, die über Jahre einen großen Teil der Freizeit und der Wochenenden konsumiert, ohne dass damit die Erwartung einer nationalen oder internationalen Sportkarriere verbunden sein muss. Nehmen wir als Beispiel eine Einzelsportart, wie ich sie selbst betrieben habe, nämlich das Schwimmen, um die Analyse übersichtlich zu halten. Die geschwommenen Zeiten sind ein recht objektives Maß der erbrachten Leistung, entsprechend konkurrieren Leistungsschwimmer nicht nur mit den Ergebnissen anderer, sondern auch mit den eigenen aus der Vergangenheit. Die geschwommenen Zeiten entscheiden über die Teilnahme an nationalen und internationalen Meisterschaften. Sportler kennen ihre Konkurrenz und respektieren sich in aller Regel. Man könnte sogar sagen, dass jeder leistungsorientierte Sport eine Art in-

trinsische Wertorientierung hervorbringt, die sich in einer entsprechenden Anerkennung der Leistung anderer, die bis zur
Bewunderung gehen kann, niederschlägt. Es stimmt natürlich,
dass jeder der Teilnehmer ein möglichst gutes Resultat, eine
möglichst gute Platzierung, eine gute Zeit erreichen will. Zugleich aber steht es völlig außer Frage, dass diese Konkurrenz
keine unbedingte, keine absolute, sondern eine bedingte, relative, eingeschränkte ist und sein muss.

Es gab einmal den traurigen Fall einer Eiskunstläuferin, die
sich vor Gericht gegen den Vorwurf wehren musste, sie habe
einer Konkurrentin schwere Beinverletzungen zufügen lassen.
Die Beinverletzungen hinderten die Konkurrentin dann an der
Wettkampfteilnahme.[17] Wer auf dieses Beispiel eingeschränkter
Konkurrenz mit dem Hinweis reagiert, dass selbstverständlich
auch Sportler Gesetze einzuhalten hätten, hätte das komplexe
Verhältnis von Kooperation und Konkurrenz im Sport nicht
hinreichend erfasst. Es geht nicht lediglich um eine Platzierung
oder eine geschwommene Zeit, es geht um einen Leistungsver-
gleich, um Anerkennung nach expliziten und impliziten Beurteilungskriterien. Diese sind durchaus komplex. Einige entwickeln ganz eigenständige Beurteilungskriterien, indem sie
beispielsweise ihre Leistung mit dem Aufwand korrelieren und
stolz sind, wenn sie mit minimalem Trainingsaufwand beacht-
liche Leistungen erzielen, auch wenn diese deutlich schlechter sind als die anderer mit hohem Trainingsaufwand. Es kann
sogar sein, dass die Bewunderung von jenen geteilt wird, die
mit hohem Trainingsaufwand bessere Leistungen erzielen. Die
Verbesserung der eigenen Platzierung dadurch, dass man Kon-

---

17 Tonya Harding verübte am 6. Januar 1994 ein Attentat auf ihre Konkurrentin Nancy Kerrigan während des Trainings zur US-amerikanischen Meis-
terschaft. Tonya Harding gewann die US-amerikanischen Meisterschaften
1994. Der Titel wurde ihr jedoch wieder aberkannt, nachdem Tonya Har-
dings Verbindungen zum Attentat bekannt wurden.

kurrenten in der Nacht vor dem Wettkampf am Schlafen hindert, würden die allermeisten Leistungssportler auch dann für abwegig halten, wenn die betreffende Aktion nicht auf den Urheber zurückgeführt werden könnte. In dieser normativen Dimension des Leistungsvergleichs und der Bewertungs- und Anerkennungskriterien liegt die eigentliche Problematik des Dopings. Dort, wo bestimmte Formen des Dopings allgemein verbreitet sind – und alles deutet darauf hin, dass dies im Radsport, aber auch in zahlreichen anderen Hochleistungssportarten der Fall war (und ist) –, mögen diese unter den Teilnehmern zum Comment gehören; sie empfinden Doping nicht als unfair, da es allgemein verbreitet ist.[18] Die Gesundheitsgefährdung durch Doping klammern wir aus der Betrachtung aus. Dort aber, wo es zum Comment gehört, auf die betreffenden Mittel zu verzichten, ist ihr heimlicher Einsatz eine Verletzung unausgesprochener Regeln der Fairness, des fairen Leistungsvergleichs. Im ersteren Fall wird kollektiv die Öffentlichkeit betrogen, im zweiten Fall der Konkurrent.

Bis hinein in den internationalen Hochleistungssport ist ein Ethos verbreitet, dass Konkurrenz sich nicht nur auf das legal Zulässige begrenzt, sondern sogar in ein dichtes Netz von Kooperation eingebettet ist. Auch Einzelsportler trainieren in der Regel nicht allein, sondern in Gruppen. Damit ein solches Training möglich ist, ist eine Vielzahl von Regeln einzuhalten, muss Rücksicht genommen werden, sind zahlreiche Akte der Koordination erforderlich. Dieses Netz sportlicher Kooperation beruht auf Wahrhaftigkeit, Vertrauen und Verlässlichkeit, also gerade denjenigen Regeln, die wir als konstitutiv für jede erfolgreiche Verständigungspraxis kennengelernt haben. Sportliche Konkurrenz ist eingebettet in Regeln der Kooperation, der

---

18 Die Stellungnahmen des deutschen Radsportlers Jan Ullrich zu den Dopingvorwürfen deuten auf eine solche Sicht hin.

Kommunikation, der Gemeinschaftszugehörigkeit. Wenn die Strukturen, die Kooperation, Kommunikation und Gemeinschaftszugehörigkeit sicherstellen, durch das Konkurrenzverhalten Einzelner gesprengt werden, gilt dieses als unfair oder illegitim. Ethisch verträgliche Konkurrenz bleibt – so könnte man den gleichen Gedanken formulieren – kulturell eingebettet. Konkurrenz ist gut, aber nur in den Grenzen dieser kulturellen Einbettung. Konkurrenz, die sich verselbstständigt, zerstört die Bedingungen selbst, die sie wünschenswert machen.

Werfen wir nun einen Blick auf die Spezifika der ökonomischen Konkurrenz. Wenn wir annehmen, dass die Produzenten ihre Gewinne maximieren wollen und die Konsumenten über die Preise und Qualitäten der angebotenen Waren vollständig informiert sind (Transparenzbedingung), dann sorgt die Konkurrenz des Marktes dafür, dass die Kosten-Nutzen-Relationen der Waren optimiert werden. Nach dem italienischen Soziologen und Ökonomen Vilfredo Pareto ist ein Prinzip benannt, das für die Beurteilung ökonomischer Konkurrenz von zentraler Bedeutung ist: das Pareto-Effizienz-Prinzip. Eine Verteilung ist pareto-effizient, wenn es keine (mögliche) Alternative gibt, die auch nur eine einzige Person besser stellt, ohne eine andere schlechter zu stellen. Anders formuliert: Eine Verteilung (von Gütern) oder allgemeiner ein sozialer Zustand ist ineffizient, wenn die Realisierung eines alternativen Zustands mindestens eine Person besser stellt, ohne eine andere Person schlechter zu stellen. Es lässt sich leicht zeigen, dass der ideale Markt, der durch vollständige Konkurrenz bestimmt ist, ausschließlich pareto-effiziente Verteilungen hervorbringt. Der vollständigen Konkurrenz des idealen Marktes stehen jedoch in der Realität eine Reihe von Hindernissen entgegen, wie folgende Beispiele illustrieren:

1.) Die Transferkosten der gehandelten Güter sind in der Regeln nicht gleich null, d. h., es kostet etwas, ein Gut von einem

Produzenten zu einem Konsumenten zu bringen, und entsprechend ist die Konkurrenzsituation eingeschränkt. So hängt es etwa in vielen Fällen von der räumlichen Distanz ab, wie hoch die Transferkosten sind. Damit werden diejenigen Produzenten bevorzugt, die in der Nähe von Konsumenten ihre Ware anbieten. Der Konsument entscheidet sich für das aus seiner Sicht bessere Angebot, rechnet aber die Transferkosten mit ein. Dadurch entsteht eine systematische Wettbewerbsverzerrung.

2.) Die Konsumenten sind in der Regel nicht wirklich über die ganze Vielfalt von Angeboten, über die Qualität der Produkte und ihre Preise informiert. Aus Sicht des einzelnen Konsumenten ist diese unvollständige Information sogar rational, denn die Informationsbeschaffung kostet Zeit und in vielen Fällen auch Geld. Unvollständige Information schränkt die ökonomische Konkurrenz jedoch ein.

3.) Auf den Märkten tummeln sich nicht unbegrenzt viele, sondern in vielen Fällen nur einige wenige oder gar nur einer. Monopole und Oligopole setzen das Marktprinzip der Kooperation jedoch weitgehend oder vollständig außer Kraft. Bei einer geringen Zahl von Produzenten sind – meist nur implizite – Preisabsprachen an der Tagesordnung, wie an der Benzinpreisentwicklung ablesbar. Suboptimale Zustände im Sinne der Pareto-Ineffizienz sind in der Tat nicht wünschenswert. Warum soll man nicht Personen besser stellen, ohne andere zu benachteiligen? Jeder einzelne der Produzenten wird versuchen, möglichst gute Waren zu möglichst günstigen Preisen anzubieten, und diejenigen, denen das nicht gelingt, werden als Produzenten nicht überleben, aus dem Markt ausscheiden, bankrottgehen.

Unser vorläufiges Ergebnis lässt sich so zusammenfassen: Konkurrenz befördert Effizienz unter der Voraussetzung, dass sie kulturell eingebettet bleibt. Zu dieser kulturellen Einbettung gehören die Regeln der Fairness und des Respekts, der

Verständigung, der Kooperation und der Gemeinschaftszugehörigkeit. Dort, wo Konkurrenz *hypertroph* wird, also dort, wo sie sich aus dieser Einbettung löst oder sich sogar gegen die Regeln wendet, die diese kulturelle Einbettung ausmachen – also beispielsweise gegen die Regeln, die Verständigung erst ermöglichen (siehe I.5) –, wird Konkurrenz destruktiv. Sie fördert dann nicht Effizienz, sondern zerstört diese.

Da wir gesehen haben, dass alle für die kulturelle Einbettung von Konkurrenz ausschlaggebenden Regeln als Lösungen eines Gefangenendilemmas interpretiert werden können (siehe I.7), handelt es sich also um ein Spannungsverhältnis von Konkurrenz und Kooperation. Die betreffenden Regeln stellen Kooperation sicher, sie verhindern, dass je individuelle Optimierung zu einem Ergebnis führt, das für alle schlechter ist als allgemeine Kooperation. Das war das Ergebnis unserer Analyse in Kapitel 8 des ersten Teils.

Da nicht kooperative Verhaltensweisen alle schlechter stellen, als es möglich wäre, ist das Ergebnis je individueller Optimierung pareto-ineffizient, verletzt also die elementarste Bedingung ökonomischer Rationalität. Sofern Konkurrenz die Regeln zerstört, die kooperatives Verhalten sicherstellen, führt Konkurrenz zu ökonomischer Ineffizienz. Dieses Ergebnis dürfte unumstritten sein. Umso verwunderlicher ist es, wie schwierig es ist, diesen einfachen Befund der rationalitätstheoretischen Analyse auch in der ökonomischen und politischen Praxis zu verankern. Nach wie vor dominiert dort die Ideologie, wonach mehr Konkurrenz in jedem Falle besser ist als weniger; dass Regeln zwar manchmal nicht vermeidbar sind, aber grundsätzlich ein Hindernis für ökonomische Effizienz darstellen; und dass somit Institutionen generell, da sie Regulierungen beinhalten, die ökonomische Effizienz beeinträchtigen; dass daher weniger Staat in jedem Falle besser sei als mehr Staat. Denn schließlich wisse der Einzelne immer am besten, was für ihn gut ist. Die uneingeschränkte Konkurrenz des Marktes wird daher das für alle beste (effizienteste) Ergebnis hervorbringen, weil Deregulierung ökonomische Effizienz fördere, denn Deregulierung sei ja gerade erforderlich, um überhaupt ökonomische Konkurrenz etablieren zu können. Ja, dass die ideale Gesellschaft – also diejenige, die allen die größten Vorteile sichere – eine ökonomische Konkurrenzökonomie sei.

Viele, die solche Thesen in ökonomischen Traktaten in hoher Auflage verbreiten – auch solche, die in der Politik damit zu reüssieren suchen –, sind sich dessen wohlbewusst, dass eine radikale Umsetzung dieses Programms, die Umstellung auf eine reine Konkurrenzökonomie, die Umwandlung einer kulturell verfassten Gesellschaft in eine Marktökonomie nicht möglich ist. Aber den meisten ist offenbar nicht klar, dass selbst dann, wenn dieses möglich wäre, es nicht wünschenswert wäre, dass die reine Konkurrenz Kooperation zerstört und daher ökonomisch ineffizient ist; dass Konkurrenz nur in den Grenzen kooperativer Strukturen ihre segensreichen Wirkungen entfalten kann. Es sind nicht lediglich praktische Hindernisse, die einer schönen Utopie der reinen Marktgesellschaft entgegenstehen, sondern es ist die nüchterne philosophische Analyse, gestützt auf Ergebnisse der Entscheidungs- und Spieltheorie, aber auch der Institutionenökonomie, die deutlich macht, dass wir es hier nicht mit einer schönen Utopie zu tun haben, sondern dass ihre konsequente Verwirklichung am Ende zu einem anarchischen Urzustand führen würde – einen Urzustand, den Thomas Hobbes vor rund 350 Jahren als Naturzustand beschrieben hat, ein Zustand, in dem das Leben des Einzelnen »brutish, short, nasty and poor«[19] sei.

19 »Was immer die Folgeerscheinungen einer Zeit des Krieges sind, wo jeder
jedem feind ist, sind daher gleichfalls Folgeerscheinungen einer Zeit, in der
die Menschen ohne andere Sicherheit leben als die, mit der ihre eigene Kraft
und ihre eigene Erfindungsgabe sie ausstatten. In solchem Zustand gibt es
keinen Platz für Fleiß, denn seine Früchte sind ungewiß, und folglich keine
Kultivierung des Bodens, keine Schiffahrt oder Nutzung der Waren, die auf
dem Seeweg importiert werden mögen, kein zweckdienliches Bauen, keine
Werkzeuge zur Bewegung von Dingen, deren Transport viel Kraft erfordert, keine Kenntnis über das Antlitz der Erde, keine Zeitrechnung, keine
Künste, keine Bildung, keine Gesellschaft, und, was das allerschlimmste ist,
es herrscht ständige Furcht und die Gefahr eines gewaltsamen Todes; und
das Leben des Menschen ist einsam, armselig, widerwärtig, vertiert und
kurz.« Thomas Hobbes, *Leviathan,* »Zweiter Teil: Vom Gemeinwesen Kapitel XIII, Vom Naturzustand der Menschen in bezug auf ihr Glück und
auf ihr Elend«, Hamburg (1996), S. 105.

I.10 Eine kohärentistische Konzeption ökonomischer Rationalität

Ihr Leben bedarf nicht zusätzlich der Lust wie eines
Umhanges, sondern es hat die Lust in sich selber.

Aristoteles,
Die Nikomachische Ethik,
ca. 335–323 v. Chr.

Ich möchte diesen Teil mit einer Überlegung abschließen, die
mir zwingend und klar vorkommt, die aber offenkundig selbst
gegenüber Experten der theoretischen Ökonomie, der Entscheidungstheorie oder der praktischen Philosophie schwer
vermittelbar ist.

Das kann an meinem Unvermögen liegen, mich verständlich
auszudrücken; aber ich vermute, es liegt an der geradezu ideo-
logisch verfestigten Denkweise in beiden Lagern: dem Lager
der mehr oder weniger bedingungslosen Verteidiger ökonomischer Rationalität einerseits und dem Lager der Kritiker ökonomischer Rationalität andererseits.

Die einen vertrauen einem Begriffsrahmen, der sich in vielen
ökonomischen Einzelanalysen bewährt hat, und beschäftigen
sich nicht mehr mit den logischen und philosophischen Aspekten dieses Begriffsrahmens, dieses Paradigmas. Den anderen ist
der gesamte Ansatz suspekt, und sie lehnen daher die Entschei-
dungs- und Spieltheorie sowie alle damit zusammenhängen-
den formalen und mathematischen Methoden der Analyse ab.
Ich habe selbst mit diesen Methoden über viele Jahre gearbeitet
und halte sie für fruchtbar, ja in vielen Fällen für unverzicht-

bar[20]. Zugleich aber halte ich das, was ich die »ökonomische Orthodoxie« nenne, für logisch und philosophisch unhaltbar. Damit steht meine Auffassung von praktischer Rationalität quer zu den wissenschaftlichen Lagern: Sie teilt mit der ökonomischen Orthodoxie den Individualismus. Individuen sind es, die mit ihren Intentionen, ihren Wünschen und Überzeugungen die ökonomische Praxis ausmachen. Eine Erklärung dieser Praxis muss daher auf die Wünsche und Überzeugungen der Individuen Bezug nehmen. Zudem sind Individuen im Großen und Ganzen in der Lage, vernünftig zu handeln. Das Abwägen von Gründen spielt für das, was wir tun, eine Rolle. Sie sind nicht Agenten einer undurchsichtigen Macht, eines Systems mit eigenen Gesetzen, vorgegebenen soziologischen Rollen oder historischen Gesetzmäßigkeiten des Klassenkampfs. Mit der ökonomischen Orthodoxie teile ich etwas, das in der Wissenschaftstheorie als methodologischer Individualismus bezeichnet wird. Wir haben im Kapitel über Kooperation gesehen, dass dieser methodologische Individualismus Grenzen hat, die den Grenzen des Atomismus in der Quantenphysik analog sind (siehe I.7).

Zugleich teile ich die wichtigsten Einwände der Kritiker ökonomischer Rationalität. Wie sie bin ich der festen Überzeugung, dass die Annahme egoistischer Optimierung nicht nur überzeichnet ist, also da und dort abgeschwächt werden muss, sondern grundsätzlich in die Irre führt. Menschen sind generell keine egoistischen Optimierer, und dort, wo sie es sind, haben wir es mit einer pathologischen Praxis zu tun. Eigene Interessen sind legitime Handlungsgründe, aber nur in den Grenzen der Rücksichtnahme auf die Interessen anderer, in den Gren-

20 Vgl. JNR, *Logik kollektiver Entscheidungen,* München (1994), *Economic Rationality and Practical Reason,* Dordrecht (1997), *Entscheidungstheorie und Ethik,* München (2005) sowie eine Reihe von wissenschaftlichen Aufsätzen; www.julian.nida-ruemelin.de

zen objektiv guter Gründe. Auch die ökonomische Praxis kann sich von diesen Merkmalen vernünftiger Praxis nicht verabschieden. Es ist unvernünftig, von allen Produkten möglichst viel haben zu wollen. Monoton steigende Nutzenfunktionen – wenn auch mit sinkendem Grenznutzen – sind ebenfalls Ausdruck einer pathologischen Veränderung menschlicher Praxis, die man mühsam antrainieren kann, die aber kein Merkmal einer genuin menschlichen Lebensform ist.

Wir werden im zweiten Teil die ethische Dimension ausführlich erörtern und im dritten das, was praktische Vernunft ausmacht, d. h. das, was der ökonomischen Praxis einen Rahmen gibt, diskutieren. Insofern greifen die einzelnen Teile dieses Buches ineinander. Die einzelnen Kapitel sind nicht unabhängig von den anderen vollständig verständlich; meine Hoffnung ist aber, dass sich am Ende ein stimmiges Gesamtbild ergibt.

In diesem Kapitel geht es um ein verändertes Verständnis ökonomischer Rationalität, das ich als *kohärentistisch* bezeichne. Warum, wird im Folgenden klar werden.

In Teil I, Kapitel 2, »Optimierung«, hatten wir bereits das Nutzentheorem erwähnt. Demnach maximiert ein rationales Individuum den Erwartungswert seines Nutzens, vorausgesetzt, die Präferenzen dieses Individuums erfüllen bestimmte Bedingungen. Zu diesen Bedingungen gehört die *Transitivitätsbedingung*, die verlangt, dass eine Person, die eine Alternative A besser findet als eine Alternative B und eine Alternative B besser findet als eine Alternative C, dann auch die Alternative A besser findet als die Alternative C. Eine weitere Bedingung ist, dass die Präferenzen eines rationalen Individuums *vollständig* sind, d. h., dass die Person bei beliebigen Alternativen A und B jeweils sagen kann, ob sie A gegenüber B vorzieht oder B gegenüber A oder zwischen beiden indifferent ist. Schließlich gehört hierzu auch die *Monotoniebedingung*, welche besagt, dass, wenn eine Person Alternative A

gegenüber Alternative B vorzieht und sie zwei Lotterien zur
Wahl hat, die jeweils A oder B zum Ergebnis haben, sie diejenige Lotterie vorzieht, bei der A (die bevorzugte Alternative) wahrscheinlicher ist. Und schließlich wird von einem rationalen Individuum gefordert, dass es mit seinen Präferenzen
die Stetigkeitsbedingung erfüllt, d. h., dass es bei irgendeiner
Wahrscheinlichkeitsverteilung zwischen A und C zwischen
dieser Wahrscheinlichkeitsverteilung und einer Alternative B
indifferent ist, sofern diese Person A gegenüber B und B gegenüber C vorzieht.

Der Rest ist Mathematik: Es lässt sich zeigen, dass wenn die
Präferenzen eines Individuums diese Bedingungen erfüllen, sich eine Nutzenfunktion angeben lässt, die diese Person
optimiert.

Nutzenfunktion

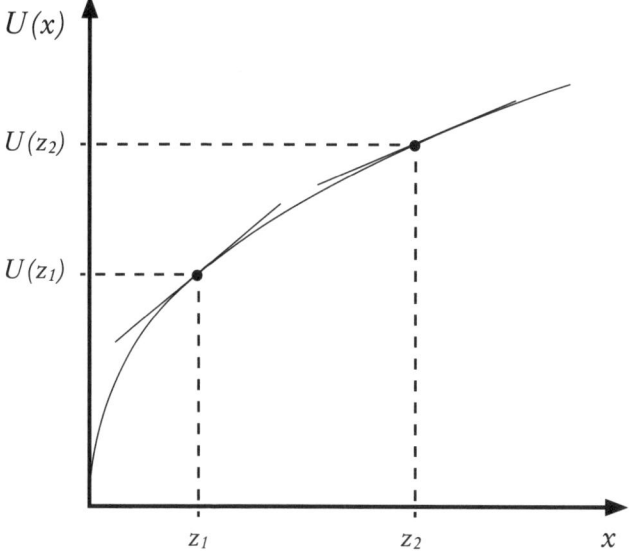

Dieses Ergebnis wird nun von der ökonomischen Orthodoxie so interpretiert, dass die Annahme eines nutzenmaximierenden Individuums zwingend ist, sobald man diese Bedingungen fordert. Und da es selbstverständlich erscheint, dass diese Bedingungen von einem rationalen Individuum erfüllt werden, ist damit gezeigt, dass rationale Individuen ihren eigenen Nutzen optimieren.

So weitverbreitet diese Interpretation der Ökonomie ist – sie beruht auf einem erstaunlich elementaren Denkfehler, den man sich folgendermaßen klarmachen kann. Die genannten Bedingungen beziehen sich auf die Form, nicht auf den Inhalt der Präferenzen eines Individuums. Wie immer die Präferenzen eines Individuums motiviert sind – wir verlangen, dass sie transitiv, vollständig, monoton und stetig sind. Präferenz ist ein qualitativer Begriff, kein quantitativer. Eine Präferenz für A gegenüber B zu haben, beinhaltet keine quantitative Bewertung von A und B. Das Nutzentheorem leistet genau dieses: Es erlaubt, von einem qualitativen Begriff der Präferenz zu einem quantitativen Begriff überzugehen. Das, was in der ökonomischen Orthodoxie als »Nutzen« bezeichnet wird, ist nichts anderes als eine (quantitative, reell-wertige) Repräsentation der Präferenzen, die ein Individuum hat. Die Präferenzen sind durch eine solche quantitative Funktion immer dann repräsentierbar, wenn diese transitiv, vollständig, monoton und stetig sind.

Man kann es auch so formulieren: Es gibt in der Logik keine kreativen Schlüsse. Alles, was sich als Ergebnis einer logisch gültigen Deduktion ergibt, ist in den Voraussetzungen dieser Deduktion schon vollständig enthalten. Das Nutzentheorem kann uns nichts Neues über die Menschennatur mitteilen, es kann am allerwenigsten ein Argument für Egoismus oder Optimierung bieten. Die Tatsache, dass Präferenzen eines Individuums, wenn diese denn im Sinne der vier genannten Bedingungen *kohärent* sind, sich durch eine quantitative Funktion, die durch die betreffende Person maximiert wird, repräsentieren lassen, sagt nichts anderes aus als eben dieses, dass die Präferenzen die genannten Bedingungen erfüllen. Der Wunsch, sich vom traditionellen Utilitarismus und der problematischen hedonistischen Anthropologie zu lösen, ist verständlich; doch muss man sich von der verqueren, logisch unhaltbaren Auffassung verabschieden, dass das Nutzentheorem dafür einen Ersatz bieten könnte.

Das ist allerdings kein Grund, das Nutzentheorem zu verabschieden, sondern lediglich, es mit einer in sich schlüssigen, begrifflich und logisch vertretbaren Interpretation zu versehen. Diese Interpretation kann nur eine *kohärentistische* sein. Unabhängig davon, was jeweils unsere Wünsche motiviert, sollten die daraus resultierenden Präferenzen, die unser Handeln leiten[21], kohärent sein. In erster Annäherung können wir diese Kohärenz als eine Stimmigkeit, als ein Zusammenstimmen der Präferenzen charakterisieren. Die Präferenzen müssen zueinander passen, sie dürfen sich nicht widersprechen. Wir können nun die Axiome des Nutzentheorems als Charakterisierung eines wesentlichen Aspekts dieser geforderten Kohärenz verstehen. Jedes der vier genannten Axiome ist – wie es sich gehört – von den anderen logisch unabhängig. Jedes dieser Axiome charakterisiert eine (Minimal-) Bedingung von Kohärenz. Auch zusammengenommen charakterisieren diese Axiome des Nutzentheorems lediglich einen Aspekt von Kohärenz. Letztlich ist es die Abwägung von Gründen, die wir für unsere Handlungen haben (und damit für die Präferenzen, die

---

21 Wir sprechen hier also nicht von Präferenzen generell, sondern nur von handlungsleitenden Präferenzen. Damit machen wir uns nicht die Auffassung derjenigen ökonomischen Theoretiker zu eigen, für die die Zuschreibung von Präferenzen nur einen Sinn ergibt, wenn sie sich in entsprechenden Entscheidungen äußern – das sogenannte *revealed preference concept*. In Teil III, Kapitel 1 kommen wir auf diese Problematik zurück.

diese Handlungen leiten), die über die Kohärenz unserer Praxis, unserer Wünsche, Überzeugungen und Emotionen entscheidet. Zweifellos haben wir häufig widerstreitende Wünsche, aber wir sind imstande, diese zu gewichten oder besser zu bewerten – in der ökonomischen Praxis spricht man gern davon, dass Prioritäten gesetzt werden müssten. Und am Ende müssen wir uns entscheiden, welche der Wünsche in welchem Ausmaß unser Handeln bestimmen. Mit unseren Handlungen nehmen wir Stellung, bewerten, was wichtig und was weniger wichtig ist. Es ist nicht einfach so, dass wir widerstreitende Wünsche hätten und jeweils dem stärksten folgten. Es kann starke Wünsche geben, deren Erfüllung aus Rücksichtnahme auf andere, aus eingegangenen Verpflichtungen heraus oder aus anderen Gründen nicht infrage kommt. Mit anderen Worten: Wir sind keine Maschinen, die ihre Wunscherfüllung maximieren. Eher schon sind wir Bewertungsagenturen, deren Ergebnisse die Praxis leiten. In letzter Instanz nimmt diese Bewertungen jede und jeder für sich selbst vor. Aber die Gründe, die wir abwägen, beruhen auf einer Lebensform, die wir mit anderen teilen. Das Abwägen von Gründen stiftet eine kohärente Lebensform – je individuell und kollektiv. Ein Aspekt einer kohärenten Lebensform ist die Stimmigkeit handlungsleitender Präferenzen. Die Axiome des Nutzentheorems charakterisieren wesentliche Aspekte dieser Stimmigkeit. Wir sollten sie als Minimalbedingungen kohärenter Praxis interpretieren.[22]

---

22 Manche werden hier einwenden, diese Axiome könnten schon deswegen nicht als Minimalbedingungen gelten, weil empirische Studien zeigen, dass sie in der Praxis von uns sehr häufig verletzt werden. In der Tat sind unsere handlungsleitenden Präferenzen oft genug nicht transitiv oder verletzen andere der genannten Bedingungen. Wenn ich hier von Minimalbedingungen spreche, so meine ich Minimalbedingungen für eine ideale Praxis. Eine ideale Praxis beruht auf der angemessenen Abwägung von Handlungsgründen, sie verlangt weit mehr als lediglich die Erfüllung der Axiome des Nutzentheorems.

Den vielleicht größten Kontrast zu einer Praxis eigenorientierter, ökonomischer Optimierung bildet der moralische Akteur im Sinne Immanuel Kants. Dieser handelt ausschließlich »aus Achtung vor dem Sittengesetz«, d. h., er prüft die Maxime seines Handelns daraufhin, ob sie als Prinzip einer allgemeinen Gesetzgebung taugen könnte. Dabei kann selbstverständlich auch Nutzenabwägung eine Rolle spielen. Aber die jeweiligen Konsequenzen des Handelns für die handelnden Personen, der individuelle Nutzen, den diese Handlung hat, spielen keine ausschlaggebende Rolle.

So war Kant davon überzeugt, dass man selbst gegenüber den Häschern eines unschuldig Verfolgten nicht die Unwahrheit sagen darf, obwohl die negativen Konsequenzen auf der Hand liegen. Auch dieser Kantische Akteur, die ideale moralische Person im Sinne Immanuel Kants, wird ihre Praxis von kohärenten Präferenzen leiten lassen. Es ist nicht ersichtlich, aus welchem Grund der ideale Kantische Akteur auch nur eines der Axiome des Nutzentheorems verletzen sollte. Warum sollten Kantische Akteure etwa intransitive Präferenzen haben? Wieso sollte er die Monotonie- oder die Stetigkeitsbedingung verletzen? Diejenige, die den Kategorischen Imperativ befolgt, wird ebenso wie jede andere rationale Person auf die Kohärenz ihrer Präferenzen achten und damit die Axiome des Nutzentheorems – ideal – erfüllen. Die paradox erscheinende Konsequenz ist, dass auch der Kantische Akteur, wie jeder andere rationale Akteur, völlig unabhängig davon, welche Gründe er für sein Handeln hat, eine quantitative Bewertungsfunktion – das, was Ökonomen missverständlich als Nutzenfunktion bezeichnen – maximiert.

Manche haben aus der universellen Anwendbarkeit der Axiome des Nutzentheorems den falschen Schluss gezogen, dass eben doch alle rationalen Akteure Optimierer seien, dass das ökonomische Konzept der Rationalität universell sei.[23] Dies ist jedoch ein Irrtum. Die Bewertungsfunktion repräsentiert die – wie auch immer begründeten – handlungsleitenden Präferenzen einer Person. Sie legt sich nicht auf eine spezifische Handlungsmotivation, etwa die der Optimierung von Konsequenzen, fest. Die Tatsache, dass der Kantische Akteur eine quantitative Bewertungsfunktion maximiert, sollte – so sparsam wie möglich und im Einklang mit der Logik – lediglich als Übergang von einem qualitativen Begriff der Präferenz zu einem quantitativen Begriff der Bewertung verstanden werden. Die Inhalte dieser Bewertung bleiben dabei völlig offen. In der Tat könnte man sagen, Rationalität verlangt nach einer Kohärenz der Wünsche und Überzeugungen. Diese Kohärenz unserer Wünsche und Überzeugungen verlangt wiederum, dass die Axiome des Nutzentheorems erfüllt sind. Daher lassen sich die handlungsleitenden Präferenzen einer rationalen Person durch eine (quantitative) Bewertungsfunktion, die durch die Praxis dieser Person maximiert wird, repräsentieren. Es ist nicht das Modell des nutzenorientierten egoistischen Verhaltens, das universell ist; universell sind die Kohärenzbedingungen der Rationalität. Ökonomische Rationalität ist lediglich ein Teil der Rationalität menschlicher Praxis. Es ist derjenige Teil, der sich auf ökonomische Güter und auf den ökonomischen Markt bezieht, derjenige Teil, der sich um eine (effiziente) Ressourcenallokation bemüht. Eine humane Ökonomie bezieht ökonomische Rationalität in den größeren Zusammenhang vernünftiger Praxis ein. Die Ökonomie verselbstständigt sich nicht, entkoppelt sich nicht von der lebensweltlichen Praxis der Handlungsbegründung, sondern bleibt an diese gebunden. Auch für die ökonomische Praxis gilt, dass sie kohärent zu sein hat und daher unter anderem die Axiome des Nutzen-

---

23 Vgl. John Broome, *Weighing Goods,* Cambridge (1991).

theorems erfüllt. Das gilt aber für jede vernünftige Praxis. Unser überraschendes Ergebnis lautet also, dass das, was als besonderes Merkmal ökonomischer Rationalität gilt und den Großteil der zeitgenössischen (neoklassischen) Ökonomie als Wissenschaft prägt, nämlich die Repräsentation der Präferenzen eines Individuums durch eine quantitative Bewertungsfunktion, tatsächlich universell ist. Entsprechend kann die Entscheidungs- und Spieltheorie auch universell, nicht nur bezüglich des Umgangs mit ökonomischen Gütern und der Praxis auf den ökonomischen Märkten, verwendet werden. Die übliche egoistische und konsequentialistische Interpretation, die für die zeitgenössische Ökonomie nach wie vor charakteristisch ist, hat keine wissenschaftliche Grundlage. Sie beruht auf einem inhumanen Menschenbild und verletzt zudem das Verbot kreativer Schlüsse in der Logik.

TEIL II
Ethik

Da die Glückseligkeit eine Tätigkeit der Seele gemäß
der vollkommenen Tugend ist, so haben wir nun nach
der Tugend zu fragen.

Aristoteles,
Die Nikomachische Ethik,
ca. 335–323 v. Chr.

II.1 Verlässlichkeit

Verlässlichkeit haben wir schon als eine Bedingung erfolgreicher Kommunikation kennengelernt. Unsere Analyse hatte ergeben, dass Kommunikation Wahrhaftigkeit, Vertrauen und Verlässlichkeit als allgemein befolgte Normen verlangt. Verlässlichkeit war dabei charakterisiert worden als die Übereinstimmung der Meinungen einer Person mit der Realität. Wer in seinen Urteilen verlässlich ist, dem kann man in dem Sinne vertrauen, dass das, was die betreffende Person für richtig hält, auch tatsächlich richtig ist. Wahrhaftigkeit allein reicht nicht aus: Menschen, die wahrhaftig sind, deren Urteile aber nicht verlässlich sind, sind zwar in dem Sinne vertrauenswürdig, dass man nicht erwarten muss, von ihnen angelogen zu werden, aber sie sind in einem anderen Sinne eben nicht vertrauenswürdig. Man kann sich nicht darauf verlassen, dass das, was sie sagen, auch dem entspricht, was der Fall ist. Da eine funktionierende Kommunikation für den ökonomischen Erfolg unverzichtbar ist, hatten wir das Ergebnis, dass die allgemeine Befolgung der Normen Wahrhaftigkeit, Vertrauen und Verlässlichkeit für den ökonomischen Erfolg unverzichtbar ist. Eine Gesellschaft optimierender Monaden könnte nicht einmal kommunizieren; sie hätte sicher ökonomisch keinen Erfolg.

In diesem Kapitel wollen wir Verlässlichkeit als eine umfassende Tugend in den Blick nehmen. Es geht nicht mehr nur um eine Norm, die für erfolgreiche Kommunikation unverzichtbar ist, sondern um eine Eigenschaft, die das Verhalten mancher Individuen bestimmt, während sie bei anderen Individuen fehlt. Der sprachliche Ausdruck »Tugend« ist – jedenfalls außerhalb der Philosophie – kaum mehr in Gebrauch. In der Tat wurde mit diesem Begriff viel Schindluder getrieben. So beinhaltete die Ermahnung insbesondere an junge Frauen, tugendhaft zu sein, ja meist nichts anderes, als sich den konventionellen Mustern der Zurückhaltung und Keuschheit anzupassen. Mit diesen antiquierten Rollenmustern verschwand schließlich der Begriff der Tugend insgesamt. Das, was jedoch mit *arete* in der klassischen griechischen Philosophie bezeichnet wurde, scheint mir für unsere Untersuchung von größter Bedeutung zu sein. Wir haben nur deshalb bis zu diesem Kapitel darauf verzichtet, von Tugenden zu sprechen, um nicht von vornherein eine verständliche Abwehr zu provozieren, die auf einem populären Missverständnis des Tugendbegriffs beruht. Wenn wir uns aber jetzt näher mit dem ethischen Phänomen der Verlässlichkeit auseinandersetzen wollen, kann uns dieser Begriff der Tugend im klassisch-griechischen Sinne wertvolle Dienste leisten.

Verlässlichkeit war im Zusammenhang mit Kommunikation als eine Regel des Verhaltens verstanden worden. Ob die Äußerungen einer Person verlässlich sind oder nicht, entscheidet sich daran, ob diese meist mit der Realität übereinstimmen oder nicht. Verlässlichkeit war gewissermaßen eine objektive Eigenschaft von Äußerungen. Man kann die Verlässlichkeit des Äußerungsverhaltens einer Person letztlich statistisch prüfen, vorausgesetzt, die Kriterien der Übereinstimmung mit der Realität sind unstrittig. Verlässlichkeit als Tugend ist von diesen objektiven Kriterien, nach denen die Verlässlichkeit des Äußerungsverhaltens beurteilt werden kann, keineswegs unabhängig. Doch ist Verlässlichkeit als Tugend zunächst ein Persönlichkeitsmerkmal, man könnte auch sagen eine subjektive Einstellung, die den Charakter einer Person prägt. Aber Tugenden sind nicht lediglich Internes. Tugenden äußern sich im Verhalten der Person, in den Gründen, die ihr Handeln leiten. Wenn eine Person Schmerzen hat und (wahrhaftig) mitteilt, dass sie Schmerzen hat, dann gibt es kein externes Kriterium, das diese Überzeugung infrage stellen könnte. In diesem Sinne sind wir bezüglich unserer eigenen Gefühle privilegiert gegenüber Dritten: Nur wir können letztlich wissen, was wir gerade fühlen. Dritte können dies nicht beurteilen, sie müssen sich auf unsere Äußerungen verlassen und aus unserem Verhalten Rückschlüsse ziehen. Für Tugenden gilt das Gleiche nicht. Ob jemand eine bestimmte Tugend hat oder nicht, ist anders als im Falle eines Gefühls nicht lediglich als ein subjektiver Zustand bestimmt. Tugenden sind keine Gefühle oder andere subjektive Zustände. Manche Philosophen meinen, dass Tugenden Verhaltensdispositionen seien: Unter bestimmten Bedingungen verhält sich die Person so und so. Dies ist in der Tat objektiv feststellbar. Diese Identifikation von Tugend und Verhaltensdisposition scheint mir jedoch unangemessen zu sein. Man trifft den Sachverhalt besser, wenn man sagt: Tugenden äußern sich in bestimmten Verhaltensdispositionen.

Verlässlichkeit ist eine Tugend. Verlässlichkeit ist ein Charaktermerkmal, das sich in der Praxis offenbart. Der Charakter einer Person äußert sich in der Art und Weise, wie sie mit anderen Menschen umgeht, wie sie sich praktisch verhält, welche Gründe ihr Handeln leiten. Diese Tugend ist nicht angeboren, sie wird erlernt und geübt. Diese Tugend ist zudem äußerst vielgestaltig. Die Verlässlichkeit eines Chirurgen äußert sich ganz anders als die einer Lehrerin. In unterschiedlichen Bereichen der Praxis bestimmen sehr verschiedene Kriterien, was jeweils ein verlässliches Verhalten charakterisiert. Da die verschiedenen Berufe Verlässlichkeit nach unterschiedlichen Kriterien beurteilen, ist es nicht einfach, die Gemeinsamkeiten verlässlichen Verhaltens zu bestimmen.

Die Diagnosen eines Arztes sind verlässlich, wenn sie mit hoher Wahrscheinlichkeit die Krankheit richtig erfassen. Sollte die Diagnose des Arztes dadurch beeinflusst sein, möglichst hohe Einkünfte zu erzielen, kann dieser Arzt nicht als verlässlich gelten. Es gibt eindeutige statistische Belege dafür, dass solche Zusammenhänge tatsächlich bestehen und dass die Tendenz, Diagnosen nach den erwarteten Einkünften auszurichten, im Laufe der Jahre in Deutschland zugenommen hat. Ein Beispiel: Eine Kaiserschnittgeburt ist bei bestimmten Risiken medizinisch indiziert. Die Tatsache jedoch, dass die Quote an Kaiserschnittgeburten bei Privatpatienten um ein Vielfaches höher ist als bei gesetzlich Versicherten, deutet darauf hin, dass diese Indikation nicht lediglich aufgrund erkennbarer Risiken, sondern auch aufgrund ökonomischer Motive ärztlicherseits festgestellt wird. Auch die Verweildauer in Kliniken scheint sich nicht ausschließlich an medizinischen Kriterien, sondern auch an betriebswirtschaftlichen Motiven der jeweiligen Klinik zu orientieren. Praktiken dieser Art zerstören die Vertrauensbasis des Arzt-Patienten-Verhältnisses. Das Vertrauen, das der Patient gegenüber dem Experten, dem Mediziner hat, beruht auf der Vermutung, dass dieser verlässlich ist, dass er also nach bestem medizinischem Wissen wohlinformiert diagnostiziert und die notwendige Behandlung empfiehlt. Ökonomische und medizinische Kriterien gehören zwei unterschiedlichen Kategorien an. Die Vermengung dieser beiden zerstört die Vertrauensgrundlage des Arzt-Patienten-Verhältnisses, weil das Kriterium medizinischer Verlässlichkeit, die Verlässlichkeit des medizinischen Urteils, nicht mehr erfüllt ist. Man kann dies auch so formulieren: Das Berufsethos definiert, was einen guten Mediziner ausmacht.

Damit haben wir eine schwierige Problematik angesprochen, die in der Soziologie bis heute umstritten geblieben ist: Wie unabhängig sind die Rollen, die wir in unserem Leben innehaben, voneinander? In der Soziologie wird diese Frage in der Form gestellt, ob es den *homo sociologicus* gibt. Der *homo sociologicus* verhält sich jeweils im Einklang mit den Regeln, die die Rollen bestimmen, die er einnimmt. Die Mutterrolle, die Rolle als Lehrerin, die Rolle als Geliebte, die Rolle als Angestellte etc. sind jeweils durch unterschiedliche Regeln, die (in dieser Rolle) befolgt werden müssen, bestimmt. Wenn Menschen tatsächlich durch das *homo-sociologicus*-Modell angemessen beschrieben werden könnten, dann würde sich die Frage stellen, was diese unterschiedlichen Rollen zusammenhält bzw. was eigentlich die Identität der Person ausmacht. Ich habe zur Charakterisierung meiner eigenen Auffassung gelegentlich das Bild des Navigierens durch eine soziale Welt, die durch unterschiedliche Erwartungen und Regeln bestimmt ist, gebraucht. Die Person hält sich an bestimmte Grundwerte und Tugenden, die diese verschiedenen Rollen zu einer kohärenten Lebensform integrieren. Reine *homines sociologici* könnten nicht verantwortlich gemacht werden; sie füllten ja jeweils nur ihre Rollen aus, die ihnen vorgegeben sind. Allenfalls könnte man sonst noch eine Verantwortung in der Rollenwahl postulieren. Dies halte ich für eine groteske Konsequenz, obwohl sie von manchen Soziologen gezogen wird. Die antiethische Attitüde, die Ablehnung von Kategorien der praktischen Vernunft und der ethischen Beurteilung ist für einen Großteil des soziologischen Diskurses charakteristisch.

Für uns ist diese Frage deswegen nicht ohne Bedeutung, weil die »soziologische« Sichtweise Verlässlichkeit ausschließlich als beschreibbares Element der Rolle des Arztes akzeptieren würde. Verlässlichkeit ist aber mehr: Sie ist eine Tugend, und diese Tugend lässt sich nicht vollständig auf die empirischen Eigenschaften einer sozialen Rolle zurückführen. Wir machen den Arzt für sein Handeln verantwortlich. Diese Verantwortung lässt sich nicht delegieren, indem wir die etablierten Rollenmuster beschreiben. Sollte sich etwa die Praxis der Vermengung medizinischer und ökonomischer Kriterien weiter ausbreiten und am Ende die gesamte Ärzteschaft als Betriebswirtschaftler agieren, dann verhielte sich diese unverantwortlich. Die Tugend der Verlässlichkeit hält eine gute Lebensform zusammen, sie ist ein Merkmal, das die verschiedenen Praxis-bereiche miteinander verbindet, auch dann, wenn die spezifischen Kriterien der Verlässlichkeit in den verschiedenen Bereichen unterschiedlich sind.

Bis dahin haben wir festgestellt, dass das Berufsethos des Mediziners, spezieller die Tugend der Verlässlichkeit in der medizinischen Praxis, durch ökonomisch rationales, die eigenen Einkünfte (oder Gewinne) optimierendes Verhalten korrumpiert würde und damit das Arzt-Patienten-Verhältnis irreparabel Schaden nähme. Die Folge einer solchen ökonomisch angeleiteten Praxis wären Fehldiagnosen, Falschbehandlungen mit Risiken für die Gesundheit des Patienten, aber auch unnötige Kosten. Paradoxerweise führt also die Korruption medizinischer Verlässlichkeit durch ökonomische Rationalität zu ökonomischer Ineffizienz. Wer sich gegen die Unterwerfung immer weiterer Bereiche menschlicher Praxis unter Kriterien ökonomischer Rationalität stellt, kann dafür – in vielen Fällen jedenfalls – gute ökonomische Gründe anführen. Eine medizinische Praxis, die unter ökonomischen Imperativen steht, wonach die Mediziner auf Gewinn- und die Patienten auf Konsumoptimierung aus sind, stünde nicht nur im Gegensatz zum Berufsethos der Medizin und zu einem anständigen Verhalten von Patienten, sondern hätte – und hat de facto – eine gigantische ökonomische Ineffizienz dieses Praxisbereichs insgesamt zur Folge. Wenn an dieser Stelle die Ideologen der Ökonomie vorbringen, dass selbstverständlich auch von Ärzten ökonomische Rationalität erwartet werde und dass die Tatsache, dass unter den gegenwärtigen Bedingungen diese ökonomische Rationalität der Einzelnen zu einer ineffizienten, unnötig teuren medizinischen Praxis führt, eben nur zeige, dass das System reformbedürftig ist, können wir auf die vorausgegangenen Analysen verweisen. Selbstverständlich sind Reformen denkbar, die eine stärkere Übereinstimmung individueller ökonomischer Rationalität mit der ökonomischen Effizienz des Gesamtsystems nach sich ziehen; doch kann die Etablierung der entsprechenden Anreiz- und Abschreckungssysteme das Berufsethos des Mediziners, die Tugend der Verlässlichkeit selbstverständlich nicht ersetzen. Es ist eine geradezu alberne Vorstellung, dass ökonomische Anreizsysteme das Bemühen um die richtige Diagnose, das Streben nach medizinischer Perfektion, das Verantwortungsgefühl gegenüber dem Patienten ersetzen könnten. Im Grunde ist es – kulturell gesehen – besorgniserregend, dass eine so große Zahl sonst ganz vernünftig wirkender Experten diese Überzeugung haben und ihren Einfluss nutzen, um die Ökonomisierung aller menschlichen Praxisbereiche voranzutreiben.

Auch mein eigener Berufsstand bietet für unsere Analyse reichhaltiges Anschauungsmaterial. Das wissenschaftliche Ethos garantiert eine Orientierung am besseren Argument; es verlangt, dass Hypothesen und Theorien sorgfältig geprüft und einer kritischen wissenschaftlichen Öffentlichkeit präsentiert werden. Daher sind die Publikation der Forschungsergebnisse und ihre Präsentation vor wissenschaftlichen Kongressen wesentlicher Bestandteil der Wissenschaftspraxis. Zum Wissenschaftsethos gehört, dass man sich um guten wissenschaftlichen Nachwuchs bemüht, dass man Ausschau hält nach Personen, die die Begabung und die Tugenden mitbringen, um Wissenschaft erfolgreich zum Beruf zu machen. Dieses wissenschaftliche Ethos musste sich erst über Jahrhunderte gegen klerikale Herrschaftsansprüche und politische Ideologien durchsetzen, und die Pioniere des wissenschaftlichen Ethos haben dies oft genug mit ihrem Leben bezahlt. Die wissenschaftliche Praxis beruht auf einem permanenten Prozess der Evaluierung. Alle Mitglieder der Wissenschaftsgemeinschaft haben ihren eigenen Teil zu dieser Evaluierung beizutragen. Die jeweiligen Stellungnahmen sollten auf dem besten Stand der wissenschaftlichen Erkenntnisse beruhen und nicht auf Gruppenzugehörigkeit, Vorteilserwartungen, Gefälligkeiten.

Das Prinzip der kühnen Entwürfe und ihrer kritischen Prüfung vor einer grundsätzlich unbegrenzten wissenschaftlichen Öffentlichkeit, das Prinzip der wissenschaftlichen Konkurrenz unter den Bedingungen der Kooperation und des Respekts sind für dieses Berufsfeld unverzichtbar. Gute Lehre erfolgt aus dem Motiv, die eigenen Thesen und Kenntnisse weiterzugeben, die Studierenden in ihrer Persönlichkeitsentwicklung zu fördern und sie für spätere Berufe und den späteren Lebensweg vorzubereiten. Das Universitätssystem weltweit, ursprünglich im besonderen Maße aber in Deutschland, der Geburtsstätte der modernen wissenschaftsorientierten Universität, ist von diesem Wissenschaftsethos geprägt. Entsprechend werden den einzelnen Mitgliedern der Wissenschaftsgemeinschaft große Freiräume zugestanden. Sie haben in der Regel keine Vorgesetzten und sind in ihrer Forschung in weiten Grenzen frei. Dies hat von jeher den politisch und ökonomisch Mächtigen nicht gefallen. In verschiedenen Schüben und aus verschiedenen Richtungen – von links wie von rechts – wurden immer wieder neue Anläufe unternommen, um die Wissenschaft zu instrumentalisieren. Wie kann es sein, dass ein großer Berufsbereich sich der politischen und ökonomischen Kontrolle und Steuerung weitgehend entzieht? Es ist offenbar schwer vermittelbar, dass gerade die Unabhängigkeit von politischer und ökonomischer Einflussnahme erst den wissenschaftlichen Erfolg und auf der Basis dieses wissenschaftlichen Erfolgs die technologische, ökonomische und politische Nutzbarmachung der Wissenschaft ermöglicht. Eine gesteuerte, eine instrumentalisierte, eine ökonomischen oder politischen Kriterien unterworfene Wissenschaft könnte das nicht leisten, was wir von ihr erwarten: nämlich herausfinden, wie es sich wirklich verhält, d. h. die besten Theorien entwickeln und auf der

Basis dieser Theorien neue technologische, ökonomische, politische und kulturelle Praktiken entstehen lassen. In einigen Bereichen der Wissenschaft, vorzugsweise dort, wo die Verbindung zur Technik und Ökonomie besonders eng ist, also etwa in den Ingenieurwissenschaften und in der Medizin, ist die Instrumentalisierung der Wissenschaft von sich aus schon weit fortgeschritten. In anderen Bereichen, wo dies bislang nicht der Fall war, wird dieser Prozess nun – politisch gesteuert – vorangetrieben. Das Wissenschaftsethos gerät dabei in Gefahr. Wer glaubt, dass die intrinsische Motivation zur Wissenschaft ersetzt werden könnte durch kleinteilige – und in den finanziellen Größenordnungen eher lächerliche – Anreize, der hat nicht verstanden, dass es sich hier, ganz ähnlich wie im vorherigen Beispiel der Medizin, um Kriterien der Verlässlichkeit, um Regeln guter wissenschaftlicher Praxis und die Einhaltung dieser Regeln aufgrund der Tugend der Verlässlichkeit handelt. Dieses komplexe, explizit schwer zu beschreibende System von Regeln, das wissenschaftliches Ethos ausmacht, beinhaltet eine intrinsische Motivation, eine Verpflichtung auf ein spezifisches Ethos, eine Grundhaltung zur wissenschaftlichen Praxis, die durch ökonomische Anreize nicht ersetzbar ist. Ja, schlimmer: die durch ökonomische Anreize zerstört wird.

Ich gebe dafür ein konkretes Beispiel (Ideologien leben ja davon, dass sie sich auf das Konkrete nicht einlassen und sich so der Kritik entziehen): An der Universität XY ist ein Lehrstuhl für Ethik zu besetzen. Die Kommission hat in mehreren Sitzungen gründlich beraten und aus der Vielzahl der Bewerbungen drei Personen ausgewählt, die sie der Hochschulleitung in Gestalt einer Liste mit Platz 1, Platz 2, Platz 3 präsentieren möchte. Vom Vorsitzenden der Kommission erhalte ich ein Schreiben mit der Bitte, ein externes Gutachten abzufassen. Ähnliches passiert hundert-, ja tausendfach jedes Jahr weltweit. Die angefragte Person nimmt sich der Sache an, lässt sich die

Publikationen zukommen, liest die besonders einschlägigen publizierten Texte der Bewerberinnen und Bewerber und erarbeitet sich am Ende ein mehr oder weniger ausführlich begründetes Urteil. So etwas nimmt einige Tage intensiver Arbeitszeit in Anspruch, selbst wenn man mit dem einschlägigen Bereich sehr gut vertraut ist und einiges der Kandidaten schon gelesen hat. Warum tut man das? Diejenigen, die in solchen Fällen angeschrieben werden, haben ihre Karriere schon gemacht, sie müssen sich nicht durch Dienstbarkeiten anbiedern, wenn sie es denn je getan haben. Zyniker werden sagen, man tut so etwas, um seine eigenen Leute unterzubringen. So etwas scheint vorzukommen, ist aber degoutant und unüblich. »Diese vergleichenden Gutachten werden doch hoffentlich vergütet!« Nein, nicht einmal das trifft – bislang – zu. Wissenschaftssoziologen operieren in Erklärungsnot gern mit der Währung der Anerkennung. Dementsprechend bringe eine solche Anfrage eine akademische Anerkennung zum Ausdruck, und das sei die eigentliche Währung, in der das Wissenschaftssystem vergütet. In der Tat scheint manchen im Wissenschaftssystem die Anerkennung durch Kollegen sehr wichtig zu sein. Mein Eindruck ist, dass die besten Köpfe der jeweiligen Disziplinen jedoch davon bemerkenswert wenig beeinflusst sind. Vielleicht sind sie gerade deswegen die besten Köpfe, weil sie sich um das Urteil anderer wenig scheren, das wissenschaftliche Ethos des besten Arguments, der gründlichsten Prüfung, der kühnsten Hypothese sich zu eigen gemacht haben und damit am Ende auch Erfolg hatten. Manche der besten Köpfe werden daher nur mühsam oder in Einzelfällen erst nach ihrem Ableben als solche erkannt. Wenn aber die Anfrage diese Anerkennung zum Ausdruck bringt, könnte sie abgelehnt werden, beispielsweise wegen Arbeitsbelastung. Das Abfassen des vergleichenden Gutachtens bringt jedenfalls keinerlei zusätzliche akademische Anerkennung. Es wird in der Wissenschaftsgemeinschaft –

abgesehen von der kleinen örtlichen Kommission – gar nicht wahrgenommen, darf auch gar nicht wahrgenommen werden, weil solche Prozesse vertraulich sind. Lassen wir also alle ideologiegetränkten Erklärungsversuche beiseite und kommen zum Kern: Der Kern ist das wissenschaftliche Ethos, es ist – spezifischer – die Orientierung an wissenschaftlicher Verlässlichkeit, am wohlbegründeten Urteil. Diese Orientierung begründet die wissenschaftliche Praxis oder jedenfalls den wertvollsten Teil von ihr. Diese Orientierung ist durch Anreiz- und Abschreckungssysteme nicht zu ersetzen und sie ist am Ende auch technologisch und ökonomisch von allergrößter Bedeutung, wie die Wissenschafts-, Technik- und Wirtschaftsgeschichte zumindest der letzten zweihundert Jahre eindrücklich zeigt. Ohne den stürmischen Aufschwung der Wissenschaften Anfang des 19. Jahrhunderts und damit einhergehend der technologischen Fruchtbarmachung wissenschaftlicher Theorien, ohne den Erfindungsreichtum und die kulturellen Veränderungen, die von geisteswissenschaftlicher Forschung ausgingen, hätte es das Wirtschaftswunder, aber auch die sozialen Verwerfungen des 19. Jahrhunderts nicht gegeben. In keinem anderen Land der Welt ist dieser Zusammenhang so offenkundig wie für die deutschsprachige Region in Europa, die politisch und sozial im Vergleich zu anderen Regionen weit zurückhing, die aber durch die Wissenschafts- und Kulturentwicklung bald zu einer der führenden Wirtschaftsmächte der Welt wurde. Ökonomischer Erfolg verlangt – und die paradoxe Zuspitzung bedarf jetzt keiner näheren Erläuterung mehr – gerade Entlastung von ökonomischer Rationalität.

II.2 Urteilskraft

Wohl beraten, sagte er, und wirklich weise.

Platon,
Politeia, ca. 347 v. Chr.

Eine Person kann in ihren Handlungen verlässlich sein, aber auch in ihrem Urteil. Die Tugend der Verlässlichkeit spaltet sich dementsprechend auf in einen praktischen und einen theoretischen Teil. Der praktische Teil bezieht sich auf Handlungen, der theoretische auf Überzeugungen und Urteile, die diese Überzeugungen zum Ausdruck bringen. In diesem Kapitel beschäftigen wir uns mit dem theoretischen Teil, der Verlässlichkeit von Urteilen oder dem Phänomen der *Urteilskraft*.

Kurz gesagt hat eine Person Urteilskraft, wenn wir uns auf ihre Urteile verlassen können, wenn die Person in der Regel richtig liegt mit ihren Überzeugungen. Es stellt sich also die Frage, was Urteilskraft ausmacht, worin die besondere Fähigkeit, sich ein verlässliches Urteil zu bilden, besteht. Für den wirtschaftlichen Erfolg ist die Verlässlichkeit des Urteils von größter Bedeutung. Führungsaufgaben werden vorzugsweise an Personen übertragen, von denen man annimmt, dass sie über die Fähigkeit des verlässlichen Urteils im besonderen Maße verfügen und in der Lage sind, diese Urteile in eine schlüssige Strategie zu überführen. In letzterem Fall sind sie also auch entscheidungsstark – was uns im nächsten Kapitel beschäftigen wird.

Platon war der Meinung, dass unsere (alltäglichen) Meinungen *(doxai)* die Realität nicht angemessen wiedergeben, sondern dass sich unsere Alltagswahrnehmungen auf Schattenbilder beziehen, hinter denen sich die eigentliche Realität in Gestalt von Grundstrukturen alles Seienden *(eidê,* meist missverständlich mit »Ideen« übersetzt) verbirgt. Erst ein langer Weg wissenschaftlicher – zunächst mathematischer, dann philosophischer – Ausbildung ermöglicht die Erkenntnis dieser Grundstrukturen der Realität. Die richtige Wissenschaft, die Philosophie, nicht die Sophistik, führt zur Urteilskraft. Zeitgenössische Szientisten sind der gleichen Auffassung, auch wenn sie den Zusammenhang mit Platon in der Regel nicht kennen oder nicht wahrhaben wollen. Erst die Wissenschaft klärt, welche unserer Meinungen zutreffen und welche falsch sind.

Ich bin skeptisch aus zwei Gründen: erstens, weil sich in der Wissenschaftsgeschichte herausgestellt hat, dass wissenschaftlich begründete Überzeugungen grandios falsch sein können. Man denke hier etwa an die Jahrhunderte während vielfach todbringende medizinische Praxis seit der Antike oder an die rasch wechselnden Moden, welche Diät denn gesund und lebensverlängernd sei, die jeweils mit einem umfangreichen wissenschaftlichen Begründungsapparat ausgestattet präsentiert werden. Auch lässt sich als Beispiel die Phrenologie nennen, die Wissenschaft des Zusammenhangs zwischen Schädelform und Charakter, die erst durch ihren Missbrauch in den Zeiten des Nationalsozialismus in Verruf geraten ist. Auch die sozialdarwinistischen und rassistischen Theorien des 19. und 20. Jahrhunderts sind hier zu erwähnen, die mit wissenschaftlichem Erkenntnisanspruch vorgetragen werden und in ihrer Abwegigkeit für Laien oft schwer durchschaubar sind.

Nun könnte man entgegenhalten, dass diese und zahlreiche andere Beispiele, die man anführen könnte, deswegen irreführend seien, weil sich eben herausgestellt habe, dass es sich nicht um Wissenschaft, sondern lediglich um Pseudowissenschaft handle. Mir ist dieser Einwand durchaus sympathisch. Gute Wissenschaft resultiert in einer Verbesserung der Urteilskraft, für schlechte Wissenschaft gilt das nicht. Dafür gilt oft sogar das Gegenteil: Schlechte Wissenschaft zerstört den *com-*

mon sense und ersetzt ihn häufig durch absurde Ideologien. Das Problem dabei ist, dass es keine Metatheorie der Wissenschaft gibt, die uns Kriterien zur Verfügung stellt, wie wir gute von schlechter Wissenschaft unterscheiden können. Die Allgemeine Wissenschaftstheorie hat im 20. Jahrhundert diesen Weg eingeschlagen (mein eigener akademischer Lehrer Wolfgang Stegmüller ist einer der führenden Vertreter dieser Metatheorie der Wissenschaften gewesen), aber ich denke, dass die meisten Wissenschaftstheoretiker heute zugeben werden, dass die hochgesteckten Erwartungen einer verlässlichen Beurteilungsinstanz nicht in Erfüllung gegangen sind. Bis heute ist umstritten, was eine gute wissenschaftliche Erklärung ausmacht, und die wissenschaftlichen Disziplinen bieten ein breites Spektrum von Praktiken an, die schwer auf einen Nenner zu bringen sind.

Der zweite Grund reicht tiefer: Ich bin davon überzeugt, dass der Platonismus in einem sehr fundamentalen Sinne in die Irre führt. Ich glaube, dass die globale Skepsis der Platonisten gegenüber unseren lebensweltlichen Überzeugungen abwegig ist. Wir können unsere lebensweltlichen Überzeugungen als Ganze nicht zur Disposition stellen. Diese lassen sich nicht durch wissenschaftlich begründete Überzeugung ersetzen, es verhält sich eher umgekehrt: Wissenschaftliche Theorien und Hypothesen gehen von unseren lebensweltlichen Überzeugungen aus, setzen diese voraus und müssen sich letztlich an ihnen bewähren.

Eine antiplatonistische philosophische Position ist durchaus verträglich damit, dass viele unserer lebensweltlichen Überzeugungen falsch sind, ja sogar damit, dass die wissenschaftliche Theoriebildung dazu beiträgt, diese Irrtümer aufzudecken. Um zwei Beispiele zu geben: Die Fortschritte der Psychologie als Wissenschaft haben an dem, was im Englischen *folk psychology* genannt wird – an der alltäglichen Praxis der wechselseitigen Zuschreibung von Überzeugungen, Intentionen, Wünschen, Ängsten etc. –, nur wenig geändert. Wir können im Alltag ziemlich zuverlässig vorhersagen, wie sich andere Menschen verhalten werden. Die Neurowissenschaft ist noch weit von einer solchen prognostischen Leistungsfähigkeit entfernt. In unserer Lebenswelt gibt es eine Vielzahl von Gegenständen, etwa Tische, Häuser, Bäume, Tiere, andere Menschen usw. Bezüglich dieser Gegenstände sind wir alle robuste Realisten. Keine wissenschaftliche Theorie wird uns vom Gegenteil überzeugen, etwa davon, dass es in Wahrheit keine Stühle, keine Menschen, keine Tiere usw. gibt. Gerade die Philosophie verfiel der Skepsis, aber immer wieder liefen auch Einzelwissenschaften Gefahr, sich von den Selbstverständlichkeiten unserer lebensweltlichen Urteilskraft zu entfernen. Die Bezweiflung der Existenz der Außenwelt oder die Bezweiflung der Existenz des Fremdpsychischen, in der Gegenwart die neurowissenschaftlich inspirierte These, dass es weder Handlungsfreiheit noch Verantwortlichkeit gebe, sind unrühmliche Beispiele für einen Szientismus, der die Voraussetzungen und die Bewährungsinstanz der Wissenschaft aus dem Auge verliert. Auch die Modellbildungen in der zeitgenössischen Ökonomie, wonach Menschen als optimierende, atomistische Monaden karikiert werden, gehört zu diesen szientistisch motivierten Aberrationen, was in Teil I ausführlich dargelegt wurde. Urteilskraft beruht auf der richtigen Einschätzung, was vernünftigerweise bezweifelt werden kann und auf welche unserer Überzeugungen wir uns verlassen können. Urteilskraft hat ihren Ausgangspunkt nicht im umfassenden Zweifel, wie es der Cartesischen Methode entspricht. Urteilskraft verlangt aber, sich seine Meinungen selbstständig zu bilden. Wer sich den jeweiligen Mehrheitsmeinungen anschließt, dessen Urteil ist unzuverlässig und zeigt eine schwache Persönlichkeit. Persönlichkeit so verstanden ist die Fähigkeit, eine wohlbegründete Überzeugung auch gegen Widerstände durchzuhalten, eben die Überzeugung auch dann noch zu vertreten, wenn daraus Nachteile für die eigene Person erwachsen. Es gibt nicht nur Schwarmintelligenz, sondern auch Schwarmidiotie.

Der Austausch von Argumenten, das gemeinsame Abwägen von Gründen führen in der Regel zu erhöhter Urteilssicherheit. In einer Gemeinschaft, in der die Urteilskompetenz ungleich verteilt ist und wechselseitig eine in etwa angemessene Einschätzung dieses Kompetenzgefälles besteht, stimmen die Konsense, wenn sie denn erreicht werden, häufiger mit der Realität überein, als wenn Individuen jeweils für sich, ohne Austausch von Argumenten, urteilen. Die Internetenzyklopädie Wikipedia macht sich dieses Phänomen zunutze. Sie verlässt sich nicht auf einzelne Experten, sondern vertraut auf das bessere Argument, das sich in der Auseinandersetzung am Ende durchsetzt. Es ist in der Tat erstaunlich, wie verlässlich die Auskünfte von Wikipedia sind, obwohl jeder und jede sich am Verfassen von Artikeln beteiligen kann. Aber nicht immer funktioniert diese Methode der Schwarmintelligenz.

Dort, wo Ideologien – also festgefügte Überzeugungssysteme, die Argumenten nicht zugänglich sind – aufeinanderprallen, ist der Austausch von Argumenten meist wirkungslos, d.h., Argumente werden als Waffen im Kampf und nicht als Mittel zur Urteilsfindung gebraucht. In vielen Diskursen geht es um Macht oder Geld, was die Kraft des besseren Arguments schmälert. Die Angst, Nachteile zu haben, wenn man von der Mehrheitsmeinung oder der Meinung der Mächtigen oder derjenigen, von denen man Vorteile erwarten kann, abweicht, führt zur Anpassung und zu falschen, unwahrhaftigen Konsensbildungen. Die Konformität in totalitären Diktaturen, besonders augenfällig während der NS-Herrschaft in Deutschland, bietet für dieses Phänomen viel Anschauungsmaterial. Die Tatsache, dass hochintelligente und gebildete

Menschen der nationalsozialistischen Ideologie verfielen, zeigt einen Mangel an Urteilskraft. Dieser Mangel war nicht an Bildungsstand oder soziale Schicht gebunden. Gerade die Akademikervereinigungen verfielen besonders früh der nationalsozialistischen Ideologie. Ich klammere an dieser Stelle bewusst die ganz anders gelagerte Problematik der Zivilcourage aus. Es geht mir an dieser Stelle nicht um die Frage, ob jemand den Mut hatte aufzubegehren, sondern ob jemand die Fähigkeit hatte, sich ein angemessenes Urteil zur nationalsozialistischen Ideologie zu bilden. Diese Fähigkeit ging offenbar sehr vielen Menschen ab. Und daher stellt sich die Frage, was diejenigen, die ihr kritisches Urteil bewahrten, von denjenigen unterscheidet, die der nationalsozialistischen Ideologie verfielen.

Ich habe auf diese Frage keine abschließende Antwort, aber sie sollte uns nicht nur im Hinblick auf die Vergangenheit, sondern auch im Hinblick auf die Gegenwart beschäftigen. Die Tendenz, sich jeweiligen Modetrends anzuschließen und das zu behaupten, was alle anderen behaupten und was man gerade in der Zeitung gelesen hat, ist weitverbreitet. Die Bereitschaft, sich auf das Abwägen von Gründen ernsthaft einzulassen, ist dagegen weit weniger verbreitet. Auch die wissenschaftlich Gebildeten beschränken ihre Urteilskompetenz in vielen Fällen ausschließlich auf das eigene Fachgebiet. Bildung und Wissen darf man nicht mit Urteilskraft gleichsetzen. Gleiches gilt interessanterweise auch für die Intelligenz. Es gibt hochintelligente Menschen, denen es in erschreckendem Maße an Urteilskraft mangelt. Andere hingegen, die eher langsam denken und sich mit vielen Argumenten schwertun, bewahren sich eine erstaunlich sichere Urteilskraft.

Nehmen wir ein aktuelles und recht harmloses Beispiel: Es ist der verbreitete Glaube an die Homöopathie. Wer ein bisschen über die Genese der Homöopathie weiß und über elementare naturwissenschaftliche Kenntnisse verfügt, dem muss klar sein, dass homöopathische Mittel allenfalls zufällig einmal eine Wirkung entfalten können. Die entsprechenden Wirkungsstudien belegen dies seit Jahrzehnten. Wenn dennoch ein so großer Anteil der Bevölkerung an homöopathische Mittel glaubt, dann ist dies ein Zeichen für fehlende Urteilskraft, jedenfalls dann, wenn man sich mit dem Sachverhalt näher vertraut gemacht hat. Auch hier gilt, dass es offenbar keinen engen Zusammenhang zwischen Bildungsstand und Homöopathiegläubigkeit gibt. Wohlgemerkt: Ich rede hier nicht von der im Grunde unsinnigen Frage, ob die Naturheilkunde oder die Schulmedizin bessere Ergebnisse erbringt. Es geht nicht um den Einsatz von Medikamenten, die auf natürlichen Substanzen beruhen, im Vergleich zu Medikamenten, die chemisch produziert sind; es geht um eine ganz spezifische Methodik, nämlich Krankheiten dadurch zu bekämpfen, dass man Mittel verabreicht, die die gleichen Symptome wie die Krankheiten hervorrufen. Allerdings werden diese Mittel in einer derart verdünnten Form verabreicht, dass sie oft nicht einmal ein einziges Molekül der Substanz in der entsprechenden Dosis enthalten. Es geht also um einen ganz spezifischen und kleinen Bereich der Naturheilkunde.

Was unterscheidet diejenigen – sehr wenigen – Ökonomen, die vor der Weltfinanzkrise 2008ff. warnten, von der überwältigenden Mehrheit, die keinerlei Gefahren erkannte? Waren das prognostische Zufallstreffer? Waren hier einige Personen, ohne wirklich gute Gründe zu haben, davon überzeugt, dass es zu einer Krise kommen würde, und haben diese Personen – zufällig – recht behalten? Ähnlich einem Lottospieler, der die richtigen Zahlen ankreuzt, ohne dass er mit guten Gründen wissen konnte, dass diese Zahlen gezogen würden. Auch wenn die ökonomischen Zusammenhänge im Detail äußerst komplex sind, musste allein die Tatsache, dass sich das Verhältnis von Anlagenkapital zu Weltsozialprodukt seit Anfang der 1980er-

Jahre nahezu vervierfachte, besorgt machen. Hinzu kam, dass auf den Weltfinanzmärkten die Praxis, mit Risiken umzugehen, auf einer systematischen Intransparenz beruhte. Die tatsächlichen Risiken konnten unter diesen Bedingungen für die Bewertungen der Weltfinanzmärkte keine ausschlaggebende Rolle mehr spielen.

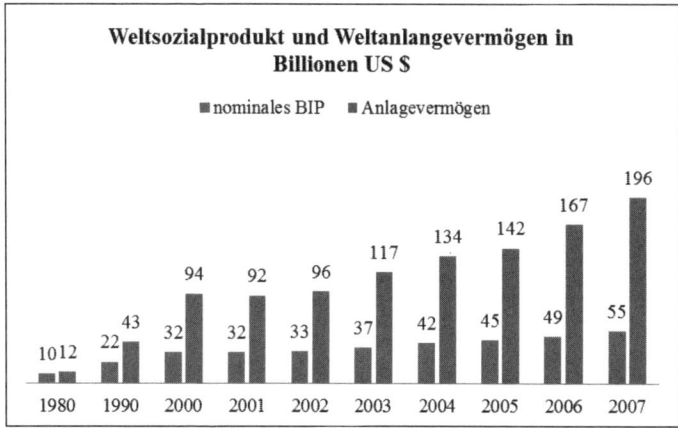

Quelle: McKinsey, Mapping Global Markets (2008).

Diese schlichten Befunde hatten jedoch merkwürdigerweise keine Chance, sich in der ökonomischen Disziplin durchzusetzen. Womit hing das zusammen? Ist es die Interessengebundenheit eines großen Teils der ökonomischen Zunft? Oder liegt es eher an der libertären Ideologie des idealen Marktes, die wir in diesem Buch schon ausführlich diskutiert haben? Jedenfalls handelt es sich hier um einen eklatanten Fall von fehlender Urteilskraft.

Ähnlich besorgniserregend wie dieser Mangel an ökonomischer Urteilskraft – sowohl unter ökonomischen Theoretikern als auch unter den Praktikern der Finanzmärkte – ist das Phänomen der Managementmoden, die über Jahre die Unternehmensstrategien bestimmten, um dann nach offensichtlichem

Scheitern in ihr Gegenteil verkehrt zu werden. Man denke etwa an die Managementmode der Diversifizierung, die unter Edzard Reuter das deutsche Vorzeigeunternehmen Mercedes-Benz beinahe in den Abgrund gerissen hätte. Man denke auch an die Managementmode der Fusionitis, die BMW beinahe in den Abgrund gerissen hätte. Diese und andere große und kleine Unternehmen folgten einem Trend, man könnte auch sagen einer Schwarmidiotie, die wohl von wissenschaftlicher Seite initiiert worden war und über junge Absolventen der Betriebswirtschaftslehre in die Unternehmen hineingetragen wurde.

Aber wie kann es sein, dass so große und komplexe Systeme wie international agierende Konzerne in diesem Ausmaß kollektive Urteilskraft vermissen lassen? Diese Beispiele geben einen wichtigen Hinweis auf die Essenz von Urteilskraft: Es kann ja nicht sein, dass zugleich die Forderung nach Diversifizierung, also nach einer möglichst breiten Produktpalette, und die Forderung nach Konzentration auf das Kerngeschäft ein Unternehmen stabiler und konkurrenzfähiger machen. Diese beiden strategischen Empfehlungen widersprechen sich. Ebenso zeigt die Tatsache, dass die Zunft und die Managementpraxis sich einmal der einen und einmal der anderen zuneigten, einen gefährlichen Mangel an ökonomischer Urteilskraft. Urteilskraft erwirkt man vor allem dadurch, dass man versucht, die unterschiedlichen Aspekte in einen kohärenten Zusammenhang zu bringen. Machen wir uns dies am Beispiel der Homöopathie nochmals klar: Wenn die Homöopathie zuträfe, müsste ein Großteil der naturwissenschaftlichen Gesetze ungültig sein. Ist dies wirklich plausibel? In diesem Fall muss man so viel von Naturwissenschaft verstehen, dass man erkennt, dass die behauptete homöopathische Wirksamkeit diese Gesetzmäßigkeiten verletzt. Aber das ist eigentlich keine schwierige Aufgabe. Sie ist mit Schulkenntnissen in Chemie und Physik zu bewältigen. Wichtig dabei ist, dass man sich nichts vormachen lässt, dass man eine kritische Distanz wahrt gegenüber Ideologien und interessengeleiteten Behauptungen. Besonders schwierig ist es, eine Distanz zum eigenen Interessenstandpunkt aufrechtzuerhalten. Wer immer das glaubt, was ihm selbst besonders bequem oder nützlich zu sein scheint, wird sich häufiger irren als derjenige, der bereit ist, Überzeugungen auch dann als wohlbegründet anzuerkennen, wenn sie seinen bisherigen Meinungen oder Wünschen zuwiderlaufen.

Auch dafür ein konkretes Beispiel: Viele Menschen hatten den verständlichen Wunsch nach Entspannung zwischen den beiden deutschen Staaten und den beiden Militärblöcken Nato und Warschauer Pakt insgesamt. Einem solchen Wunsch kam die Überzeugung entgegen, dass es sich bei der DDR gar nicht um eine wirkliche Diktatur handelt, sondern um einen zweiten deutschen Staat, der seine wirtschaftlichen Angelegenheiten eben zentral regelt. Die merkwürdige Blindheit, die insbesondere im liberalen und linken politischen Spektrum gegenüber den diktatorischen und menschenverachtenden Methoden des SED-Regimes verbreitet war, ist ein Beispiel für eine wunschgesteuerte Beeinträchtigung der eigenen Urteilskraft. Heute schlägt das Pendel in die entgegengesetzte Richtung aus: wenn etwa die Auskünfte von früheren DDR-Bürgern, dass sie in mancher Hinsicht in der DDR besser gelebt hätten als heute, lediglich als Hinweis auf die Notwendigkeit von politischer Bildung und nicht als Hinweis auf eine Fehlentwicklung der deutsch-deutschen Vereinigung interpretiert werden. Heute wollen viele nicht wahrhaben, dass die Sicherheit des Arbeitsplatzes, die niedrigen Mieten oder ganztägige Kinderbetreuung in staatlichen Einrichtungen für viele Menschen wichtig waren und dass sie diese Aspekte des Lebens in der DDR jetzt vermissen.

Urteilskraft bildet nur derjenige aus, der die Komplexität der Welt anerkennt und aushält. Die DDR war eine üble Diktatur, aber daraus folgt nicht, dass alles in der DDR schlecht war. Die sogenannte Schulmedizin weist gravierende Defizite auf, die teilweise Folge der hochgradigen Spezialisierung sind – doch das begründet noch nicht die Wirksamkeit der Homöopathie. Komplexität aushalten, Urteile nicht durch Interessen steuern lassen, in größeren Zusammenhängen denken, Gründe für sich und mit anderen abwägen, unabhängig bleiben – das sind die wesentlichen Voraussetzungen entwickelter Urteilskraft. Der ökonomische Erfolg von Unternehmen ist darauf angewiesen. Karrierismus, Belohnung von Anpassung, fehlende Vertrauenskultur, Verhaltenssteuerung über monetäre Anreize können die verlässliche Urteilsbildung in Unternehmen gefährden. Angstfreie Kommunikation, Respekt vor abweichender Meinung, Einbeziehung unbequemer Wahrheiten, ein ergebnisoffener Diskurs, eine Kultur der Anerkennung und des Respekts fördern verlässliche Urteilsbildung und damit richtige Entscheidungen in Unternehmen.

II.3 Entscheidungsstärke

Diese solche Kraft und durchgängige Aufrechterhaltung der richtigen und gesetzlichen Vorstellung von dem, was furchtbar ist und was nicht, nenne und erkläre ich für Tapferkeit, wenn du nicht etwas anderes darunter verstehst.

Platon,
Politeia, ca. 347 v. Chr.

Das praktische Pendant zur Urteilskraft ist die Entscheidungsstärke. Wenn eine Person sowohl über Urteilskraft als auch über Entscheidungsstärke verfügt, ist sie verlässlich. Man kann sich dann auf ihre Urteile und auf ihre Entscheidungen verlassen. Urteile wie Entscheidungen beruhen auf guten Gründen und ergeben insgesamt ein stimmiges Ganzes, eine gelungene Lebensform. Auch der ökonomische Erfolg – je individuell, derjenige eines Unternehmens und schließlich einer Volkswirtschaft oder der Weltwirtschaft – setzt verlässliche Akteure im doppelten Sinne voraus: Zum einen müssen ihre Urteile verlässlich sein. Daran hat es vor der Weltfinanzkrise 2008 ff. gefehlt, wie falsche Risikoeinschätzungen, falsche Bewertungen einer Vielzahl von Finanzprodukten, eine falsche Regulierungsphobie, eine falsche Geldpolitik insbesondere in den USA, geradezu groteske Bewertungen vonseiten der Rating-Agenturen etc. zeigen. Zum anderen waren aber auch die Entscheidungen, die gewählten Strategien nicht verlässlich: Sie folgten Kriterien kurzfristiger, ja punktueller Optimierung und verursachten damit eine fundamentale Instabilität der Finanzmärkte.
Obwohl Entscheidungsstärke für den ökonomischen Erfolg, aber auch für ein gelungenes Leben insgesamt von großer Bedeutung ist, sind der Begriff und die Kriterien der Entschei-

dungsstärke wissenschaftlich umstritten. In der Philosophie reicht die Debatte mindestens bis zur *Nikomachischen Ethik* des Aristoteles zurück, in welcher der *akrates*, der Unbeherrschte oder der Willensschwache, ausführlich diskutiert wird. Mir scheint, dass die Analyse von Willensschwäche bei Aristoteles und in der Literatur der Antike, teilweise auch des Mittelalters, schon recht weit vorangeschritten war. In der zeitgenössischen Rationalitätstheorie (Entscheidungs- und Spieltheorie) hingegen verlor man diesen wichtigen Begriff wieder aus den Augen. Eine bloße Orientierung an Nutzenoptimierung sieht das zentrale Merkmal von Entscheidungsstärke nicht, nämlich im Leben eine gewünschte Struktur zu realisieren und nicht den jeweiligen Augenblicksneigungen zu folgen. Ich habe vor Jahren begonnen, eine eigenständige Konzeption zu entwickeln, um dieses Defizit auszugleichen. In dem Reclam-Bändchen *Strukturelle Rationalität* habe ich diese Konzeption auf die philosophischen Kernelemente zurückgeführt.[24] Auch in diesem Kapitel greifen wir auf diese Konzeption zurück, deren Kenntnis wir im Übrigen nicht voraussetzen.

Wenn man Rationalität definiert als die Entscheidung für diejenige Handlung (oder Strategie), welche die jeweils wirksamen Wünsche der Person am besten erfüllt, dann ist der Weg für ein angemessenes Verständnis von Entscheidungsstärke verbaut. Noch schlimmer wird es, wenn – wie in der modernen Entscheidungstheorie und der ökonomischen Theorie üblich – Wünsche identifiziert werden mit den Präferenzen, die sich in bestimmten Entscheidungen äußern. Ein Wesen, das jeweils seinen augenblicklichen Wünschen nachgibt und diese (optimal) erfüllt, müsste dann als rational gelten, ja eine Kritik der Entscheidungen wäre gewissermaßen gar nicht mehr möglich,

---

24 JNR, *Strukturelle Rationalität – Ein Essay über praktische Vernunft*, Stuttgart (2001).

weil sich die Wünsche erst im Entscheidungsverhalten äußern und damit per Definition durch das Entscheidungsverhalten (optimal) erfüllt werden. David Hume war konsequent, wenn er die Konsequenzen eines dergestalt reduzierten Rationalitätsbegriffs verdeutlichte: »It is not irrational to prefer the destruction of the whole world to the scratching of my finger.«[25] Die Antwort auf David Hume muss lauten: Natürlich ist es irrational, die Zerstörung der gesamten Welt einer kleinen Verletzung meines Fingers vorzuziehen. Wer selbst eine solche monströse Präferenz nicht als irrational kritisieren kann, dem fehlen die begrifflichen Mittel, um zu erfassen, was Entscheidungsstärke oder Willensschwäche ist.

Die Person, die den jeweiligen Wünschen, die sie im Augenblick hat, folgt, ist entscheidungsschwach. Ihre Einzelhandlungen fügen sich nicht zu einem kohärenten Ganzen zusammen. Man würde etwa sagen: »Sie hält nichts durch« oder: »Auf sie ist kein Verlass«. Verlässlichkeit in praktischer Hinsicht beruht auf einer sich über längere Zeiträume hin durchhaltenden Praxis. Entsprechend ist die betreffende Person für andere einschätzbar. Sie gilt als zuverlässig oder konsequent.

Willensschwäche wird manchmal als Handeln gegen die eigene bessere Einsicht charakterisiert. Diese Einsicht hat die Form »Für mich wäre es gut, x zu tun«. Eine Person, die trotz dieser Überzeugung statt x y tut, muss jedoch deswegen noch nicht willensschwach sein. Vielleicht ist sie schlicht irrational oder unkonzentriert. Das Besondere von Willensschwäche scheint mir zu sein, dass die Person ihren augenblicklichen Wünschen gegen die besseren Gründe nachgibt. Die Person erfüllt ihre aktuellen Wünsche, obwohl sie überzeugt ist, dass gute Gründe dagegen sprechen. Machen wir dies an folgendem Beispiel fest:

---

25 David Hume, *Treatise of Human Nature*, Buch III Teil I §1 (1739).

Eine Person, die fest davon überzeugt ist, dass es für sie am besten wäre, das Rauchen aufzugeben, und sich dennoch die nächste Zigarette ansteckt, handelt willensschwach. Sie erfüllt einen aktuellen Wunsch, nämlich den Wunsch, sich die nächste Zigarette anzuzünden, obwohl sie überzeugt ist, dass es für sie besser wäre, sich keine »nächste« Zigarette anzuzünden.[26] Man könnte sagen, die Person hat zwei Wünsche: einen, sich die nächste Zigarette anzuzünden, und einen anderen, mit dem Rauchen aufzuhören. Was rechtfertigt es, die Entscheidung für eine Wunscherfüllung (nämlich sich die nächste Zigarette anzuzünden) als Ausdruck von Willensschwäche zu interpretieren, während wir die andere Entscheidung als Ausdruck von Entscheidungsstärke ansehen würden? Denn angenommen, ich sitze im Restaurant und habe zwischen zwei Weinen, einem billigen und passablen und einem teuren, aber sehr guten, zu wählen. Nach Abwägung von Pro und Kontra komme ich zu dem Ergebnis, dass es besser wäre, den teureren Wein zu wählen. Ich entscheide mich dann aber doch für den billigeren. Befragt warum, könnte ich etwa angeben, dass dies eben eine alte Gewohnheit sei, in Restaurants nicht so viel Geld für Weine auszugeben. Wir kämen nicht auf den Gedanken, diese Entscheidung als Willensschwäche zu interpretieren.
Nein, Willensschwäche – das ist mein Vorschlag – hat eine *temporale* oder, allgemeiner, eine strukturelle Dimension. Im Raucherbeispiel ist dies ganz offensichtlich. Ich habe jetzt einen Wunsch, mir die nächste Zigarette anzuzünden, und habe zugleich einen Wunsch, den ich für wohlbegründet halte, das Rauchen aufzugeben, d.h. jetzt nicht mehr zu rauchen.

---

26 Dieses Beispiel ist tatsächlich noch weit komplexer, da es durchaus nicht ausgemacht ist, dass die einzelne Zigarette einen gesundheitlichen Schaden nach sich zieht, ja weil es sogar sein kann, dass eine Unterbrechung der Rauchgewohnheit zunächst gesundheitlich schädlich ist. Vgl. JNR, *Kritik des Konsequentialismus*, München (1993).

Wohlgemerkt: In beiden Fällen geht es um das Anzünden der nächsten Zigarette. Aber im Falle der willensschwachen Entscheidung erfülle ich mir einen Wunsch, der nur auf diesen Augenblick bezogen ist und der mit dem Anzünden der Zigarette auch abschließend erfüllt ist. Anders die willensstarke Entscheidung. Bezüglich des Wunsches, das Rauchen aufzugeben, macht die eine Entscheidung, sich nicht die nächste Zigarette anzuzünden, nur ein erstes Element der Wunscherfüllung aus. Der Wunsch, mit dem Rauchen aufzuhören, wird erst dann erfüllt, wenn nicht nur diese nächste Zigarette, sondern auch die übernächste und die überübernächste und so fort für den Rest des Lebens nicht mehr angezündet wird. Solche Wünsche nennen wir strukturelle Wünsche. Wünsche, die sich auf die Struktur einer Lebensform beziehen. Wir haben einen guten Grund, jeweils das im Einzelnen zu tun, was dieser Struktur entspricht. Es spielt keine große Rolle, ob ich heute erneut an einem Kapitel dieses Buches arbeite oder damit erst morgen beginne. Aber wenn ich in dieser Weise das Projekt, dieses Buch zu schreiben, Tag für Tag zur Disposition stelle, wird es am Ende nicht geschrieben. Ich habe einen guten Grund, das zu tun, was ich mir vorgenommen habe, um den strukturellen Wunsch zu erfüllen, dieses Buch so verständlich, aber auch so differenziert wie möglich abzufassen und den vereinbarten Termin mit den Verlag einzuhalten.

Strukturelle und punktuelle Wünsche sind nicht zwei Kategorien. Vielmehr ist ein bestimmter Wunsch punktuell gegenüber einem anderen, und dieser wiederum mag punktuell sein gegenüber einem dritten, noch strukturelleren. Die Grundidee der Konzeption struktureller Rationalität ist, dass ich einen guten Grund habe, etwas zu tun, wenn dieser Teil einer von mir mit guten Gründen befürworteten allgemeinen Praxis ist. Während die Konsequentialisten sagen, dass eine Handlung genau dann rational sei, wenn sie optimale Konsequenzen hat, sagen wir: Im günstigen Fall sind der handelnden Person diese Gründe bewusst, und sie orientiert ihre Praxis daran.

Für eine konsequentialistische Konzeption der Rationalität ist eine Handlung schon dann rational, wenn sie unter den gegebenen Umständen die jeweils wirksamen Wünsche der betreffenden Person optimal erfüllt. Für die strukturelle Sichtweise ist eine Handlung erst dann rational, wenn sie sich in eine vernünftige Struktur – wer will, mag sagen: Lebensform – einbetten lässt und die Person für diese Lebensform gute Gründe hat. Die strukturelle Sichtweise hat den Vorzug, dass sie die reale Praxis der Menschen gut beschreiben kann, während die konsequentialistische schon mit dem Phänomen der Kooperation, wie wir in Teil I, Kapitel 7 gesehen haben, in große Schwierigkeiten gerät. Eine kooperative Handlung kann rational sein, auch dann, wenn sie die Konsequenzen nicht optimiert, wenn sie Teil einer wünschenswerten Praxis ist, für die gute Gründe sprechen. Dies ist oft genug der Fall und löst das Problem der ökonomischen Optimierung elegant auf. Eine Welt von punktuell optimierenden Individuen wäre erwiesenermaßen schlechter als eine Welt strukturell rational handelnder Personen, und die Entscheidungsstärke dieser Personen erweist sich daran, dass sie in der Lage sind, ihre je aktuellen Wünsche unerfüllt zu lassen, wenn deren Erfüllung in Konflikt geriete mit den wünschenswerten Strukturen ihrer Lebensform.

Die übliche Gegenüberstellung von kurzfristig und langfristig erfährt bei dieser Betrachtung eine ganz neue Interpretation. Es geht nicht lediglich darum, diejenige Handlung zu wählen, deren Folgen langfristig berechnet optimal sind; es geht darum, diejenige Handlung zu wählen, die Teil einer anderen Struktur ist, die wir mit guten Gründen befürworten können. Auch eine Welt langfristiger Optimierer würde an der Kooperationsproblematik scheitern. Starke Persönlichkeiten erweisen sich in einer *kohärenten Praxis*, eine Praxis, die eine durchhaltende

Struktur aufweist, die diese Persönlichkeiten verständlich und verlässlich erscheinen lässt. Entscheidungsstärke ist ein Merkmal starker Persönlichkeiten, die nicht nur in ihrem Urteilen, sondern auch in ihrem Handeln verlässlich sind.

Kleine Kinder sind oft in hohem Maße punktuelle Optimierer, d. h., sie haben konkrete Wünsche des Augenblicks und versuchen alles, um diese Wünsche möglichst rasch erfüllt zu bekommen. Sie zeigen dabei durchaus in dem Sinne Willensstärke, als sie sich über Hindernisse wie elterliche Ermahnungen oder Ankündigungen von Nachteilen hinwegsetzen. Aber in der uns hier interessierenden Entscheidungsstärke sind Kinder schwach. Die Wünsche, die ihnen vorrangig erscheinen, variieren von Zeitpunkt zu Zeitpunkt, und sie sind nicht in der Lage, ihre Praxis strukturell rational zu gestalten. Der berühmte Ball, der über die Straße rollt, muss unbedingt rasch wieder eingefangen werden, koste es, was es wolle, auch das eigene Leben. Die Selbstgefährdung von Kindern ist die Folge. Im Laufe der Jahre entwickeln Kinder so etwas wie eine zunehmend strukturell rationale Praxis: Sie stellen Wunscherfüllungen zurück, weil sie befürchten, damit andere Wünsche, die sie später haben werden, nicht erfüllen zu können. Sie bereiten sich auf Ereignisse vor, die erst in näherer oder auch fernerer Zukunft eintreten werden. Sie entwickeln ein Gespür für die temporale Ordnung ihres Lebens. Sie lernen, an einer gemeinsamen Praxis teilzuhaben, auch dann, wenn sie im Einzelfall entgegengerichtete Wünsche haben. Es ist auffällig, ja im Grunde besorgniserregend, dass die dominierende wissenschaftliche Rationalitätskonzeption, die auch die Ökonomie als wissenschaftliche Disziplin prägt, sich mit diesen Phänomenen so unendlich schwertut. Sie scheitert im Grunde schon am Problem der Kooperation, erst recht an den komplexeren Aspekten struktureller Rationalität. Ein so zentraler Begriff wie der der Entscheidungsstärke kann von ihr nicht analysiert werden. Die ökonomische Theorie und die auf ihr beruhende Praxis weisen in dieser Hinsicht ein schweres Defizit auf, und ich bin der festen Überzeugung, dass dieses Defizit nicht nur eine theoretische Herausforderung darstellt, sondern auch eine praktische. Das ist eines der Motive, dieses Buch zu schreiben. Das Phänomen, das der Ökonomienobelpreisträger Amartya Sen als das der *rational fools*[27], der rationalen Idioten, beschrieben hat, muss überwunden werden, um die Grundlagen für eine humane Ökonomie zu legen. *Rational fools* sind genau die Individuen, die wir als punktuelle Optimierer, als Konsequentialisten kennengelernt haben. Sie sind rational, sofern sie kalkulieren und optimieren, und Idioten, sofern sie nicht in der Lage sind, zu kooperieren, Regeln einzuhalten, eine kohärente Lebensweise zu praktizieren, Entscheidungsstärke zu zeigen.

---

27 Amartya Sen, »Rational Fools: A Critique of the Behaviorial Foundations of Economic Theory«, in: *Philosophy and Public Affairs*, Vol. 6, N4 (1977), S. 317–344.

II.4 Besonnenheit

Besonnenheit scheint also eine Art Einstimmigkeit zu sein,
nämlich eine Übereinstimmung des von Natur aus Besseren
und des von Natur aus Schlechteren hinsichtlich der Frage,
welcher herrschen soll, sowohl im Staat als auch jedem
Einzelnen.

Platon,
Politeia, ca. 347 v. Chr.

Ein befreundeter CEO hat mir kürzlich in einem Gespräch über die Implikationen der Weltfinanzkrise gesagt, er sei früher ebenfalls der Devise »Lieber rasch und falsch entscheiden als langsam und richtig« gefolgt. Unterdessen sehe er dies anders, aber das könnte auch einfach darauf hindeuten, dass er nicht mehr die Aggressivität früherer Jahre besitze, die für den Managementerfolg notwendig sei. Eines ist jedenfalls offenkundig: Ein ökonomisches System, das Schnelligkeit vor Richtigkeit stellt, in dem Karrieren nicht über Bewährungskriterien verlässlicher Praxis, sondern über kurzfristige Optimierungserfolge organisiert werden, ist von Instabilität bedroht. Meine Erfahrung aus der Politik ist, dass es dort ebenfalls ein im System der politischen Konkurrenz verwurzeltes analoges Problem gibt: Es ist in beiden Fällen das Defizit an Besonnenheit. Besonnenheit erfordert etwas, das Aristoteles als *euboulia* bezeichnet hat: Wohlberatenheit. *Euboulia* ist gegeben, wenn man aufgrund eines guten Rats urteilt oder entscheidet. Wenn keine Zeit für Beratung vorgesehen ist oder als Schwäche empfunden wird, wenn Beratung unter den Bedingungen der modernen Mediendemokratie zu unkontrollierbaren und in der Regel den Sachverhalt verzerrenden öffentlichen Erörterungen führt, dann ist es um die Besonnenheit schlecht bestellt. Besonnen agiert, wer abwägt, sich beraten lässt, sich mit anderen verständigt, der um die Grenzen seiner eigenen Fähigkeiten und Kenntnisse weiß und daher umsichtig agiert. Wenn medial geschickt inszenierte Wichtigtuerei oder rücksichtsloses Machoverhalten karriereförderlich sind, dann ist eine besonnene Praxis nur noch schwerlich durchzusetzen. Erstaunlicherweise können sich gelegentlich in Systemen, die solche Anreize setzen, etwa in der Politik und Ökonomie, am Ende doch besonnene Persönlichkeiten durchsetzen. Da gäbe es eine Reihe von besonnen agierenden Spitzenmanagern zu nennen, die eine gewisse Resistenz gegenüber den je aktuellen Managementmoden zeigen, die um die Begrenztheit der eigenen Fähigkeiten und Kenntnisse wissen, die – nicht zufällig – ihr Unternehmen in einem größeren Verantwortungsgefüge positionieren und am Ende damit dann sogar erfolgreich sind. Auch in der Politik gibt es die besonnene Persönlichkeit, die dem Auftrumpfenden und dem wichtigtuerischen Gegentyp entweder mit Verachtung oder distanzierter Scheu begegnet. Ich könnte hier eine Reihe von Zeitgenossen sowohl aus der Ökonomie als auch aus der Politik nennen, denn nur für Verstorbene gilt der Satz: *De mortuis nil nisi bonum.* Ich nenne zwei deutsche Beispiele aus der jüngeren, manchen Leserinnen und Lesern noch präsenten Vergangenheit: den Hamburger Unternehmer Kurt A. Körber und den sozialdemokratischen Politiker Willy Brandt. In seiner konsequenten Gemeinwohlorientierung stellten sich Körber und in seiner konsequenten Friedenspolitik Willy Brandt gegen den Zeitgeist. Beide wurden in ihrer Umgebung als herausragende Persönlichkeiten wahrgenommen, doch die Abweichung vom Gewöhnlichen schuf auch Irritation und Distanz. Im Falle Willy Brandts offenkundig auch ein hohes Maß an persönlicher Einsamkeit. Ich bin weit von der Vorstellung entfernt, dass einzelne Persönlichkeiten jeweils Geschichte machen. Aber der Einfluss, den unter günstigen Bedingungen Solitäre haben, die sich durch Urteilskraft, Entscheidungsstärke und Besonnenheit auszeichnen, sollte auch nicht unterschätzt werden. Das gilt für Unternehmen, ökonomische Entwicklungen insgesamt, für die Politik oder, dort besonders auffällig, für die Kunst. Wenn es solche Solitäre systematisch schwer haben, dann entsteht eine Problematik für die gesamte etablierte Praxis. Die jeweils wirksamen Standards der Evaluierung und Auswahl sollten unter diesem Aspekt auf dem Prüfstand stehen.

Ein harmloses Beispiel: Seit geraumer Zeit gilt für das Medizinstudium ein strenger Numerus clausus. Diese Normierung hat einige erwünschte und einige weniger erwünschte Folgen. Zu den erwünschten würde gehören, dass die Studierenden der Medizin in der Regel leistungsstark sind, in einer Vielzahl von Fächern überdurchschnittliche Fähigkeiten haben und in der Regel überdurchschnittlich intelligent sind. Zu den eher problematischen Aspekten gehört, dass manche das Studienfach Medizin wählen, die es sonst nicht gewählt hätten, allein deswegen, weil es begehrt ist und weil sie das Kriterium erfüllen. Problematischer ist, dass diejenigen, die eine hohe Berufsmotivation, eine ethische Orientierung, mitbringen, in vielen Fällen nicht zugelassen werden können. Auch Hochbegabte erfüllen in der Regel dieses Kriterium der gleichmäßig guten Noten über ein breites Fächerspektrum und beständig hohe Leistungsbereitschaft nicht, wie zahlreiche Studien gezeigt haben. Hochleister und Hochbegabte sind zwei Kategorien, die nicht nach den gleichen Kriterien bestimmbar sind. Der faktische Ausschluss Hochbegabter kann für eine wissenschaftliche Disziplin wie die der Medizin langfristig von großem Nachteil sein.

Werfen wir nun einen genaueren Blick auf die besondere und nach meiner Einschätzung seltener gewordene Tugend der Be-

sonnenheit. Versuchen wir die Eingrenzung über das Gegenteil: Was ist Unbesonnenheit, und was sind ihre Ursachen?
Jemand kann unbesonnen sein, weil er aus einem Affekt heraus handelt. Er ist mit einer Situation konfrontiert, die ihn
emotional trifft, und er handelt diesem Affekt entsprechend.
Wut ist einer dieser Affekte, die oft unbesonnenes Verhalten
nach sich ziehen. Die Tötung eines Nebenbuhlers, der in fla-
granti vom Ehemann ertappt wurde, wurde in Italien bis vor
wenigen Jahrzehnten milde bestraft, wohl in der Annahme,
dass dies eine typische Affekthandlung sei oder, anders formuliert, dass man eine besonnene Reaktion in einer solchen Situation nicht erwarten könne. In der *Ilias* löst die Unbesonnenheit des Achilles, der aus einem Gefühl des verletzten Stolzes
heraus handelt – Agamemnon hatte ihm seine Lieblingsskla-
vin genommen –, die schmachvolle Niederlage der Griechen
aus. Unbesonnenheit muss also nicht auf den Augenblick beschränkt sein, sondern kann in einer lang anhaltenden Praxis
zum Ausdruck kommen.
Von Unbesonnenheit kann man aber auch sprechen, wenn aus
Unkenntnis falsch gehandelt wird, obwohl es die Möglichkeit
gab, sich die entsprechenden Kenntnisse zu verschaffen. Hier
besteht der Zusammenhang zur guten Beratung. Wer eine Entscheidung trifft, ohne sich vorher mit denjenigen beraten zu
haben, die über die entsprechenden Kenntnisse verfügen, handelt unbesonnen. Unbesonnen handelt aber auch die Person,
die bei eigener gründlicher Überlegung die richtige Entscheidung hätte treffen können, diese Überlegung aber unterlassen
hat.
Unbesonnenheit beinhaltet ein kontrafaktisches Element: Die
Person hätte anders urteilen, anders handeln können. Wer unbesonnen handelte oder urteilte, aber hinreichend vernünftig
ist, um dies einzusehen, bereut das. Der nachträgliche Wunsch,
das zu revidieren, es wiedergut- oder gar ungeschehen zu ma-

chen, ist ein typisches Begleitphänomen unbesonnener Praxis. In der modernen Ökonomie ist es erforderlich, sich festzulegen, und diese Festlegungen haben in den meisten Fällen eine vertragliche Form. Wer ein Haus bauen möchte, aber nicht das notwendige Geld zu Verfügung hat, eines zu kaufen, nimmt eine Hypothek auf, d. h., er leiht sich Geld, wird Schuldner, und der Gläubiger versichert sich durch den Wert der Immobilie. Beide Seiten gehen eine langfristige Bindung ein. Jedenfalls war das der Normalfall, bevor sich die Praktiken im Finanzsektor ausbreiteten und zu einer Subprime-Hypothekenkrise auf dem US-amerikanischen Immobilienmarkt führten, die schließlich Auslöser für die Weltfinanzkrise wurde. Der Weiterverkauf von Hypothekenverträgen, in großen Bündeln zu Tausenden zusammengefasst, hat die langfristigen Bindungen zwischen den Partnern eines Hypothekenvertrags weitgehend aufgelöst. Dennoch bleibt auch noch unter diesen Bedingungen zumindest beim Schuldner eine langfristige Festlegung: Er muss diesen Hypothekenvertrag bedienen, mit entsprechenden Zahlungen über einen langen Zeitraum. Andernfalls verliert er die erworbene Immobilie. Solche langfristigen Festlegungen haben eine existenzielle Dimension: Sie betreffen die praktizierte Lebensform als Ganze. Die Kinder sind vielleicht in diesem Haus aufgewachsen und verkraften eine ganz neue Umgebung nur mühsam. Es sind Freundschaften entstanden, vertraute Wege, ein Heimatgefühl. Gerade im Hinblick auf solche existenziellen Festlegungen ist Besonnenheit oberste Tugend, die weit vor dem Optimierungsideal rangiert. Es geht nicht darum, lediglich eine gute Geldanlage zu tätigen, es geht um die Entscheidung für eine konkrete Lebensform mit langfristigen Bindungen, Abhängigkeiten und Gefühlen.

In der Sprache der Entscheidungstheorie äußert sich die Tugend der Besonnenheit in einem risikoaversen Verhalten. Angesichts der existenziellen Dimension von Fehlentscheidungen versucht man, diese zu vermeiden. Man mag es im Restaurant bereuen, in Unkenntnis der Kochpraktiken einen Krustenbraten bestellt zu haben, der sich dann als aufgewärmt, trocken, ohne Kruste herausstellt, aber diese Unbesonnenheit ist rasch wieder vergessen. Das Kriterium der Optimierung ist nur bei kleinen Entscheidungen angemessen, bei Entscheidungen, bei denen wenig auf dem Spiel steht. Je mehr auf dem Spiel steht, desto wichtiger ist es, besonnen zu agieren, Risiken zu vermeiden, gründlich abzuwägen. Die Kosten der Deliberationen verlieren an Gewicht gegenüber dem Risiko einer Fehlentscheidung.

Ein weiterer Aspekt der gerade überwundenen Weltfinanzkrise ist, dass dort mit großen, ja gigantischen finanziellen Werten gehandelt wurde, die einzelnen Entscheidungen aber lediglich dem Kriterium kurzfristiger Optimierung folgten. Besonnenes Agieren ist unter den Bedingungen der Konkurrenz auf den Weltfinanzmärkten nur schwer zu realisieren. Der hohe Zeit- und Wettbewerbsdruck unterstützt mehr oder weniger automatisches Entscheiden, dieses ist aber mit einer besonnenen Praxis kaum in Einklang zu bringen. Schon deshalb scheinen mir Maßnahmen der Entschleunigung auf den Weltfinanzmärkten unverzichtbar zu sein. Die viel diskutierte und unterdessen mehr Anhänger gewinnende Tobin-Steuer[28] hat als Transaktionssteuer, die von konkreten Gewinnen unabhängig ist, einen entschleunigenden Effekt. Entsprechend der Transaktionen und der Summen, die bewegt werden, fällt diese Steuer an. Rasches, unbesonnenes Agieren mit hohen Summen wird mit einer Steuer belegt. Eine Tobin-Steuer wäre so einer besonneneren Praxis auf den Finanzmärkten förderlich.

---

28 Als Tobin-Steuer wird eine 1972 von dem US-amerikanischen Wirtschaftswissenschaftler James Tobin vorgeschlagene, aber bisher nicht eingeführte Finanztransaktionssteuer auf internationale Devisengeschäfte bezeichnet.

Eine besonnene Praxis setzt voraus, dass man die Grenzen der eigenen Kenntnisse und Fähigkeiten richtig einschätzt. Unbesonnenheit beruht häufig auf Überheblichkeit. Es gehört eine gewisse Intelligenz dazu, erkennen zu können, dass andere intelligenter sind. Analog gilt: Man muss schon über Fähigkeiten verfügen, um zu erkennen, dass diese bei anderen besser entwickelt sind. Aber von der Erkenntnis der eigenen Beschränktheit zu einer Praxis des Respekts ist es ein weiter Weg. Wenn jemand feststellen muss, dass er in einem bestimmten Bereich des Handelns nicht so befähigt ist, dann kann dies als eine Art Kränkung empfunden werden, gar verbunden mit Abneigung oder in schlimmeren Fällen gezielter Detraktation oder anhaltendem Ressentiment. Der ökonomische Erfolg ist aber in hohem Maße davon abhängig, dass diejenigen, die besondere Fähigkeiten haben, diese auch einbringen können, und dies setzt die Besonnenheit aller an dieser Praxis Beteiligten voraus.

Wie die anderen, in den letzten Kapiteln diskutierten Merkmale – Verlässlichkeit, Urteilskraft und Entscheidungsstärke – ist auch die Besonnenheit eine Tugend, d. h. ein sich in der Zeit und in unterschiedlichen Handlungsbereichen durchhaltender Charakterzug. Dieser lässt sich nicht durch eine Entscheidung oder eine Erfahrung aneignen, sondern ist das Ergebnis von Einstellungen, die nur in einem längeren Prozess erworben werden können, die auf geeigneten Vorbildern, gemachten Erfahrungen und Gewöhnungsprozessen beruhen. Es handelt sich um ethische Tugenden im eigentlichen Wortsinne, d. h. Tugenden, die durch Praxiserfahrungen, Gewöhnungen, durch Regularitäten des Verhaltens erst erworben werden müssen.

II.5 Autarkie und Empathie

Autarkie scheint die zentrale Tugend der griechischen Klassik gewesen zu sein. Autarkie verstanden als Selbstherrschaft, als Freiheit von Fremdherrschaft und als Selbstbestimmung. Alle klassischen Denker machen sich Gedanken darüber, welche Implikationen Autarkie hat. Autarkie verlangt nach Rationalität, nach der Fähigkeit, eigenständig zu urteilen und zu handeln. Autarkie verlangt aber auch nach Selbstbeherrschung, weshalb einige Jahrhunderte später der Abschied Roms von der Republik und die Etablierung kaiserlicher Herrschaft mit mangelnder Selbstbeherrschung des Volkes begründet werden muss. Wer sich nicht selbst beherrschen kann, muss eben beherrscht werden. Die autarken Polis-Bürger ertragen keine aristokratisch, aber auch keine demokratisch legitimierte Herrschaft. Die Grundlage der Aristotelischen Polis ist daher die *philia politike*, der freiwillige Zusammenschluss freier Bürger zum Wohle der Stadt. Viele Jahrhunderte später setzt die Europäische Aufklärung den Impuls fort, nachdem er über Jahrhunderte von imperialen, klerikalen und feudalen Herrschaftsansprüchen blutig bekämpft worden war. Jean-Jacques Rousseau versucht, die ursprüngliche Freiheit in Gestalt des *citoyens* wieder auferstehen zu lassen. Der *citoyen* gehorcht nur den Gesetzen, die er sich als Mitglied der Versammlung selbst gibt, und orientiert sich am Gemeinwohl. Der *citoyen* bleibt frei, während der *bourgeois,* der Privatmann, zum Untertan wird. Aber jeder Mensch ist beides, *citoyen* und *bourgeois;* als *citoyen* ist er autark, als *bourgeois* untertänig. Als *citoyen* ist er Mitglied der sittlichen Körperschaft der Republik, als Privatmann ihren selbst gegebenen Regeln unterworfen bis zur völligen Selbstentäußerung. Gemeinsam und idealiter einstimmig geben sich die Mitglieder der Versammlung, die *citoyens,* ihre Gesetze.

Keinerlei inhaltliche Bestimmungen beschränken die Gesetzgebung der Versammlung. Was das Gemeinwohl ist, bleibt den
Entscheidungen der Versammlung vorbehalten. Von Rousseau
wird das griechische Ideal einer autarken Bürgerexistenz, nur
beschränkt durch die freiwillige Aktivität für die Stadt, in die
Autonomie der Gesetzgebung der Republik überführt.

Während für Jean-Jacques Rousseau die Freiheit nur in Gestalt der Selbstgesetzgebung der Versammlung aller Bürgerinnen und Bürger einer Republik möglich ist, meint der vielleicht bedeutendste Philosoph der Europäischen Aufklärung,
Immanuel Kant, dass die Fähigkeit zur Selbstgesetzgebung die
Menschen zu Vernunftwesen macht. Menschen sind vernünftig, sofern sie sich nur solche Maximen zu eigen machen (subjektive Handlungsregeln), die auch als Prinzip einer allgemeinen Gesetzgebung brauchbar wären. Träger der Autonomie
ist nun nicht die sittliche Körperschaft Republik, sondern die
moralische Person. Sie ist je individuell verantwortlich für ihr
Tun und frei, weil sie selbst die Regeln bestimmt, nach denen
sie lebt und handelt. Die freie und verantwortliche Person tut
also nicht jeweils das, was ihren eigenen Interessen entspricht.
Sie handelt nicht regellos, sondern nach Regeln. Sie ist erkennbar in den Gründen, die sie sich zu eigen macht. Sie handelt
nicht punktuell, sondern strukturell rational. Der *homo oeconomicus*, der Idealtyp der ökonomischen Theorie, handelt dagegen punktuell rational: Er optimiert jeweils aufs Neue seine
Interessen. Freiheit äußert sich nicht in Willkür, sondern in
einer vernünftigen Praxis. Vernunft, Freiheit und Verantwortung sind lediglich drei unterschiedliche Aspekte des gleichen
Phänomens, nämlich sich von guten Gründen leiten zu lassen. Der ökonomische Optimierer kennt nur einen Typus guter Gründe, nämlich die Optimierung seines Eigeninteresses.
Die Kantische Vernunftperson bezieht die Interessen anderer
ein. Sie prüft, ob die jeweilige Maxime für alle akzeptabel ist,

ob sie mit einem autonomen Leben der anderen vereinbar ist. Die Berücksichtigung anderer erfolgt nicht aus Mitleid, auch nicht aus Altruismus, sondern aus Achtung vor dem Sittengesetz, d. h. dem Kategorischen Imperativ.

Im Kontrast zur Ethik der Autonomie steht die Ethik der Empathie, die Mitleidsethik, deren einflussreichster Vertreter Arthur Schopenhauer ist. Manche Theologen sehen in der Tugend der Empathie den Kern christlicher Moral. Das Evangelium als Liebesbotschaft: Liebe deinen Nächsten wie dich selbst. Wer mitleidet, identifiziert sich mit dem Leidenden, teilt seine Gefühle. Diese Fähigkeit zur Empathie zeigt sich sogar in modernen neurophysiologischen Befunden: Wer mit dem Leid einer nahestehenden Person konfrontiert ist, entwickelt ähnliche Durchblutungsmuster in bestimmten Hirnarealen, teilt im Wortsinne ihr Leid.

Empathie und Universalität stehen in einem bestimmten Spannungsverhältnis. Es ist unmöglich, mit allen leidenden Kreaturen gleichermaßen mitzuempfinden. Mitleid ist parteiisch, bezieht sich auf die Nahestehenden und weit weniger auf die Fernstehenden. Der Kategorische Imperativ Immanuel Kants ist dagegen radikal universell: »Handle so, als ob deine Maxime zugleich als allgemeines Gesetz (aller vernünftigen Wesen) dienen sollte.«[29] Statt partikularen Mitleids gelten hier die Gesetze der Freiheit, d. h. diejenigen Regeln, die allen Menschen – genauer: allen Vernunftwesen – ein autonomes Leben gestatten. Moralität ergibt sich aus der Achtung vor dem Sittengesetz (dem Kategorischen Imperativ), nicht aus Mitleid oder anderen Neigungen. Autonomie und praktische Vernunft statt Mitleid und Vergebung. Selbst gewählte Regeln der Lebensführung statt Gehorsam gegenüber klerikaler Autorität.

Wir sollten die Tugend der Empathie jedoch auch nicht als Ge-

---

29 Immanuel Kant, *Grundlegung zur Metaphysik der Sitten*, Riga (1785).

genpol zur Autarkie sehen, sondern als Bedingung einer vollentwickelten moralischen Persönlichkeit. Empathie ist nicht alles, eine Mitleidsethik ist allzu partikular, sie vertraut allzu sehr auf das Gefühl und misstraut der Vernunft. Aber ohne Empathie bliebe die einzelne Person einsam und seelisch verarmt. Sie würde die Gefühlsregungen anderer, ihre Reaktionen und Verhaltensweisen, ihre Ängste und Hoffnungen nicht oder nur unzureichend verstehen. Psychologen meinen, dass die autistische Persönlichkeitsstörung gerade darauf beruht: auf einer Unfähigkeit, sich in die Gefühle anderer hineinzuversetzen. In extremen Fällen führt dies zur vollkommenen Hilflosigkeit in sozialen Beziehungen und zur Unfähigkeit zu kommunizieren. Leicht autistische Menschen versuchen das Defizit an Empathie durch rationalen Nachvollzug auszugleichen. Der fehlende intuitive Bezug zum anderen wird durch sorgfältige Beobachtung und Interpretation des Verhaltens ausgeglichen. In politischen und ökonomischen Führungsfunktionen ist es erforderlich, seine Gefühle unter Kontrolle zu haben, sodass weder die Verlässlichkeit noch die Rationalität darunter leidet. Daraus sollte jedoch nicht der Schluss gezogen werden, dass Empathie in Führungsfunktionen schadet. Empathie ist die Brücke zum Anderen, und diese Brücke kann durch Rationalität allein nicht ersetzt werden. Dies gilt im besonderen Maße für interkulturelle Kooperationen. Auch das beste Handbuch über die kulturellen Differenzen, die es im spezifischen Falle zu beachten gelte, kann das individuelle Erfassen der Seelenlage des Gegenübers nicht ersetzen.

Empathie darf nicht zur Distanzlosigkeit führen. Sie ist ein wichtiges Element der moralischen Entwicklung, aber sie darf die Praxis nicht dominieren. Nur in Balance mit Verlässlichkeit, Urteilskraft, Entscheidungsstärke und Besonnenheit, aber auch Achtsamkeit, Respekt und Loyalität kann sie zu einer humanen ökonomischen Praxis beitragen.

II.6 Loyalität und Respekt

Die *Nikomachische Ethik* des Aristoteles beschäftigt sich ausgiebig mit Fragen der Ungleichheit. Für Aristoteles gibt es Ungleichheiten von Natur, die nicht nur Kinder ihren Eltern, sondern auch Frauen ihren Ehemännern, ja Sklaven ihren Herren unterstellen. Dies sind für Aristoteles drei Formen natürlicher Herrschaft, die in der Hausgemeinschaft, das Zusammenleben von Freien und Abhängigen, Eltern und Kindern, Männern und Frauen regeln. Das gemeinsame Leben in einem Haus beruht auf drei von Natur gegebenen Herrschaftsformen, während die Stadt, die staatliche Ordnung auf der Kooperation der Freien beruht. In der Stadt gibt es – so meint Aristoteles – keine Unterordnung mehr. Als Bürger sind alle gleich. Allerdings betrifft dies nur die freien, unabhängigen Männer, die als Haushaltsvorstände Herrschaft ausüben und als Bürger mit anderen Bürgern kooperieren. Gleiche Freiheit in der öffentlichen Sphäre, in der Politik – Herrschaft und Unterordnung in der privaten Welt.

Einer der großen Fortschritte des modernen Denkens ist, dass diese Vorstellung natürlicher Ungleichheit und natürlicher Herrschaft abgelöst wird von der Idee der gleichen menschlichen Freiheit. In diesem Sinne beginnt die ethische und politische Moderne im 17. Jahrhundert, mit Vorläufern in der Italienischen Renaissance, ja letztlich sogar in der antiken griechisch-römischen Stoa. Es waren Stoiker, die in der Antike die philosophische Entdeckung machten, dass jedem Menschen eine besondere Würde *(dignitas)* zukommt, die unabhängig davon ist, zu welcher Gemeinschaft oder Kultur er gehört, welche Sprache er spricht, welche Hautfarbe, welches Geschlecht er hat. Doch praktisch wirksam wird diese stoizistische Einsicht in der Antike kaum. Die großen Stoiker, etwa Seneca, zeigen mit ihrem opulenten Lebensstil, dass sie von den stoischen

Idealen in der Praxis wenig halten, und selbstverständlich verfügen auch sie über Sklaven.

Dieses Phänomen, dass die lebensweltliche Praxis der besseren Einsicht partout nicht folgen will, wiederholt sich immer wieder, auch in der Moderne. Der amerikanische Kontinent wird im Süden wie im Norden mit der Hilfe von Sklaven urbar gemacht. Die Abschaffung der Sklaverei im Norden der Vereinigten Staaten führt zum Bürgerkrieg mit dem Süden (1861–1865), obwohl sich die amerikanischen Verfassungsväter auf die Idee der gleichen menschlichen Freiheit beriefen. Die Ungleichbehandlung aufgrund unterschiedlicher Hautfarbe setzt sich als offener und verdeckter Rassismus bis in die Gegenwart fort.

Auch die Unterdrückung von Frauen hielt sich sogar in den Rechtsnormen liberaler westlicher Industriestaaten bis in die 1960er- und 1970er-Jahre. In Deutschland durften Frauen in den 1950er-Jahren noch nicht selbsttätig Rechtsgeschäfte ohne ausdrückliche Genehmigung des Ehemanns vornehmen. Ja selbst die Berufstätigkeit stand unter dem Vorbehalt, dass der Ehemann zustimmte und die Pflichten als Hausfrau dabei nicht verletzt würden. In den Beratungen zum Grundgesetz im Parlamentarischen Rat Ende der 1940er-Jahre wurde, insbesondere von konservativen und katholischen Parlamentariern, gegen den Vorschlag, die Gleichberechtigung von Mann und Frau im Grundgesetz zu verankern, vorgebracht, dass dies mit der Natur von Mann und Frau und dem christlichen Menschenbild nicht vereinbar sei. Mit anderen Worten: Die Einsicht in die gleiche Freiheit aller Menschen musste sich in einem mühseligen Prozess erst in der politischen, in der rechtlichen, dann in der alltäglichen Praxis durchsetzen. Und dieser Prozess ist bis heute nicht abgeschlossen.

Alle Klassiker der frühen Moderne stimmen darin überein, dass Menschen von Natur aus gleich und frei seien. Das gilt für Thomas Hobbes ebenso wie für John Locke, für Jean-Jacques Rousseau wie für Immanuel Kant und ist als Grundnorm in alle demokratischen Verfassungsordnungen der Welt eingegangen. Die natürliche Ungleichheit der Menschen rechtfertigt nach diesem modernen Verständnis keine Herrschaft mehr. Es gibt keine Herrschaft von Natur. Frauen sind Männern nicht mehr untergeordnet, die Sklaverei ist abgeschafft. Bürgerinnen und Bürger können gleiche Rechte beanspruchen; dies ist nicht nur ein zentrales Element der Menschenrechtspakte, die völkerrechtlich gelten, sondern entspricht auch den Rechtsordnungen aller Demokratien weltweit. Die ethische und politische Moderne beginnt mit der Erkenntnis gleicher menschlicher Freiheit. Und die Kulturentwicklung kann man seitdem als einen Prozess zur Verwirklichung gleicher menschlicher Freiheit verstehen – ein Prozess, der besonders im 20. Jahrhundert grauenhafte Rückschläge erlitten hat.

Die zeitgenössische Ethik geht von diesem Postulat der gleichen menschlichen Freiheit und Verantwortlichkeit, der grundsätzlichen Gleichstellung aller Menschen als einem selbstverständlichen Prinzip aus. Seit den 1980er-Jahren gibt es allenfalls eine neue Debatte darüber, welche Rolle die Gemeinschaftszugehörigkeit spielt und ob die besondere Nähe, die Mitglieder der gleichen Gemeinschaft zueinander haben, nicht auch für die ethische Beurteilung bedeutsam ist. Diese Debatte findet sich im sogenannten Kommunitarismus wieder, der ursprünglich in den USA als Reaktion auf die dominanten liberalen Theorien der Ethik und der Politik entwickelt wurde[30]. Doch wendet sich keiner der kommunitaristischen

---

30 Die wichtigsten seiner Vertreter sind Michael Sandel, Alasdair MacIntyre und Michael Walzer. Eine Zusammenstellung wichtiger Beiträge zu dieser Debatte in deutscher Sprache findet sich in: Axel Honneth (Hrsg.): *Kommunitarismus – Eine Debatte über die moralischen Grundlagen moderner Gesellschaften*, Berlin (2002).

Theoretiker gegen das Grundprinzip der ethischen und politischen Moderne, wonach Menschen gleich und frei – und für ihr eigenes Leben jeweils individuell verantwortlich – sind.

Diese Orientierung an einem selbstverantwortlichen, freien und gleichen Individuum führt zu einem gravierenden Defizit der zeitgenössischen ethischen Diskurse: Das faktische Phänomen der Ungleichheit in der kulturellen, politischen, ökonomischen und sozialen Praxis wird ausgeblendet. Die ethischen Kriterien geben keine Hilfe bei der Frage, wie mit Ungleichheitsverhältnissen umzugehen ist. Nun könnte man darauf antworten, das Prinzip der gleichen menschlichen Freiheit erlaube keine Praxis der Ungleichheit, und wo eine solche Praxis etabliert sei, müsse diese verändert werden. Ich glaube nicht, dass wir uns damit zufriedengeben können. Man stelle sich ein Ministerium vor ohne die Möglichkeit des Ministers, Weisungen zu erteilen, also eine ministerielle Praxis, die ausschließlich auf freiwilliger Kooperation von Gleichen beruht, die also keine Vorgesetzten, keine Weisungsunterstellten, keine Hierarchie kennt.

Das Gleiche gilt für Unternehmen. Auch wenn die Hierarchien flacher geworden sind, Projektgruppen eine größere Rolle spielen, die Weisungsunterstellung den jeweiligen Aufgaben angepasst wird – so kann es Projektgruppen geben, in denen der Projektleiter ein Weisungsrecht gegenüber einem Mitglied der Projektgruppe hat, dem er ansonsten in der »Linie« unterstellt ist –, so ist doch der Erfolg eines Unternehmens allein auf der Basis freiwilliger Kooperation schwer vorstellbar. Es gibt ausführende und disponierende, auch leitende Funktionen in einem Unternehmen, und entsprechend gibt es Ungleichheit – nicht nur im Gehalt, sondern auch in Verantwortlichkeit und Stellung. Diese beschriebenen Ungleichheiten in der öffentlichen Verwaltung und in privaten Unternehmen sind mit einer demokratischen Rechtsordnung verträglich. Die

Gleichheit der Menschen als Bürgerinnen und Bürger, also in
der politischen Sphäre, und ihre Gleichheit vor dem Gesetz
sind mit einer ökonomischen Praxis der Ungleichheit verträglich. Was uns weithin fehlt, ist ein Ethos, das diesen Ungleichheiten Rechnung trägt. Ein solches Ethos wäre nicht nur für
die ökonomische Praxis, sondern auch für die politische, die
kulturelle und die soziale von großer Bedeutung. Ich will einige Elemente eines solchen Ethos der Ungleichheit benennen.
Führungsverantwortung kann nicht nur Ergebnisverantwor-
tung heißen. Eine verantwortliche Funktion in einem Unternehmen oder in anderen Institutionen wahrzunehmen, beinhaltet die Forderung, mit der eigenen Macht über andere
verantwortlich umzugehen. Diese spezifische Dimension der
Führungsverantwortung steht in einem Spannungsverhältnis zwischen der gleichen Freiheit aller menschlichen Individuen, dem Respekt vor der Autonomie des Einzelnen, die sich
daraus ergibt, sowie dem Abhängigkeitsverhältnis und seinen
ethischen Implikationen. Die ethischen Schlüsselbegriffe sind
hier Loyalität und Respekt.
Der Vorgesetzte hat gegenüber jedem seiner Mitarbeiter Macht.
Im öffentlichen Dienst und insbesondere in der Beamten-
hierarchie ist diese Macht dadurch eingeschränkt, dass öffentlich Bedienstete sehr viel besser vor Entlassungen geschützt
sind und Beamte nur bei persönlich gravierendem Fehlverhalten Sanktionen in Kauf nehmen müssen. Wie ich selbst in
der Funktion des Kulturstaatsministers feststellen musste, ist
es sogar schwierig, im Einzelfall Beförderungen nach Leistung
und Einsatzbereitschaft vorzunehmen, da in der Ministerial-
bürokratie langfristige Karriereplanungen etabliert sind, die
dadurch gestört werden. Zudem gibt es politisch motivierte
Erwartungen an einen Minister, eigene Parteigänger im Ministerium zu fördern, wozu ich allerdings angesichts der Leistungsbereitschaft der Einzelnen keinen Anlass sah.

Aber auch rechtlich geschützte Mitarbeiter sind zumindest hinsichtlich gewünschter Aufgaben von ihrem Vorgesetzten abhängig. Da die Arbeit nicht lediglich dem Gelderwerb dient, sondern ein Gutteil der Lebenszeit ausmacht, und Erfüllung im Beruf Teil eines gelungenen Lebens ist, haben Vorgesetzte gegenüber ihren Mitarbeitern eine besondere Verpflichtung. Ich möchte diese mit dem Begriff des *Respekts* umreißen. Wer in Führungsfunktionen Mitarbeiter lediglich als Kostenfaktor oder Funktionselement des eigenen Erfolgs behandelt, wird dieser Asymmetrie moralisch nicht gerecht. In den meisten Fällen wird sich dann auch nicht das Maß an Loyalität bei den Mitarbeitern einstellen, das erforderlich ist, um gemeinsam erfolgreich zu sein. Respekt ist mehr als Anerkennung der beruflichen Leistung. Der respektvolle Umgang muss die Person als Ganze einbeziehen, ohne die Trennung von Beruflichem und Privatem aufzuheben. Dazu gehört Rücksichtnahme auf persönliche Umstände, etwa erkrankte Kinder, auch jenseits des rechtlich Vorgeschriebenen. Dazu gehört Anteilnahme bei persönlichem Missgeschick, aber auch eine Sensibilität gegenüber Stimmungslagen. Mitarbeiter, die sich nicht als Menschen behandelt fühlen, vermissen den notwendigen Respekt und »objektivieren« das Dienstverhältnis.

Eine humane ökonomische Praxis beinhaltet, dass sich Menschen auch im Beruf wechselseitig als vollverantwortliche Akteure wahrnehmen und ihr Handeln daran ausrichten. Dazu gehört, dass die reaktiven moralischen Einstellungen wie Dankbarkeit oder Verzeihen, von denen Peter Strawson in einem epochalen und bis heute nachwirkenden Aufsatz geschrieben hat[31], auch im Büro, auch am Arbeitsplatz gelten. Die Objektivierung der Beziehungen am Arbeitsplatz bedeutet eine radikale Vereinsamung, die in vielen Fällen krank machen

---

31 Peter Strawson, *Freedom and Resentment and other Essays,* London (1974).

kann. Die meisten Menschen sind emotional so verfasst, dass ihnen diese Objektivierung gar nicht möglich ist. Sie haben Gefühle der Dankbarkeit, der Missbilligung, des Verzeihens, je nachdem, wie sie die Verantwortlichkeit des Mitarbeiters beurteilen. D. h., sie setzen die entsprechenden Gefühlsäußerungen nicht taktisch ein, um den Mitarbeiter zu steuern. Inszenierte Wutausbrüche ohne guten Grund, geheuchelte Dankbarkeit, eine verzeihende Geste, obwohl das »Vergehen« noch gravierende Folgen haben wird, Signale der Kooperationsbereitschaft ohne entsprechende Intentionen usw. – dieses taktische Verhalten gegenüber Mitarbeitern kann durchaus im Sinne einer Verhaltenssteuerung erfolgreich sein, es ist aber auch in den erfolgreichen Fällen ethisch inakzeptabel, es ist mit dem gebotenen Respekt gegenüber anderen Menschen, gerade wenn diese von einem abhängig sind, nicht vereinbar. Zweifellos gibt es ethische Bedingungen erfolgreicher Führung. Das darf aber nicht so gelesen werden, dass es eine natürliche Konvergenz von Eigeninteresse und Moral gibt. Die moralische Persönlichkeit zeigt sich gerade dann, wenn sie das tut, was richtig ist, auch wenn sie daraus Nachteile hat.

Spiegelbildlich gilt das auch für den Mitarbeiter. Mit dem Respekt der Vorgesetzten korrespondiert die Loyalität der Mitarbeiter; auch hier gilt, dass diese Loyalitätspflichten über Rechts- und Vertragspflichten hinausgehen. Verschwiegenheit und Diskretion, eigene Identifikation mit den Zielsetzungen, Engagement über Vorschriften und Dienstpflichten hinaus sind Aspekte einer loyalen Einstellung.

Wenn es um die allgemeinen Kriterien eines humanen Umgangs miteinander geht, spielt die Asymmetrie des Verhältnisses keine Rolle. Wahrhaftigkeit, Vertrauen und Verlässlichkeit als konstitutive Bedingungen gelungener Kommunikation gelten auch im Verhältnis Vorgesetzte–Mitarbeiter, um ein Beispiel zu nennen. Auch der allgemeine Respekt, den wir jedem menschlichen Individuum schulden, gilt symmetrisch. Hier geht es um den besonderen Respekt, den Vorgesetzte ihren Mitarbeitern schulden, und die besondere Verantwortlichkeit, die damit einhergeht. Wer mit seinen Handlungen und Stellungnahmen über den beruflichen Weg von Mitarbeitern entscheidet oder diesen jedenfalls in hohem Maße mitbestimmt, der muss sich der existenziellen Dimension dieser Verantwortung bewusst sein. Die Verantwortung, welche die Vorgesetzten gegenüber ihren Mitarbeitern haben, geht allein durch den erweiterten Wirkungskreis ihrer Entscheidungen und Stellungnahmen weit über das Übliche hinaus. Wir tragen Verantwortung für alles, was von Gründen geleitet ist, das Ergebnis von Deliberationen ist[32], und je weiter unser Wirkungskreis ist, desto schwerer wiegt die Verantwortung. Der Asymmetrie des Verhältnisses von Vorgesetzten und Mitarbeitern entspricht daher eine Asymmetrie der Verantwortung. Auch wenn sich die universalistische und individualistische moderne Ethik schwertut, Kriterien für Abhängigkeitsverhältnisse zu entwickeln, so gehören diese doch zum Kern einer humanen Praxis und damit auch zu einer humanen Verfasstheit der Ökonomie.

---

32 Vgl. JNR, *Verantwortung*, Stuttgart (2011).

II.7 Gerechtigkeit und Charakter

In Wahrheit aber war die Gerechtigkeit, wie sich zeigte, zwar etwas dieser Art, aber nicht an den äußeren Handlungen in Bezug auf das, was dem Menschen gehört, sondern an der wahrhaft innern Tätigkeit in Absicht auf sich selbst und das seinige, indem einer nämlich jegliches in ihm nicht läßt fremdes verrichten, noch die verschiedenen Kräfte seiner Seele sich gegenseitig in ihre Geschäfte einmischen, sondern jeglichem sein wahrhaft angehöriges beilegt, und sich selbst beherrscht und ordnet und sein selbst Freund ist [...].

Platon, Politeia, ca. 347 v. Chr.

Nächst diesem aber, denke ich, müssen wir die Ungerechtigkeit in Betrachtung ziehn. – Offenbar. – Muß sie nun nicht ihrerseits ein Zwiespalt eben dieser dreie sein, und eine Vieltuerei und Fremdtuerei und ein Aufstand irgend eines Teiles gegen das Ganze der Seele, um in ihr zu herrschen, daß es ihm nicht zukommt [...].

Platon, Politeia, ca. 347 v. Chr.

Diese Gerechtigkeit also ist nicht ein Teil der Tugend, sondern die ganze Tugend, und die ihr entgegengesetzte Ungerechtigkeit ist nicht ein Teil der Schlechtigkeit, sondern die ganze Schlechtigkeit.

Aristoteles,
Die Nikomachische Ethik,
ca. 335–323 v. Chr.

Glück im Sinne eines gelungenen Lebens und Gerechtigkeit im Sinne des richtigen Handelns und des wünschenswerten Charakters sind die beiden Pole, zwischen denen sich die praktische Philosophie der griechischen Klassik bewegt. Im Vergleich zu modernen Theorien der Gerechtigkeit sind die antiken recht komplex. Die moderne Idee, dass man die Frage des richtigen Handelns durch ein einziges Kriterium klären könne, ist den Alten völlig fremd. Das erklärt die Renaissance klassischer praktischer Philosophie in der Gegenwart. Immer, wenn es um konkrete praktische Fragen geht – etwa in der ökonomischen Praxis –, dann erscheinen die modernen philosophischen Theorien als unzureichend. Die drei wichtigsten dieser Theorien sind: Utilitarismus, Kantische Ethik, Kontraktualismus. Für den Utilitarismus ist das entscheidende Kriterium die Summe des Nutzens. Diese Summe sollte man maximieren – das ist das Kriterium. Die Kantische Ethik bietet dagegen einen Verallgemeinerungstest an, wonach eine Handlung nur dann moralisch akzeptabel ist, wenn ihre *Maxime* sich verallgemeinern lässt, d. h. wenn es möglich (oder wünschbar) ist, dass alle sich in ihrem Handeln an dieser Maxime orientieren. Die kontraktualistische Ethik macht es dagegen zum Kriterium, ob die Handlung einer Regel folgt, denen alle rationalen Personen zustimmen können. Kontraktualismus heißt dieser Ansatz, weil die Idee eines rationalen Vertrags diese Konzeption trägt: Würden wir einen Vertrag abschließen, wonach in Zukunft diese Regel zu befolgen wäre (und Abweichungen bestraft würden)? Alle drei Paradigmen der modernen Ethik entstehen in der Zeit der Europäischen Aufklärung und prägen nach wie vor einen großen Teil der praktischen Philosophie der Gegenwart.[33] Gerechtigkeitstheorien, die sich am Utilitarismus orientieren, argumentieren etwa folgendermaßen: Es ist immer richtig, das

---

33 Einen Überblick zu den unterschiedlichen Theorien und Kriterien der Ethik gebe ich in dem Handbuch *Angewandte Ethik*, 1. Kapitel, Stuttgart (2005). Dort finden sich auch die wichtigsten Quellen.

Gute zu fördern und das Schlechte zu vermeiden. Das Gute ist menschliches Glück oder Wohlergehen. Da wir jedes individuelle Wohlergehen gleichbehandeln sollten, dürfen wir keine unterschiedlichen Gewichtungen zwischen den Personen vornehmen. Wir sollten daher die Summe des Glücks (des Wohlergehens) aller maximieren. Wenn wir nicht wissen, welche Konsequenzen unser Handeln für das Wohlergehen der Personen hat, sollten wir den Erwartungswert der Summe des Wohlergehens maximieren. Wir kennen diesen Gedankengang aus dem ersten Teil des Buches. In der Tat ist das utilitaristische Prinzip auf den ersten Blick sehr einleuchtend. Wenn ich weiß, was gut ist – und dass das menschliche Wohlergehen jedenfalls dazugehört, steht außer Zweifel –, dann sollte ich das tun, was das Gute in möglichst großem Umfang sichert. Die utilitaristische Ethik steht dem ökonomischen Denken besonders nahe. Ökonomisch handeln heißt, bei möglichst geringen Kosten einen möglichst großen Nutzen (Gewinn, Konsum) zu generieren. Die ökonomischen Theorien gehen davon aus, dass dieser Nutzen jeweils der eigene ist, sie beruhen auf der Voraussetzung eigenorientierter, oder sagen wir ruhig: egoistischer Motivation. Wenn ich allerdings den Nutzen aller anderen gleichermaßen in meinem Handeln berücksichtigen soll, dann führt ökonomische Rationalität zu utilitaristischer Ethik. Wenn man die Dinge rein systematisch, nicht historisch betrachtet, ist der Utilitarismus eine Anwendung ökonomischer Rationalität auf die Frage, was soll ich – moralisch gesehen – tun? Historisch war es interessanterweise genau umgekehrt. Die Ökonomie als Wissenschaft ist aus dem Utilitarismus hervorgegangen. Dabei waren die ersten utilitaristischen Klassiker – Jeremy Bentham[34] und

---

34 Jeremy Bentham, *An Introduction to the Principle of Morals and Legislation*, London (1789).

John Stuart Mill[35] – Aufklärer; sie wollten den Ungerechtigkeiten der Welt entgegentreten und dazu einen Maßstab vorschlagen, nämlich den des Utilitarismus. Ursprünglich war der Utilitarismus als Richtschnur der politischen und gesetzgeberischen Praxis gedacht – besonders deutlich wird das bei Jeremy Bentham. Aber spätestens mit der Ausweitung dieses Konzepts auf menschliches Handeln generell wurden die Schwierigkeiten unverkennbar. Die wichtigsten sind die Folgenden.

Die politische Moderne beginnt mit der Idee unveräußerlicher menschlicher Rechte. Menschen haben individuelle Rechte, und niemand, zumal der Staat, darf diese verletzten. Die allgemeine Erklärung der Menschenrechte vom 10. Dezember 1948 führt die wichtigsten auf. Die *Allgemeine Erklärung* kann man als Aufschrei der Unterdrückten, Geknechteten und verfolgten Menschen und Völker durch die totalitären Regime des 20. Jahrhunderts ansehen. Gerechtigkeit verlangt, dass jeder, unabhängig von dem Beitrag, den die einzelne Person zum allgemeinen Wohl leistet, unveräußerliche Rechte hat. Der Staat hat dafür zu sorgen, dass diese Rechte durch seine Institutionen (Verfassung, Gesetzgebung, Gerichte) garantiert werden. Für den Utilitaristen ist das alles »Nonsense«.[36] An dieser Stelle geraten die beiden Grundideen des Liberalismus in Konflikt: die Idee des rational agierenden Individuums einerseits und die Idee unveräußerlicher Freiheiten andererseits.

In einem Theorem, das der indische Ökonomienobelpreisträger Amartya Sen 1970 bewiesen hat, zeigt sich, dass dieser Konflikt fundamental ist. Die beiden Stränge des Liberalismus,

---

35 John Stuart Mill, *Der Utilitarismus,* Stuttgart (1991).
36 Jeremy Bentham, »Natural rights is simple nonsense: natural and imprescriptible rights, rhetorical nonsense – nonsense upon stilts.« In: *Anarchial Fallacies; Being an Examination of the Declaration of rights issued during the French Revolution,* The Works of Jeremy Bentham, vol. 2, Artikel 2 (1843).

die seit dem 19. Jahrhundert miteinander konkurrieren – der auf ökonomische Rationalität ausgerichtete Strang auf der einen und der auf Menschen- und Bürgerechte ausgerichtete auf der anderen Seite –, lassen sich nicht ohne Weiteres versöhnen. Im liberalen Paradoxon geraten zwei Prinzipien in Konflikt: das erste Prinzip, wonach man einen Zustand realisieren sollte, der alle Menschen besser stellt. Das zweite Prinzip, dass jede Person über einen Bereich verfügen sollte, in dem allein die eigenen Entscheidungen ausschlaggebend dafür sind, was geschieht. Das erste Prinzip spielt als Pareto-Effizienz eine zentrale Rolle in der ökonomischen Theorie, weil ideale Märkte ausschließlich pareto-effiziente Verteilungen hervorbringen (siehe I.9). Das zweite Prinzip sichert die individuelle Freiheit. Amartya Sen hat nun gezeigt, dass man beide Prinzipien nicht zugleich fordern kann bzw. dass es Entscheidungssituationen gibt, in denen beide Prinzipien zugleich nicht erfüllbar sind.[37] Zwischen Nutzenoptimierung und Liberalität gibt es einen fundamentalen Konflikt.

Für Utilitaristen sind individuelle Rechte lediglich Mittel zum Zweck – zum Zweck der Nutzenoptimierung. Sofern im Einzelfall die Verletzung von individuellen Rechten nützlich ist, ist diese zulässig. Der Utilitarismus beachtet jedoch die Tatsache nur unzureichend, dass jeder Mensch sein eigenes Leben lebt, dass Verrechnungen zwischen dem Vorteil für den einen und dem Nachteil für den anderen deswegen unzulässig sind, weil wir jeder menschlichen Person gegenüber zu gleichem Respekt angehalten sind. Jeder Einzelne kann für sich entscheiden, heute oder in den nächsten Wochen einen Nachteil in Kauf zu nehmen, um daraus später einen umso größeren Vorteil zu ziehen. Aber es ist nicht einzusehen, warum es

---

37 Amartya Sen, *Collective Choice and Social Welfare*, San Francisco (1970), Kapitel 6 und 6*.

geboten sein soll, einer Person, die möglicherweise ohnehin schon benachteiligt ist, weitere Nachteile aufzuerlegen, um anderen Personen, denen es besser geht, einen umso größeren Vorteil zu verschaffen. Dies wäre offenkundig ungerecht.

Individuelle Rechte schützen den Einzelnen. Sie schützen ihn vor Instrumentalisierung für die Zwecke anderer. Der Utilitarismus scheitert daran, dass er individuelle Rechte nicht berücksichtigt. Daher ist es nicht verwunderlich, dass der Utilitarismus auch mit der Integrität des Einzelnen in Konflikt gerät. Zur Integrität gehört, dass ich essenzielle Projekte meines Lebens verfolgen kann. Es ist aber kaum vorstellbar, dass ich das, was mir wirklich wichtig ist, was meinem Leben Sinn verleiht, realisieren kann, wenn jede Handlung nach dem Kriterium, die Nutzensumme zu optimieren, gewählt wird.

Schon wesentlich günstiger steht es da um die Kantische Ethik. Sie formuliert zweifellos ein wichtiges Kriterium der Gerechtigkeit, nämlich so zu handeln, dass die Handlungsweise, die Maxime, das Motiv dieser Handlung damit vereinbar sind, dass andere die gleiche Handlungsweise wählen, sich die gleichen Maximen zu eigen machen, die gleichen Motive haben. Der Grundgedanke der Kantischen Ethik ist der folgende: Jeder ist als Einzelperson für seine Handlungen verantwortlich. Niemand kann ihm diese Entscheidungen abnehmen. Kein Kollektiv, das über die Akzeptabilität der Handlungsregeln entscheidet, keine Kultur, die bestimmt, was richtig und was falsch ist, keine klerikale oder politische Autorität. Jeder Einzelne ist ganz auf sich gestellt. Die einzige Autorität ist die des *Sittengesetzes*, wie Immanuel Kant das nennt. Der moralische Akteur handelt aus Achtung vor dem Sittengesetz. Er ist vernünftig, sofern er sich nur solche Maxime zu eigen macht, die verallgemeinerbar sind, von denen er wünschen kann, dass sie sich alle anderen vernünftigen Akteure ebenfalls zu eigen machen. Zwar handelt jeder für sich und räsoniert für sich, aber er soll die Abwägung, was jeweils zu tun sei, in den größeren Zusammenhang vernünftiger Praxis stellen.

Das Problem der Kantischen Ethik ist ihre Unterbestimmtheit. Es gibt allzu viele Maximen, die verallgemeinerbar sind, als dass der Kategorische Imperativ (das Sittengesetz) ein verlässliches Kriterium richtigen Handelns sein könnte. Die konkreten Fragen ökonomischer Praxis lassen sich allein mithilfe Kantischer Ethik nicht beantworten, da diese für die Abwägung von Zielen keine Kriterien entwickelt. Immerhin erfasst sie einen wichtigen Aspekt vernünftiger ökonomischer Praxis: Handle nur nach solchen Maximen, von denen du wollen kannst, dass sie sich auch alle anderen zu eigen machen! Man kann sich nicht wünschen, dass jeder Mitarbeiter eines Unternehmens, dem man angehört, jede Entscheidung nur unter dem Aspekt trifft, den eigenen Vorteil zu optimieren. Egoismus kann erfolgreich sein, aber allgemeiner Egoismus ruiniert den ökonomischen Erfolg. Egoismus ist also – nach dem Kategorischen Imperativ von Immanuel Kant – eine unvernünftige ökonomische Praxis.

Auch der Kontraktualismus, neben Utilitarismus und Kantianismus dritter Typ der modernen Ethik, erfasst einen wichtigen Aspekt. Vernünftige Menschen würden jederzeit einen Vertrag folgenden Inhalts abschließen: Mord und Totschlag, Raub und Diebstahl, Lug und Trug werden verboten. Die Tatsache, dass vernünftige Menschen sich im jeweiligen eigenen Interesse auf ein solches Verbot einigen könnten, spricht dafür, sich an dieses Verbot auch dort zu halten, wo keine Strafen zu befürchten sind. Die Anhänger von Thomas Hobbes, die es bis heute in großer Zahl gibt, bestreiten das. Sie glauben, dass erst die Furcht vor der Strafe ein solches Verhalten rechtfertige und nicht schon der (hypothetische) Vertrag. Jeder Einzelne hat einen Vorteil, wenn alle bestimmten Regeln folgen. Diejenigen Regeln sollten befolgt werden, von denen alle einen Vorteil haben. Kooperation als Kern aller Moral.

Es ist kein Zufall, dass zahlreiche Ökonomen sich mit dem Kontraktualismus beschäftigt haben. Die Idee, Moralität auf Rationalität zurückzuführen, also alle moralischen Gebote als Ausdruck aufgeklärten Eigeninteresses zu interpretieren, steht dem ökonomischen Denken nahe. Moralische Verpflichtungen, die sich etwa daraus ergeben, dass Hilfsbedürftigen geholfen werden muss, dass Schwache von Starken beschützt werden, dass wir auf menschliche und nicht menschliche Lebewesen auch dann Rücksicht nehmen sollten, wenn diese zu unserem Wohl nichts beitragen können, lassen sich im Rahmen einer kontraktualistischen Ethik nicht überzeugend begründen.

Daher erscheinen die antiken Gerechtigkeitsvorstellungen reichhaltiger und für die ökonomische Praxis ergiebiger zu sein. Gerechtigkeit charakterisiert für Platon, aber auch für Aristoteles, nicht nur eine Handlung, sondern einen Charakter. Bei Platon sind die Strukturmerkmale eines gerechten Staates, einer gerechten *polis* – eines Stadtstaates – die gleichen wie die einer gerechten Einzelperson bzw. ihrer Seele *(psyche)*. Bei beiden, bei Platon wie Aristoteles, ist dabei eine Art Ausgeglichenheit, Harmonie der Seele bzw. des Staates wesentlich. Bei Platon ist es die Besonnenheit *(sophrosyne)*, die nicht nur den begehrenden Seelenteil in Schranken hält, sondern auch die anderen Seelenteile auf die Rolle beschränkt, welche die anderen nicht beschädigt. So wäre ein Mensch, der seine ganze (ökonomische) Praxis auf Durchsetzungskraft und Dominanz orientiert, unausgeglichen, ungerecht. So darf die spezifische Tugend der Tapferkeit *(andreia)* nicht alle anderen Tugenden, insbesondere die der wohlbegründeten Einsicht, der Verlässlichkeit des Urteils, des Respekts vor wissenschaftlicher Expertise und dem besseren Argument, beschädigen. Das bessere Argument anzuerkennen, auch wenn diese Anerkennung der Durchsetzung eigener Ziele im Wege steht, ist Merkmal einer gerechten, moralisch voll entwickelten Persönlichkeit.

Bei Aristoteles ist in der *Nikomachischen Ethik* ausführlich von den ethischen und dianoetischen Tugenden die Rede, also solchen Tugenden, die durch Gewöhnung unsere Praxis leiten, und solchen Tugenden, die uns zur Erkenntnis, zur Argumentation, zur Einsicht befähigen *(dianoia:* der Gedanke). Nicht zufällig stehen das Gute und das Schöne in der griechischen Klassik in einer engen Verbindung. Vortrefflichkeit ist die Eigenschaft, schön und gut zu sein *(kalokagathia),* und der gute Mensch hat eine schöne Seele *(psyche kalē).*

Die Wertungen anderer und älterer Kulturen halten uns einen Spiegel vor, sie schärfen den Blick auf die eigenen Wertungen. Es ist nicht verkennbar, dass die Philosophen der Antike Wohlstand, ja sogar Reichtum als Lebensziel ablehnten. Immerhin sind aus dem demokratischen Athen Traditionen überliefert, welche die Auswirkungen von Wohlstandsdifferenzen in Grenzen halten wollten: Größenbeschränkungen für Grabmäler oder sogar einheitliche Grundstückszuschnitte. Aber eine Lebensform, die dem Immer-Mehr, der Anhäufung von Reichtümern, dem Vorteilsstreben um seiner selbst willen, der Raffgier oder auch nur dem bloßen Genuss gewidmet ist, wurde offenkundig nicht nur von Platon und Aristoteles als eine schlechte empfunden. Diese Lebensform ist deswegen schlecht, weil sie die menschlichen Fähigkeiten nur einseitig entwickelt, weil sie der Entwicklung einer moralischen Persönlichkeit, einer schönen Seele, weil sie der Gerechtigkeit der Gemeinschaft und der Gerechtigkeit der Einzelseele abträglich ist.

II.8 Kardinaltugenden – modernisiert

Durch das ethische Denken seit der griechischen Klassik zieht sich in Europa und – soweit sich die europäische Kultur internationalisiert hat – heute weltweit eine Spannung zwischen Glück und Gerechtigkeit. Diese beiden Pole des ethischen Denkens verändern im Laufe der Zeit und je nach philosophischer Theorie ihre Kriterien, ja auch ihre Bedeutung. Das, was in der griechischen Klassik als *eudaimonia* bezeichnet wird, wird missverständlich mit »Glückseligkeit« übersetzt. Glückselig ist ein Mensch, wenn er in einem bestimmten seelischen Zustand ist – so verstehen wir heute Glückseligkeit. Wenn Aristoteles von *eudaimonia* spricht, meint er jedoch etwas ganz anderes, nämlich »die Tätigkeit der Seele gemäß der Tugend«, wie er es in der *Nikomachischen Ethik* formuliert. Es geht also nicht um einen Zustand, sondern um eine Aktivität. Ein Mensch ist im Aristotelischen Sinne glückselig, wenn er sein Leben so gestaltet, dass er seine spezifischen Fähigkeiten zur vollen Entfaltung bringt – dies bedeutet »gemäß der Tugend«. *Arete* (Tugend) ist bei Platon und Aristoteles ein Begriff, dessen Umfang weit über den Umfang des Tugendbegriffs hinausgeht, den wir in den vergangenen Kapiteln verwendet haben. Aristoteles spricht beispielsweise auch von der Tugend des Messers, nämlich der besonderen Eigenschaft, gut schneiden zu können. Oder von der Tugend des Pferdes, schnell zu laufen und einen Reiter im Krieg gut tragen zu können. Man könnte es auch so sagen: Glückseligkeit ist für die griechische Klassik nichts Statisches, nichts Passives, kein Zustand der Seele, keine Stimmungslage. Es geht – zumal bei Aristoteles – um ein gelungenes Leben, das als Ganzes *eudaimonia* realisiert. Deshalb beschäftigt sich Aristoteles dann auch intensiv mit der Frage, was eine gute Lebensform eigentlich ausmache. Die kaufmännische kommt dabei übrigens irritierend schlecht weg, doch dieses Werturteil machen wir uns nicht zu eigen. Darauf komme ich später noch einmal zurück.

Diese aktivistische Glücksvorstellung lässt es auch für uns moderne Menschen verständlicher erscheinen, dass die klassischen Philosophen der griechischen und römischen Antike zwischen Gerechtigkeit und Glück einen engen Zusammenhang sahen. Immerhin diskutiert Platon im Gorgias-Dialog gerade die Frage, ob es nicht sein könne, dass eine Person zwar ungerecht, aber dennoch glücklich sei. Die Belohnung oder Bestrafung in einem jenseitigen Leben nach dem Tod kann man bei Platon als eine Vermutung interpretieren, um Gerechtigkeit und Glück wieder zusammenzuführen. Eigentlich kann es nicht sein, dass ein gerechter Mensch über kein gelungenes Leben verfügt, wie es zugleich unvorstellbar ist, dass ein Ungerechter ein gutes Leben hat. Aber da im realen Leben gelegentlich Ungerechtigkeit mit Glück und Gerechtigkeit mit Unglück einhergehen, muss man erwarten, dass dies in anderer Weise ausgeglichen wird.

Die enge Verbindung von Gerechtigkeit und Glück ist auch von der anderen Seite her plausibel zu machen: Gerechtigkeit ist eben nicht lediglich Merkmal einer Handlung (gerecht handeln) oder einer Verteilung (Verteilungsgerechtigkeit), sondern Merkmal der Seele als ganzer. Platon charakterisiert die Gerechtigkeit der Einzelseele dadurch, dass die drei Teile der Seele im richtigen Verhältnis zueinander stehen. Der vernünftige oder erkennende Seelenteil kontrolliert die gesamte Psyche, wenn diese gerecht ist. Dieser erkennende Seelenteil besitzt eine spezifische Tugend, die Platon als *sophia*, meist mit »Weisheit« übersetzt, bezeichnet. Platon macht aber sehr deutlich, dass die Weisheit, die er von der gerechten Person fordert, keinen Rauschebart trägt. Sie beruht auf wissenschaftlicher und philosophischer Bildung. Platon ist in dieser Hinsicht ein Intellektualist, denn die richtige Praxis beruht auf richtiger Erkenntnis. Wer die richtige Erkenntnis hat, handelt auch richtig. Praktische Irrtümer beruhen auf theoretischen. Den erkennenden Seelenteil haben wir in den vergangenen Kapiteln als *Urteilskraft* bezeichnet.

Der Erkenntnis ist die Praxis unterstellt. Handlungen sollen auf Erkenntnis beruhen. Die spezifische Tugend des tätigen Seelenteils ist bei Platon *andreia,* meist mit »Tapferkeit« übersetzt. Er illustriert diese spezifische Tugend an den Kriegern, die tapfer ihre Stadt verteidigen. In unserer Terminologie entspricht *andreia* in etwa der *Entscheidungsstärke.*

Wir hatten Urteilskraft und Entscheidungsstärke als zwei Aspekte der Verlässlichkeit eingeführt, und damit ist die Tugend der Verlässlichkeit die Brücke zwischen Erkennen und Handeln.[38]

Neben dem erkennenden und dem handelnden gibt es nach Platon auch noch den begehrenden Seelenteil *(epithymetikon).* Dieser entspricht weitgehend dem, was Sigmund Freud als das *Es* bezeichnete. Die spezifische Tugend dieses Seelenteils ist *so-*

---

38 Die Pragmatisten haben dem Platonischen Ideal der sorgsamen Trennung von Erkenntnis und Handlung die Einheit von Theorie und Praxis entgegengestellt. Für Platon ist die Praxis lediglich Ausschluss wissenschaftlicher und philosophischer Erkenntnis. Diese Erkenntnis beruht in letzter Instanz auf der Schau von Strukturen oder Formen, die allem Seienden zugrunde liegen. Schon sein Schüler Aristoteles hat dieses einseitige Bild kritisiert und der Praxis eine eigenständigere Rolle zugedacht. In der Tat gibt es in meinen Augen einen sehr engen Zusammenhang zwischen Alltagspraxis und wissenschaftlicher Erkenntnis. Schon deshalb ist es irrig, die gesamte Praxis einschließlich der ökonomischen auf die Grundlage wissenschaftlicher Erkenntnis zu stellen. Zugespitzt könnte man sagen, dass die Dominanz der neoklassischen Modelle zur Erklärung ökonomischer Vorgänge eine Form von Platonismus darstellt. Ich habe mich mit diesem Zusammenhang ausführlicher in *Philosophie und Lebensform,* Teil 2, Frankfurt am Main (2009) befasst.

phrosyne, was ins Deutsche meist mit »Besonnenheit« übersetzt wird. Zur Besonnenheit gehört für Platon nicht nur, dass man sein Begehren beherrscht und sich nicht von seinen Trieben beherrschen lässt, sondern auch die Bereitschaft, die Herrschaft der Wissenden (Philosophenkönige) anzuerkennen. Dies ist der problematischste Teil der Tugendlehre Platons: die Einteilung der Menschen in drei Klassen, solche aus »Gold«, solche aus »Silber« und solche aus »Eisen«. Das Bildungsangebot des Staates soll sich zwar an alle richten, Männer wie Frauen gleichermaßen – was Platon zum ersten Feministen der abendländischen Geistesgeschichte macht –, aber es dient der Selektion, der Feststellung der Zugehörigkeit zu einer dieser drei Gruppen und der besonderen Förderung derjenigen, die zur ersten Gruppe gehören. Das dreigliedrige Schulsystem ist ein Spätabkömmling der Platonischen Bildungstheorie, auch wenn es diesen Ursprung gern verschleiert.

Ein gerechter Mensch ist nun für Platon jemand, dessen drei Seelenteile in einem richtigen Verhältnis zueinander stehen. Die drei Seelenteile bringen jeweils für sich ihre spezifischen Tugenden zur vollen Entfaltung. Und in Analogie dazu ist eine Stadt oder ein Staat gerecht, in dem sich diese drei Teile der Bevölkerung ausbilden: der erste erkenntnisorientiert, der zweite handlungsorientiert, der dritte bedürfnisorientiert. Das Ganze wird pointiert durch *sophrosyne* (Besonnenheit) für alle drei Teile der Bevölkerung, durch *andreia* (Tapferkeit) für den – überwiegend – handlungsorientierten Teil und durch *sophia* (Weisheit) für den – überwiegend – erkenntnisorientierten Teil der Bevölkerung.

Mehr als 2000 Jahre lang galten diese vier Merkmale – Weisheit, Tapferkeit, Besonnenheit und Gerechtigkeit – als Kardinaltugenden. Ich halte es unterdessen für eine der gravierenden Schwächen der modernen praktischen Philosophie, dass sie den gedanklichen Reichtum der antiken Tugendlehre, die philosophischen Beiträge zum gelungenen Leben, die Verbindung von Lebensform und Moraltheorie hat verkommen lassen. Einen Reichtum, der erst in jüngster Zeit in der Philosophie wiederentdeckt wird.[39] Nicht zufällig knüpfen einige zeitgenössische Philosophen, etwa Martha Nussbaum oder Alasdair MacIntyre, an die Aristotelische Tugendethik an, um ihre je eigenen – und in diesem Fall sehr unterschiedlichen, ja entgegengesetzten – Theorien zu entwickeln. Manchen gilt die Tugendethik als Alternative zur modernen Ethik, die sich in erster Linie mit Kriterien des richtigen Handelns beschäftigt. Anderen ist die Tugendethik lediglich eine Ergänzung und Vervollständigung. Zu Letzteren zähle ich mich selbst.

In den vorausgegangenen Kapiteln über *Verlässlichkeit, Urteilskraft, Entscheidungsstärke* und *Besonnenheit* habe ich eine modernisierte Fassung der altehrwürdigen Kardinaltugenden gegeben. Ich glaube nicht, dass die moderne Gesellschaft insgesamt und die zeitgenössische Ökonomie speziell ohne eine verstärkte Tugendorientierung auskommen werden. Die einseitige Ausrichtung unseres Bildungssystems auf Wissensakkumulation und Fertigkeiten halte ich für gefährlich. Menschen, die zwar über Wissen in bestimmten Bereichen und Fertigkeiten für bestimmte berufliche Tätigkeiten verfügen, denen es aber an Urteilskraft, Entscheidungsstärke oder Besonnenheit mangelt, werden auch zum ökonomischen Erfolg eines Unternehmens und einer Gesellschaft insgesamt wenig beitragen können. Mit Wissen und Fertigkeiten allein kann man den Berufseinstieg erreichen und, wenn gut angeleitet, auch zum Nutzen eines Unternehmens oder einer Volkswirtschaft in bescheidenem Umfang beitragen. Wer eine kreative und dynamische, nachhaltige und umweltverträgliche ökonomische Ent-

---

39 Vgl. besonders eindrucksvoll Pierre Hadot, *Exercices spirituels et philosophie antique,* Paris (1981).

wicklung wünscht, kann sich damit aber nicht zufriedengeben. Das moderne ökonomische Denken hat seine Ursprünge in der schottischen Moralphilosophie. Man könnte sagen, es stellt eine Art Vereinseitigung und Radikalisierung dieser Moralphilosophie dar. Die Spannung zwischen Gerechtigkeit und gutem Leben wird zugunsten Letzterem aufgelöst. Die daraus hervorgehende ethische Doktrin ist die des Utilitarismus. Der Utilitarismus besagt, dass eine Praxis richtig ist, wenn sie Leid mindert und Lust mehrt, genauer: wenn sie die Summe der individuellen Lust-Leid-Bilanzen maximiert bzw. – wenn wir Wahrscheinlichkeiten mit einbeziehen – optimiert. Damit werden Fragen der Gerechtigkeit zum Instrument des guten Lebens, und das Leben wird auf die Lust-Leid-Bilanz reduziert. Dies stellt einen doppelten Verlust dar: Die Dinge werden einfacher und übersichtlicher, aber die menschliche Praxis und das Nachdenken über sie verarmen. Die ausführliche Behandlung von Tugenden sollte dieser Verarmung des ökonomischen Denkens und der ökonomischen Praxis entgegenwirken. Wenn Menschen zu optimierenden homunculi werden – zunächst in der Theorie und dann in der Praxis, insbesondere auf den Weltfinanzmärkten –, dann gerät das Netz von Wertungen, Tugenden und Urteilen aus dem Blick, das eine menschliche Gesellschaft ausmacht. Zunächst in der Theorie und dann in der Praxis. Eine humane Ökonomie muss wieder den ganzen Menschen in den Blick nehmen, in seiner ganzen Komplexität. In der Tat konkurrieren wir miteinander um knappe Güter, aber das macht nicht die gesamte menschliche Existenz aus. Wir kooperieren mit anderen und beteiligen uns an einer Praxis, die wir gemeinsam befürworten, auch dann, wenn dies aus egoistischer Perspektive nicht optimal ist. Wir entwickeln Einstellungen und Charaktermerkmale (Tugenden), die unsere Praxis prägen und ohne die wir orientierungslos würden, ohne die wir für andere als zu respektierende Persönlichkeit ausschieden. Wir gehen Bindungen ein, die unserem Leben Sinn geben und die nicht für den optimierenden Vorteil des Augenblicks zur Disposition stehen. Wir verlassen uns auf andere, und diese verlassen sich auf uns – das spannt einen sozialen Raum auf, in dem wir uns bewegen, in dem sich unser Leben entfaltet.

Eine ökonomische Praxis, die dieses Netz zerstört, zerstört damit auch die Bedingungen ihres Erfolgs.

II.9 Achtsamkeit

Aus dem reichen Fundus der antiken Philosophie und Lebenskunst ließen sich über die in den letzten Kapiteln genannten hinaus noch zahlreiche weitere Tugenden schöpfen, die für eine voll entwickelte moralische Persönlichkeit von Bedeutung sind. Eine meiner Lieblingstugenden aus der *Nikomachischen Ethik* des Aristoteles etwa ist die *megalopsychia,* die Eigenschaft, eine große Seele zu haben. Im deutschen Begriff der Großherzigkeit ist die *megalopsychia* in einer Art Schrumpfform erhalten.

Ein anderes interessantes Thema wäre das der Freundschaft – für Aristoteles kein Zustand, sondern ebenfalls eine Tugend. Freundschaft unter Gleichen ist für Aristoteles etwas anderes als Freundschaft unter Ungleichen. Freundschaft ist eine Form der Praxis und nicht lediglich ein Gefühl. Heute ist Freundschaft ein Thema der Literatur, auch der Psychologie, aber kaum noch der Philosophie. Das ist ein Verlust, zunächst für die Philosophie, aber auch für all diejenigen, die nicht nur an Analyse, sondern auch an praktischer Orientierung interessiert sind. Die Folge dieses Defizits der modernen Philosophie sind überquellende Bücherregale voller dubioser Beratungsliteratur, die von Alltagstipps bis zu unterschiedlichen esoterischen Schulen reichen.

Für die Epikureer war nicht – wie ihre Gegner bis heute behaupten – der Lustgewinn das oberste Ziel, sondern ein zufriedenes Leben, das eine seelische Unerschütterlichkeit voraussetzt. *Ataraxia* war das Ziel epikureischer Lebenskunst.

Während die Epikureer das gute Leben im Rückzug aus dem öffentlichen Leben, generell aus der Vielbeschäftigung *(polypragmosyne)* suchten, weswegen sie gelegentlich als Gartenphilosophen verspottet wurden, verlangten die stoischen Philosophen von ihren Anhängern, dass sie sich in ihrer Praxis als Teil eines vernünftig geordneten Ganzen – einer vernünftigen Natur- und Moralordnung – sahen und entsprechend Verantwortung wahrnahmen. Dies setzt die Fähigkeit voraus, von den eigenen Triebregungen Abstand zu nehmen, das Handeln über das eigene wohlabgewogene Urteil zu bestimmen. Meine eigene Philosophie praktischer Vernunft weist – worauf mich ursprünglich erst andere hinweisen mussten – in der Tat stoizistische Züge auf. In den Kapiteln über Urteilskraft und Entscheidungsstärke mag das auch in diesem Buch erkennbar sein. Für die Stoiker war *apatheia*, die Fähigkeit, sich nicht von seinen jeweiligen Leidenschaften mitreißen zu lassen, die Grundlage eines guten Lebens.

Aber auch die spätrömische Stoa, die uns kulturell schon deswegen nahe ist, weil sie über die christliche Ethik bis in die heutige Zeit überliefert wurde, enthält ebenso wie die mittelalterlichen und frühneuzeitlichen Schriften viele Anregungen für eine gute Praxis.

Der Renaissance-Humanismus Italiens holt sich seine wichtigsten Impulse aus der wiederentdeckten Antike. Bis in die Europäische Aufklärung hinein bleibt diese Tradition der Lebenskunst lebendig, um in der Folgezeit dann zu verebben.[40]

Für die ökonomische Dimension der menschlichen Praxis scheinen mir aber die Tugenden der vorausgehenden Kapitel zentral zu sein. Allerdings mit einer wichtigen Ergänzung. Diese Ergänzung entstammt kulturell nicht dem europäischen Kulturkreis, sondern dem süd- und ostasiatischen. Es ist die besonders in der buddhistischen Lebenskunst ausgeprägte

---

40 David Hume, *Ein Traktat über die menschliche Natur,* Hamburg (1989) und *Eine Untersuchung über die Prinzipien der Moral,* Hamburg (2003); Francis Hutcheson, *Collected Works,* Hildesheim (1969); Anthony Ashley Cooper, Earl of Shaftesbury, *Ein Brief über den Enthusiasmus. Die Moralisten,* Hamburg (1980).

Tugend der Achtsamkeit. Natürlich ist auch in der europäischen Kultur Sorgfalt ein hoher Wert. In den Zunfttraditionen des Mittelalters und der frühen Neuzeit werden die Sorgfaltspflichten durch ganz konkrete Regeln festgelegt. Es war – und ist noch teilweise, wenn auch mit abnehmender Tendenz – Teil des Berufsethos von Handwerkern, besonders sorgfältig zu arbeiten. Die Perfektion des jeweiligen Handwerks äußert sich in der Sorgfalt, in der das jeweilige Stück – beispielsweise eine Kommode – angefertigt wird. Konservative Kulturkritiker, zu denen man Theodor W. Adorno durchaus zählen kann, haben den Verfall dieses Ethos und den Verfall der ästhetischen Qualität von Artefakten beklagt. Progressive Kulturtheoretiker sehen in dieser Klage einen nostalgischen Traum, gerichtet auf die Wiederherstellung längst überwundener gesellschaftlicher Zustände. Progressive Kulturtheoretiker meinen, dass die Industrialisierung und speziell die gegenwärtige postindustrielle Gesellschaft dieses Berufsethos überholt hat. Nur noch in den Nischen der postindustriellen Gesellschaft, in der sich eine genuine handwerkliche Praxis aufgrund kaufkräftiger Nachfrage anspruchsvoller Privatkunden halten kann, kann dieses Ethos überleben. Mir scheinen beide Sichtweisen falsch zu sein. Ich bin der festen Überzeugung, dass auch die moderne Ökonomie ohne eine intrinsische Motivation, Aufgaben so gut wie möglich zu erledigen, nicht erfolgreich sein kann. Auch die einfachsten Tätigkeiten kann man sorgfältig oder nachlässig erledigen. Die Vorstellung, man könne diese intrinsische Motivation durch extrinsische Anreize ersetzen, ist uns schon in früheren Kapiteln begegnet, und sie konnte uns nicht überzeugen (siehe I.7).

Aber zunächst ist zu prüfen, ob die Tugend der Sorgfalt in der heutigen ökonomischen Praxis noch von Bedeutung ist. Es scheint doch auf der Hand zu liegen, dass zwar bestimmte – zumal handwerkliche – Praktiken heute eine untergeordnete

Rolle spielen oder gar ausgestorben sind. So gab es im Mittelalter den im Bayerischen immer noch sprichwörtlichen Haftelmacher, heute existiert dieser Beruf nicht mehr – von ihm ist lediglich der Ausdruck »aufpassen wie ein Haftelmacher«[41] übrig geblieben. Briefen sieht man immer noch an, ob sie sorgfältig oder nachlässig formuliert wurden, auch wenn der Anteil automatisierter Korrespondenz, mit allen Effektivitätsgewinnen einerseits und Kommunikationsverlusten andererseits, weiter zunimmt. Der Nutzer von Softwareprodukten ärgert sich regelmäßig über die Nachlässigkeit, mit der diese erstellt wurden. Der Ruf einer Automarke als zuverlässig – dann sind die einzelnen Teile des Kraftfahrzeugs sorgfältig ausgeführt – entscheidet im erheblichen Maße über den Erfolg auf Märkten. Eine Ursache für den großen Erfolg der deutschen Exportwirtschaft, insbesondere in den Wachstumsmärkten wie China oder Brasilien, ist der gute Ruf deutscher Produkte, vor allem im Bereich Maschinenbau und Kfz. Deutsche Produkte gelten als sorgfältig ausgeführt und daher wertbeständig. Damit korrespondiert der Ruf, dass deutsche Lieferanten ihre Termine eher einhalten als viele ihrer Konkurrenten.

Solche Vorzüge, die auf einer sorgfältigen Praxis beruhen, sind in ihrem monetären Wert schwer zu bestimmen. Die Rolle der weichen Faktoren – hier der Ruf, pünktlich und sorgfältig zu sein, aber auch, einen Lebensstil der Gediegenheit zu transportieren – spielen in der Ökonomie eine große Rolle. Wäre dem nicht so, müsste der teure Einsatz imagebildender Werbung als irrational gelten. Bloße Informationen über die Produkteigenschaften, abrufbar etwa im Internet, müssten dann genügen.

---

41 Ein Haftelmacher stellte die Verschlüsse von Umhängen und dergleichen her. Er musste somit sehr sorgfältig arbeiten, da er hierzu kleinste spitze Nadeln biegen musste.

Sorgfalt als Tugend, als intrinsische Motivation einer technologischen und wirtschaftlichen Praxis ist jedenfalls auch in der modernen Ökonomie von großer Bedeutung. Wenn der Ruf, sorgfältig zu arbeiten, mit den Realitäten der jeweiligen Praxis nicht mehr konform geht, ist dieser – trotz werbetechnischer Möglichkeiten – nicht lange aufrechtzuerhalten. Auch wenn es irritierende Gegenbeispiele gibt, etwa das Faktum, dass die Marke »Volvo« aus Schweden über Jahrzehnte konstant das Image einer soliden, teuren, aber auch wertbeständigen, verlässlichen Marke innehatte, obwohl die Pannenstatistiken über Jahre hinweg andere Informationen vermittelten. Umgekehrt gilt die Marke »Alfa Romeo« bis heute als schlecht verarbeitet, reparaturanfällig, wenn auch elegant und exzellent motorisiert. Die Rostanfälligkeit war in der Tat ein Problem, aber dieses ist seit Ende der 1970er-Jahre vollständig behoben. Alfa Romeo hat für diese Nachlässigkeit, die auf dem Einsatz von mangelhaftem Blech beruhte, bis heute bitter bezahlt. Man muss also zugeben, dass es in der wirtschaftlichen Konkurrenz oft irrational zugeht. Dennoch kann gar kein Zweifel bestehen, dass sorgfältig ausgeführte Produkte ein wesentlicher Faktor wirtschaftlichen Erfolgs sind. Kulturelle Faktoren spielen hier eine Rolle. Die Neigung, amerikanische Haushaltswaren und Automobile technisch nachlässiger herzustellen und sich stattdessen am Volumen zu orientieren, scheint für US-amerikanische Konsumenten akzeptabler zu sein als für deutsche oder japanische. Anders ist die Tatsache kaum zu erklären, dass die über Jahrzehnte technologisch rückständige amerikanische Automobilindustrie sich auf dem US-Markt gegenüber den europäischen und ostasiatischen Konkurrenten behaupten konnte, wenn auch mit sinkendem Marktanteil.

Die sorgfältige Ausführung von Produkten und Dienstleistungen bleibt eine Bedingung wirtschaftlichen Erfolgs. Diese Bedingung kann durch interne und externe Kontrollmechanismen und vor allem durch Transparenz gegenüber den Verbrauchern – etwa in Gestalt der »Stiftung Warentest« – gefördert werden. Man sollte sich aber nicht der Illusion hingeben, dass Kontrollmechanismen und Sanktionssysteme Sorgfalt als Teil des Berufsethos ersetzen könnten. In der buddhistischen Philosophie spielt die Mutter der Sorgfalt, die Achtsamkeit, eine die gesamte menschliche Praxis umfassende Lebenshaltung, eine zentrale Rolle. Die Meditation übt den achtsamen Umgang mit den eigenen Gedanken. Sie sollen zur Ruhe kommen, sich ordnen oder verschwinden, gerade dadurch, dass man sie nicht zu steuern sucht. Die von vielen als paradox empfundene Meditationspraxis übt gewissermaßen Achtsamkeit hinsichtlich der Gedanken mittels Distanzierung, Konzentration (als eine Form des Loslassens) und unbeabsichtigter Intentionalität. Die in Deutschland durch einen Bestseller recht bekannt gewordene Zen-Übung des Bogenschießens illustriert diese Form der unbeabsichtigten Intentionalität.[42] Im 19. Jahrhundert war im Westen die Vorstellung verbreitet, dass der Buddhismus nihilistisch sei, was wohl überwiegend auf einem Missverständnis des Begriffs »Nirwana« beruhte. Im 20. Jahrhundert war im Westen die Vorstellung weitverbreitet, dass der Buddhismus für eine inaktive Lebensform stehe. Schon das Phänomen zen-buddhistisch geprägter Kampfsportarten sollte diesen Irrtum nicht aufkommen lassen. Der Buddhismus umfasst eine derart große Vielfalt von Praktiken und Lehren, dass sich nur wenig Gemeinsames, für *den* Buddhismus Charakteristisches benennen lässt. Es gibt realistische und idealistische Strömungen, solche, die der gesprochenen, und solche, die der geschriebenen Lehre vertrauen, sowie solche, die ganz auf die Praxis des Zazen, der sitzenden Meditation, setzen. Es gibt auffällige ethische Übereinstimmungen

---

42 Eugen Herrigel, *Zen in der Kunst des Bogenschießens*, Konstanz (1948).

zwischen Christentum und Buddhismus, aber auch zwischen der analytischen Philosophie des 20. Jahrhunderts, insbesondere Ludwig Wittgensteins, und dem Zen-Buddhismus. Aber eines kann man wohl doch als gemeinsames Zentrum buddhistischer Lehre und buddhistischer Praxis festhalten: das Prinzip der *Achtsamkeit*. Achtsamkeit beinhaltet die Orientierung auf Dinge, was im realistischen Strang des Buddhismus radikalisiert wird, aber auch in der Praxis des Haiku-Schreibens. Achtsamkeit ist jedoch auch reflexiv zu verstehen, d. h. auf die eigenen Verhaltensweisen, Empfindungen, Gedanken gerichtet. Achtsamkeit ist eine Lebenshaltung; wer sie sich aneignet, verfügt über eine spezifische Tugend, wie wir sie in Anlehnung an die klassische griechische Philosophie erörtert haben (siehe II.1). Man muss nicht Buddhist werden, ja man muss nicht einmal meditieren, um sich diese Lebenshaltung anzueignen. Aber man kann aus der buddhistischen Tradition und ihren Übertragungen ins westliche Denken lernen.

Eine Haltung der Achtsamkeit bezieht sich nicht nur auf den Umgang mit anderen Menschen, sondern auch auf den mit Tieren und mit unbelebten Gegenständen. Eine Haltung der Achtsamkeit äußert sich in und wird angeeignet durch eine entsprechende Praxis. Diese Praxis ist durch Sorgfalt, Genauigkeit, Konzentration und Konsequenz geprägt. Kein noch so kleiner Verhaltensbestandteil geschieht zufällig, die einzelnen Elemente der Praxis stimmen zusammen und beschränken sich auf das Nötigste. Die extreme Sparsamkeit zen-buddhistischer Praktiken und Künste illustriert diese Praxis. Das Kitschige, das Überladene, die Vortäuschung falscher Gefühle, Effekthascherei, auch Wichtigtuerei sind mit einer solchen Praxis unvereinbar. Diese Praxis ist sparsam, weil sie es nicht nötig hat, sich aufzuplustern. Die besten Industrieprodukte, aber auch manche Artefakte, die sich nicht mehr verbessern lassen, folgen der Einfachheit. Mein Lieblingsbeispiel ist die

seit Jahrzehnten unveränderte, einfache, für wenige Euro er-
hältliche Espressomaschine. All die schicken, teuren, teilweise
sehr stilvollen Produkte, die mit Tabs für jede Tasse Kaffee ge-
füttert werden müssen und die einen entsprechenden Abfall-
berg produzieren, teuer zudem, können die Qualität des Produkts dieser einfachsten Herstellung von Espressokaffee nicht
übertreffen. Auch der weltweit mit Abstand am weitesten verbreitete, genormte, stapelbare, für sieben Euro erwerbbare, fast
unzerstörbare, federnde, aus weißem Plastik gefertigte Stuhl
kommt einer solchen Perfektion nahe. Solche Produkte sind
perfekt, vielleicht aus Zufall, wahrscheinlicher aber, weil jemand gründlich nachgedacht hat, der genau wusste, für welche
Zwecke diese Produkte eingesetzt werden. Billigschirme, die
beim dritten Öffnen den ersten Speichenbruch haben; schick
anzusehende Fahrräder, die nach der ersten Tour zur Repara-
tur müssen; Stehlampen, deren Gewinde nach ein paar Jahren
Rost ansetzt; Sanitäranlagen, die regelmäßig verstopfen; Be-
dienungsanleitungen, die niemand versteht; Nahrungsmittel,
deren diätetische Wirkung gepriesen wird, die aber ungesund
sind; Getränke, die vorgeben, aus Früchten zu sein, tatsächlich aber überwiegend aus chemischen Substanzen bestehen –
die Liste von Industrieprodukten, die Sorgfalt und Respekt,
eben *Achtsamkeit* vermissen lassen, könnte beliebig verlängert
werden.

Achtsamkeit ist eine Lebenshaltung und eine Tugend, sie
äußert sich in Praktiken und Produkten, die für eine humane
Ökonomie von zentraler Bedeutung sind. Sie stellt eine wichtige Ergänzung unserer modernisierten Kardinaltugenden Urteilskraft, Entscheidungsstärke, Besonnenheit und Gerechtigkeit dar.

II.10 Persönliche Integrität

Die gebildeten und energischen Menschen wählen die Ehre.
Denn dies kann man als das Ziel des politischen Lebens
bezeichnen. Aber es scheint doch oberflächlicher zu sein als
das, was wir suchen. Denn die Ehre liegt wohl eher in den
Ehrenden als in den Geehrten, vom Guten aber vermuten wir,
daß es dem Menschen eigen ist und nicht verlorengehen kann.

Aristoteles,
Die Nikomachische Ethik,
ca. 335–323 v. Chr.

[...] dann ist das Gute für den Menschen die Tätigkeit der
Seele auf Grund ihrer besonderen Befähigung, und wenn
es mehrere solche Befähigungen gibt, nach der besten und
vollkommensten; und dies noch ein volles Leben hindurch.
Denn eine Schwalbe und ein einziger Tag machen noch
keinen Frühling [...].

Aristoteles,
Die Nikomachische Ethik,
ca. 335–323 v. Chr.

Eine humane Ökonomie darf die persönliche Integrität derjenigen, die an ihr teilhaben, nicht verletzen. Hinter dieser Forderung verbirgt sich ein anspruchsvolles Stück praktischer Philosophie.

Wir haben in den vorausgegangenen Kapiteln eine Reihe von Tugenden erörtert, die auch in der ökonomischen Praxis von großer Bedeutung sind. Dabei ist deutlich geworden, dass diese Tugenden nicht lediglich Eigenschaft einer bestimmten

Praxis in einem spezifischen Bereich, etwa in einer beruflichen
Tätigkeit, sind, sondern durchaus auch als Merkmale der Persönlichkeit, ja einer ganzen Lebensform zu interpretieren sind.
Allen hier beschriebenen Tugenden ist gemeinsam, dass eine
Praxis, die diesen entspricht, *intrinsisch* motiviert ist, wie wir
es genannt haben. Die Tugend der Achtsamkeit etwa würde in
der Praxis gar nicht wirksam werden, wenn die einzelne Handlung, in der diese Tugend zum Ausdruck kommt, nicht durch
diese Einstellung der Achtsamkeit selbst motiviert wäre. Wenn
das eigentliche Handlungsmotiv ein anderes ist, etwa Eindruck
zu machen oder befördert zu werden, wird sich eine achtsame
Praxis nicht wirklich entwickeln können. Das gilt auch dann,
wenn die Entwicklung dieser Einstellungen und Charaktermerkmale zunächst *extrinsisch* motiviert war, wenn ein Kind
beispielsweise Tadel umgehen oder Lob ernten wollte. Mit der
Zeit wird die betreffende Einstellung zu einem beständigen
Merkmal der betreffenden Praxis und schließlich der Persönlichkeit als Ganzer und damit der Lebensform.
Dieser intrinsische Charakter äußert sich auch in den Gründen, die wir für unsere Handlungen haben. Wenn eine Person
aus Achtsamkeit etwas tut, dann mag sie wohl wissen, dass dies
auch vorteilhaft sein kann; doch der eigentliche Grund dieser
Praxis liegt in der betreffenden Einstellung selbst oder in den
Überzeugungen und Wünschen, in denen diese Einstellung
zum Ausdruck kommt.
Einstellungen dieser Art sind oder werden zu etwas, das man
vielleicht als Persönlichkeitskern bezeichnen könnte, als Identität einer Person, so wie sie sich selbst sieht und so wie sie
von anderen gesehen wird. Sie stehen nicht zur Disposition,
sie sind kein möglicher Gegenstand von Entscheidungen. Die
Gründe, welche die Person für ihre Handlungen vorbringt, beruhen auch auf diesen Einstellungen.
Ich habe einmal gegen die Humeaner argumentiert, dass es

nicht die Wünsche, sondern die Gründe sind, welche eine Person ausmachen.[43] Gemeint ist, dass es die Gründe sind, die Menschen für ihre Handlungen, Überzeugungen und Emotionen vorbringen, an denen wir sie erkennen und mit denen sich die Person identifiziert. Wünsche sind nicht einfach gegeben, sie steuern nicht unser Verhalten; sie werden zunächst einmal begründet und bewertet. Erst dann können sie eine praktische Rolle spielen. Die entscheidende Differenz zwischen meiner Position und der der Humeaner ist, dass ich Menschen in letzter Instanz als vernunftfähig ansehe. Damit wird natürlich keineswegs bestritten, dass Wünsche, Neigungen und Interessen für unsere alltägliche Praxis tatsächlich und legitimerweise eine wichtige Rolle spielen. Die Differenz zwischen unserer Position und der der Humeaner ist doch deswegen terminologisch so schwer zu fassen, weil der Wunschbegriff selbst schillernd ist. Der Begriff der Neigung ist jedenfalls in der Art, wie ihn Immanuel Kant verwendet, eindeutiger. Denn viele unserer Wünsche sind begründet und nicht einfach gegeben. Die entscheidende Frage ist, ob in letzter Instanz lediglich alles auf Wünsche zurückgeführt werden kann, die gegeben und keiner weiteren Kritik mehr fähig sind, oder nicht. Ersterer Auffassung war David Hume und mit ihm die zeitgenössische dominierende, von ihm inspirierte praktische Philosophie.

Wenn wir nun sagen, dass Einstellungen, zu denen die in den vorausgegangenen Kapiteln diskutierten Tugenden gehören, Teil des Persönlichkeitskerns sind, stellt sich die Frage, ob dies mit der These in Konflikt gerät, dass es Gründe und nicht Wünsche sind, die Personen ausmachen. In der Tat liegt darin die Gefahr der Tugendethik, dass sie die Rolle der Deliberation, der Abwägung, der Rationalität zu kleinschreibt. Zeitgenössische Aristoteliker halten wenig von Rationalität, von De-

---

43 Vgl. JNR, *Über menschliche Freiheit,* Kap. III, Stuttgart (2005).

liberation; sie betonen die Rolle von Erziehung, Gewöhnung und Kultur. Wir werden daher in einem eigenen Kapitel noch einmal ausführlicher auf die Rolle von Gründen eingehen und das Verhältnis zu Tugenden klären. Hier können wir uns mit der Feststellung begnügen, dass es einen engen Zusammenhang zwischen Tugenden und Gründen gibt.

Das Standardkonzept ökonomischer Rationalität ist eigenorientiert und konsequentialistisch. Demnach ist es rational, die Folgen meines Handelns für mein eigenes Wohlergehen zu optimieren. Nehmen wir an, man könnte dies messen – etwa in der Art, dass man das Zufriedenheitsniveau zu jedem Zeitpunkt feststellt und dann das zeitliche Integral dieses Zufriedenheitsniveaus zum Maßstab des Wohlergehens nimmt. Dann wäre eine Handlung rational, wenn der Erwartungswert dieses Integrals im Vergleich zu allen anderen offenstehenden, alternativen Handlungen maximal wäre. Die Handlungsmotivation wäre dementsprechend auf die Optimierung des eigenen Wohlergehens gerichtet, alle anderen Motive wären irrational, außer sie ließen sich durch dieses grundlegende Motiv der Optimierung des eigenen Wohlergehens rechtfertigen. Die Einstellungen, darunter die in den vorausgegangenen Kapiteln diskutierten Tugenden, müssten als Rationalitätshindernis gelten, außer sie motivieren im Einzelfall eine Handlung, die mein Wohlergehen optimiert. Es gibt nur noch eine einzige, alles andere dominierende Bewertung von Wünschen und Handlungen, nämlich die Optimierung des eigenen Wohlergehens. Ein Gespräch, wie wir es in Teil I, Kapitel 3 geschildert haben, wäre nicht mehr möglich. Das, was eine gebildete Persönlichkeit ausmacht – ihre Wahrhaftigkeit, ihre Verlässlichkeit, ihre Urteilskraft und Entscheidungsstärke, ihre Besonnenheit und Gerechtigkeit sowie die hier diskutierten Tugenden –, würde durch das eine Motiv, das alle anderen Motive dominierte – die Optimierung des eigenen Wohlergehens – verdrängt. Je »rationaler« die Person, desto rascher also ihr Persönlichkeitsabbau. In der zeitgenössischen ökonomischen Praxis scheint in manchen Bereichen, insbesondere im Finanzsektor, ein Verhaltenstypus zu entstehen, der dieser Problematik durch eine Art Schizophrenie zu entgehen sucht: einerseits optimierender Konsequentialist als Finanzmakler oder Managerkarrierist; andererseits kulturinteressierter, ja möglicherweise mäzenatisch aktiver Bürger, verlässlicher Freund und verantwortlicher Familienvater. Dieser Ansatz scheint auch für manche zeitgenössischen Philosophen und Soziologen attraktiv zu sein. Es gibt Systeme mit ihrer eigenen Systemlogik und Rollen, die durch bestimmte Regeln, die befolgt werden müssen, charakterisiert sind. Darüber hinaus gibt es nichts, was sich durch alle Rollen hindurchzieht, zumal nicht so etwas wie die Integrität der Person. Ich glaube davon kein Wort, auch wenn diese Sichtweisen sich gegenwärtig in den Geistes- und Sozialwissenschaften, aber auch im Feuilleton großer Beliebtheit erfreuen. Personen verantworten ihre Praxis als Ganze, sie erfüllen nicht lediglich vorgegebene Rollen oder funktionieren als Teilchen eines Systems. Man sollte sich – gerade in Deutschland – eines klarmachen: Mit dieser Sichtweise erübrigte sich jede Kritik an denjenigen, die sich an der menschenverachtenden Praxis des NS-Regimes beteiligt haben. Es ist ein merkwürdiges Phänomen, dass ein Gutteil derjenigen, die in den 1960er- und 1970er-Jahren eine vehemente und kulturell wirksame Kritik nicht nur an den mächtigen Führungsfiguren des NS-Regimes, sondern auch an den mehr oder weniger machtlosen Ausführenden, also auch an den Mitläufern, geübt haben, einige Jahre später die Grundlagen dieser Kritik, nämlich die Verantwortungsfähigkeit des Individuums, infrage stellten. Meine Vermutung ist, dass dies mit den Enttäuschungen nach dem Ende des utopistischen Überschwangs der Neuen Linken zu tun hat. Der enttäuschte Gläubige mutiert leicht zum Nihilisten.

Das Persönlichkeitskonzept, das wir voraussetzen, könnte man als pragmatisch bezeichnen. Es markiert eine Eigenschaft unserer Praxis, speziell unserer Praxis der Verständigung. Wir machen uns wechselseitig verantwortlich, wir erwarten voneinander, dass bestimmte Grundeinstellungen, die den Persönlichkeitskern ausmachen, über die Zeit Bestand haben und sich nicht von Stunde zu Stunde, von Situation zu Situation ändern. Wir verhalten uns de facto anders, als viele postmoderne Theoretiker meinen. Solange die Dezentrierung des Subjekts sich gegen überzogene philosophische Theoriegebäude richtet, habe ich keine Einwände. Wenn aber die Substanz unserer moralischen Praxis infrage gestellt wird, sind die Grenzen meiner Toleranz erreicht. Auch abstruse Theorien können eine beträchtliche politische und kulturelle Wirkung entfalten. Die Geschichte des Nationalsozialismus und die Rolle, die dabei rassistische und sozialdarwinistische Theorien spielten, belegt dies ebenso wie die Geschichte des Leninismus und Stalinismus und die Rolle, die darin marxistische Theorien spielten. Aber auch die Entwicklung der Wirtschaftspolitik und Wirtschaftspraxis ist dafür ein – wenn auch weit harmloseres – Beispiel.

Die Integrität der Person ist nicht nur mit ökonomischer Rationalität im Sinne eigenorientierter und optimierender Praxis unvereinbar, sondern mit allen Formen konsequentialistischer Rationalität. Konsequentialistische Rationalität zeichnet sich dadurch aus, dass Handlungen ausschließlich nach ihren Folgen bewertet werden, unabhängig davon, wie die Folgen ihrerseits bewertet werden. So sind beispielsweise die zeitgenössischen Utilitaristen der Auffassung, dass eine Handlung genau dann moralisch richtig ist, wenn sie die Summe des Nutzens maximiert. Diese Moraltheorie steht nun im krassen Gegensatz zur ökonomischen Theorie, obwohl die geistesgeschichtlichen Wurzeln die gleichen sind. Hier wird verlangt, dass man den eigenen Interessen nur das gleiche Gewicht beimisst wie den Interessen jeder anderen Person, unabhängig davon, ob diese einem nahesteht oder nicht. Man könnte auch sagen, der Utilitarismus ist in dem Sinne das Gegenmodell zur ökonomischen Rationalität: Ersterer nimmt ausschließlich die Interessen der handelnden Personen zum Maßstab, während Letztere die Interessen aller Personen gleich gewichtet und verlangt, dass man sich gleichermaßen altruistisch verhält, also die eigenen Interessen und die jeder anderen Person mit gleichem Gewicht berücksichtigt. Aber auch diese Form des universellen Altruismus ist mit der persönlichen Integrität unvereinbar. Nichts mehr dürfte der rationalen Person wirklich wichtig sein. Sie dürfte keine längerfristigen Pläne und Bindungen eingehen, da die jeweilige Praxis, welche die Pläne und Bindungen realisiert, nicht durchführbar wäre. Wenn bei jeder einzelnen Handlung abgewogen werden muss, ob sie der Summe des Nutzens aller Menschen förderlich ist, müssten wir alles planvolle Handeln unterlassen. Ein Plan besteht aus einer Vielfalt von Einzelhandlungen, die in sich stimmig sind und am Ende das jeweilige Projekt realisieren. Diese Folge von Einzelhandlungen würde aber immer wieder dadurch unterbrochen werden, dass im Einzelfall eine andere Handlung zur Verfügung steht, welche der Nutzensumme förderlicher ist. Nicht nur der egoistische, sondern auch der utilitaristische Konsequentialist verliert seine Integrität. Diese beiden so gegensätzlichen Handlungsmodelle gleichen sich in vielerlei Hinsicht. Beide, nicht nur der egoistische Konsequentialismus, korrumpieren die Einstellungen, die zum Persönlichkeitskern gehören. Beide sind mit einer kohärenten Lebensform als Ganzer unvereinbar. Auch der egoistische Konsequentialist hat Probleme, Pläne zu verfolgen, Projekte zu realisieren und Bindungen einzugehen. Er ist in den Begriffen meiner Theorie nicht strukturell rational. Seine Praxis ist nicht kohärent strukturiert, seine Persönlichkeit nicht erkennbar und – so paradox es klingen mag – seine Lebensform unbefriedigend. Dem egoistischen Optimierer ergeht es so wie den beiden Gefangenen in dem Dilemma, das wir im Kapitel »Kooperation« (siehe I.7) analysiert haben. Er optimiert je punktuell und wird gerade dadurch strukturell irrational. So wie die Gefangenen, die ihre eigenen Interessen optimieren, um am Ende schließlich gemeinsam ihren Interessen zu schaden. Erst die Distanzierung vom jeweiligen Interessenstandpunkt und die Bereitschaft, seinen Teil zu einer gemeinsamen Praxis, die für beide vorteilhaft ist, beizutragen, überwinden das Gefangenendilemma und stiften somit Kooperation. Ganz analog verhalten sich die Distanzierung vom jeweiligen Vorteil des Augenblicks und die langfristige und kohärente Strukturierung der Praxis, die ein Leben in sich stimmig macht und eine Persönlichkeit als einen Akteur erkennen lässt, die also mit persönlicher Integrität vereinbar ist.

Die Tugenden sind also weder von Natur noch gegen die Natur. Wir sind vielmehr von Natur dazu gebildet, sie aufzunehmen, aber vollendet werden sie durch die Gewöhnung.

TEIL III
Praktische Vernunft

III.1 Präferenzen und Entscheidungen

In many of our actions we evidently do pay attention to the demands of cooperation, and the narrow view of rationality has thus been extended to incorporate some additional structure and social assumptions to make indirect room for such conduct, within the limits of so-called rational behavior.

Amartya Sen,
Rationality and Freedom, 2004

Die moderne ökonomische Theorie verbindet Präferenzen und Handlungen. Demnach haben Personen Präferenzen genau dann, wenn sie sich in einer bestimmten Weise verhalten, vorausgesetzt, sie werden vor die geeigneten Alternativen gestellt. Zunächst scheint diese Festlegung durchaus plausibel zu sein. Schließlich wäre es merkwürdig, wenn wir einer Person Präferenzen zuordneten, die sich aber nicht in der Praxis äußerten. Angenommen, wir sind fest davon überzeugt, dass eine Person lieber in Italien als in Spanien Urlaub macht, stellen dann aber fest, dass sie in den letzten zehn Jahren immer in Spanien Urlaub gemacht hat; dies wäre dann ein Grund, an dieser Vermutung zu zweifeln.

Schon komplizierter ist das folgende Beispiel: Jemand händigt seine Geldbörse um zwei Uhr nachts an der Copacabana in Rio de Janeiro einem jungen Mann aus. Offenbar impliziert diese Handlung eine Präferenz, dem jungen Mann den Geldbeutel auszuhändigen. Angenommen, die Umstände waren so, dass der Tourist bedroht wurde und mit der Forderung konfrontiert war, seine Geldbörse auszuhändigen. Nach wie vor klingt es merkwürdig, wenn man nun sagt, unter diesen Umständen hatte der Tourist eine Präferenz, seine Geldbörse auszuhändigen. Vielleicht wird man versuchen, den Zusammenhang zwischen Präferenzen und Entscheidungen dadurch zu retten, dass man ihn auf *freiwillige* Entscheidungen beschränkt. Demnach wäre die Aushändigung keine freiwillige Entscheidung und würde deshalb nicht rechtfertigen, eine entsprechende Präferenz anzunehmen.

Naheliegender ist es, die Alternativen vollständiger zu erfassen: Der Tourist stand vor der Alternative, seine Geldbörse abzutreten oder sie zu behalten, obgleich er bedroht wurde. Um unbeschädigt zu bleiben, hat er seine Geldbörse herausgegeben. Er bevorzugt die Alternative »Geldbörse herausgeben und nicht verletzt werden« gegenüber der Alternative »Geldbörse behalten und verletzt werden«. Diese Präferenz ist damit vereinbar, dass der Tourist seine Geldbörse lieber behalten hätte. Wenn alles Übrige gleich ist – die berühmte *ceteris-paribus*-Bedingung, die in der ökonomischen Analyse häufig vorausgesetzt wird –, hat der Tourist eine Präferenz dafür, seine Geldbörse zu behalten. Doch diese *ceteris-paribus*-Bedingung ist nicht erfüllt. Im einen Fall droht eine Verletzung, im anderen Fall nicht.

Diese harmlos erscheinende *ceteris-paribus*-Bedingung führt uns aber zum nächsten Problem. Kein Mensch präferiert den Besitz seiner Geldbörse *ceteris paribus*. Wir schätzen den Inhalt einer Geldbörse deswegen, weil wir damit manches kaufen können. Wenn dies sonst nichts in unserer Welt änderte, außer, dass wir über das Geld verfügten, hätte Geld für uns keinen Wert. Es geht also um Veränderungen in der Welt, die wir mit diesem Besitz erreichen können. In einer philosophischen Terminologie gesagt: Geld hat für die allermeisten Menschen keinen intrinsischen Wert. Es hat lediglich extrinsischen Wert, also einen instrumentellen Wert, es ist ein Instrument, um andere Werte zu realisieren.

Zugegeben, üblicherweise wird der Inhalt einer Geldbörse nicht dazu verwendet, Verletzungen zu vermeiden. Aber man kann den Vorgang an der Copacabana durchaus als einen ungewöhnlichen Kauf interpretieren. Der Tourist bezahlt für seine Unversehrtheit mit dem Inhalt seiner Geldbörse.

In den Ursprüngen der Ökonomie als Wissenschaft wurde als einzig intrinsisch Gutes die Lust und als einzig intrinsisch Schlechtes das Leid angenommen. Das *hedonistische Credo* lautet: Optimiere die Lust-Leid-Bilanz deines Leben! Wenn dies jeder Einzelne tut, sorgt der freie ökonomische Markt dafür, dass die dazu nötigen Güter produziert und gekauft werden und sich im Ergebnis das »größte Wohl der größten Zahl« einstellt. Niemand muss (altruistisch) auf das Wohl der anderen achten; es genügt, dass er auf sein eigenes achtet, dann stellt sich, wenn jeder nur rational genug agiert, das allgemeine Wohl von selbst ein. Seit Adam Smith wird dieses Wirken des Marktes als der Prozess der *unsichtbaren Hand* bezeichnet.[44]

Gegen Ende des 19. und Anfang des 20. Jahrhunderts kamen den Ökonomen Zweifel. Dieser Zweifel beruhte zum Teil auf wissenschaftstheoretischen (positivistischen und empiristischen) Theorien. Ein wissenschaftlicher Begriff müsse messbar sein, wurde nun gefordert. Es müsse ein konkretes und allgemein akzeptiertes Messverfahren geben, mit dem man bestimmen könne, wie es um das Wohl einer Person bestellt sei, wie es also um ihre Lust-Leid-Bilanz stehe. Obwohl einer der Gründerväter des Utilitarismus und der Ökonomie als Wissenschaft, Jeremy Bentham, genau das erwartet hat, nämlich, dass sich das menschliche Wohl, die Lust-Leid-Bilanz, eines Tages messen lässt, schien dies nicht mehr realisierbar zu sein. Als Ersatz fungierte nun der Begriff der *Präferenz*, aber in einem ganz spezifischen Sinne, nämlich dem der sich im Ent-

---

44 Adam Smith, *Reichtum der Nationen*, (1776), Paderborn (2004), S. 458.

scheidungsverhalten offenbarenden Präferenz, im Englischen *revealed preference concept* genannt. Dieser Begriff schien entgegen dem des menschlichen Wohls nun direkt messbar zu sein: Man musste die betreffende Person, um deren Präferenzen es ging, nur mit entsprechenden Handlungsoptionen konfrontieren, und je nachdem, wie sie sich entschied, konnte man ihr die betreffenden Präferenzen zuschreiben. Die Konsequenzen dieser positivistischen Umformung der modernen Ökonomie sind einschneidend. Das menschliche Wohl, dessen Ziel ja die Gestaltung der wirtschaftlichen Verhältnisse sein sollte, gerät aus dem Blick. Mit dieser Situation waren und sind viele Ökonomen unzufrieden. Seit einiger Zeit ist sogar eine Renaissance utilitaristischer Ökonomie zu beobachten. Die Zufriedenheit, das Glück – hier nicht im Sinne des reichhaltigen Begriffs der Antiken, den wir in Teil II diskutiert haben – des einzelnen Menschen wird im Bereich der *happiness economics* untersucht und in Beziehung zu ökonomischen Größen wie etwa Einkommen oder Ungleichheit gesetzt.[45] Die ökonomische Orthodoxie hält jedoch am *revealed preference concept* fest.

Tatsächlich gibt es irritierende Befunde. So scheint es oberhalb eines ziemlich niedrigen Einkommens keinen Zusammenhang zwischen Zufriedenheit und Wohlstand zu geben. So

---

45 Bruno Frey, *Happiness & Economics,* mit Alois Stutzer, 2002. Richard Easterlin, *Happiness, Growth, and the Life Cycle,* New York: Oxford University Press (2010); Editor, *Happiness in Economics,* Edward Elgar, (2002); Editor, Special Issue of *Journal of Economic Behavior and Organization* on »Subjective Well-Being and Economic Analysis«, vol. 45, no. 3, July, 2001. *Satisfaction with Life Index,* entwickelt von Adrian G. White, soll eine Vergleichbarkeit der Zufriedenheit in verschiedenen Ländern ermöglichen. In dieser Betrachtung korreliert subjektives Wohlbefinden vor allem mit Gesundheit, Reichtum und dem Zugang zur Bildung. *Happy Planet Index* wurde 2006 von New Economics Foundation (NEF) eingeführt, um menschliches Wohlbefinden in Abhängigkeit von Umwelteinflüssen zu messen.

sind in Deutschland seit den 1970er-Jahren die durchschnittlichen Zufriedenheitswerte nicht gestiegen, sondern tendenziell eher gesunken. Das Bruttoinlandsprodukt pro Kopf betrug aber damals nur etwa 50 Prozent des heutigen. Man könnte sagen, wenn die Ökonomie die Zufriedenheit der Menschen verbessern sollte, dann ist die Hälfte unserer Arbeitszeit verschwendet. Anders formuliert: Der materielle Wohlstand der 1970er-Jahre könnte heute mit der halben Arbeitszeit bewältigt werden. War es rational, den Produktivitätsfortschritt in zusätzliche Güter und Dienstleistungen zu investieren, welche die Menschen nicht zufriedener machen? Oder wäre es besser gewesen, den Produktivitätsfortschritt in mehr freie Zeit für Tätigkeiten außerhalb des Erwerbslebens zu investieren? Für die ökonomische Orthodoxie stellt sich diese Frage nicht, da sie den Begriff des menschlichen Wohls nicht kennt. Sie hat sich von diesem Begriff konsequent verabschiedet, d. h., er ist in die ökonomische Theoriebildung nicht mehr ohne Weiteres zurückzuholen. Es handelt sich um einen externen, etwa aus der Sozialpsychologie stammenden Begriff.

Die Kosten dieser begrifflichen Sparsamkeit sind allerdings beträchtlich. Wenn man das *revealed preference concept* in seiner ganzen Radikalität ernst nimmt, kann es keine irrationalen Entscheidungen geben. Die Präferenzen äußern sich in entsprechenden Entscheidungen, und die Axiome des Nutzentheorems sind trivialerweise erfüllt, da es keinerlei Vergleiche geben kann. Diese Radikalität allerdings würde die ökonomische Theoriebildung selbst zunichtemachen. Zu fordern, dass wenn A gegenüber B und B gegenüber C vorgezogen wird, dann auch A gegenüber C vorgezogen wird (Transitivität), setzt voraus, dass wir die Präferenz zwischen A und C und die zwischen A und B bzw. B und C miteinander vergleichen können. Wenn sich diese Präferenzen allerdings zu unterschiedlichen Zeiten äußern (in entsprechenden Vorzugshandlungen), dann wissen wir nie, ob das A im Vergleich A und B und das A im Vergleich A und C das gleiche ist. Schließlich finden die Vorzugshandlungen zu unterschiedlichen Zeitpunkten statt. Dasselbe Problem lässt sich auch aus der Perspektive der Person formulieren: Jeder darf ja zu jedem Zeitpunkt seine Präferenzen ändern. Eine Person kann daher nie irrationale Präferenzen äußern. Die Präferenzen sind ja gerade diejenigen, die sich im jeweiligen Entscheidungsverhalten zeigen. Jede Kritik der Präferenzen setzt entweder ein intrinsisches Maß des Wünschbaren oder – für die betreffende Person – des Wertvollen voraus oder muss eine gewisse Konstanz (Invarianz) der Präferenzen in der Zeit und bezüglich unterschiedlicher Entscheidungssituationen fordern.

Die moderne ökonomische Orthodoxie versucht das, was Philosophen gern als Normativität bezeichnen, auf ein Minimum zu begrenzen oder ganz aus der wissenschaftlichen Disziplin auszuschließen. Die normative Dimension hängt mit Wertungen und zu befolgenden Regeln zusammen. Normativität geht über das bloß empirisch Feststellbare hinaus. Daher rührt die Forderung der Wertfreiheit wissenschaftlicher Disziplinen. Andererseits gibt es nur wenige Disziplinen, die in dem Maße mit Empfehlungen operieren, wie es die Ökonomie tut. Das jährliche Sachverständigengutachten gibt detaillierte Vorschläge für die Politik der Bundesregierung, gibt also Empfehlungen, ist durch und durch normativ. Woher rührt diese Form der Normativität, nachdem doch der ursprüngliche utilitaristische Impetus verloren gegangen ist? Die Normativität der zeitgenössischen Ökonomie als Wissenschaft ist ein Begleitphänomen des ökonomischen Rationalitätskonzepts. Individuelle Rationalität ist demnach gegeben, wenn die eigenen Präferenzen optimal erfüllt werden. Grundlage dafür ist wiederum das Nutzentheorem, das wir in Teil I, Kapitel 2 diskutiert haben. Diese Form der Normativität enthält, zumindest implizit, eine ganze Reihe von Wertungen. Zu diesen Wertungen gehört die implizite Bedingung einer hinreichenden Konstanz oder Invarianz der Präferenzen der Individuen, anders würden die Axiome des Nutzentheorems ins Leere laufen. Wir können das auch so formulieren: Die ökonomische Rationalitätstheorie beruht auf den minimalen Kohärenzbedingungen des Nutzentheorems, die Bedingungen sind also nicht an das Wohlergehen geknüpft. Sie verlangt demnach, dass die Präferenzen vollständig transitiv, monoton und stetig sind (siehe I.10). Die zusätzliche Annahme, dass Individuen lediglich an der Optimierung ihres persönlichen Wohls interessiert seien, ist streng genommen ein Fremdkörper in der modernen ökonomischen Theorie. Die Anwendung ökonomischer Theorien auf die Praxis, auf die Analyse ökonomischer Prozesse, ja auch auf Handlungsweisen außerhalb der Ökonomie, etwa Familienbeziehungen[46] oder Politik[47], ist streng genommen ein Fremdkörper.

Die Annahmen individueller Rationalität in der ökonomischen Theorie enthalten unweigerlich normative Elemente. Es ist ja nicht die Beobachtung, dass Menschen de facto transitive Präferenzen hätten, sondern es ist ein Postulat der Rationalität. Die – implizit – vorausgesetzte Invarianz der Präferenzen – zumindest in einem minimalen Umfang – ist ebenfalls ein normatives Postulat. Sie lässt sich nicht als generelle Verhaltensregularität beobachten.

Ein zweites normatives Element der zeitgenössischen ökonomischen Theorie ist das, was dort als Pareto-Optimalität bezeichnet wird, ein Kriterium, das wir schon kennengelernt haben (siehe I.7 bis I.9). Pareto-optimal ist eine Verteilung (von Gütern) genau dann, wenn hinsichtlich der Ausstattung mit

---

46 Gary S. Becker, *A Treatise on the Family*, Cambridge (1981).
47 Anthony Downs, *Ökonomische Theorie der Demokratie*, Tübingen (1998).

diesen Gütern niemand mehr besser gestellt werden kann, ohne dass gleichzeitig jemand anders schlechter gestellt würde. Dies ist ja das entscheidende Argument für die Marktwirtschaft, da der ideale Markt pareto-optimale Verteilungen hervorbringt. Auch bei der Pareto-Optimalität geht es nicht um das Wohlergehen. Es geht um die Ausstattung mit Gütern und die Präferenzerfüllung, die an diese Güterausstattung gekoppelt ist. Voraussetzung für den Übergang von Präferenzen zu Gütern und deren Kauf ist, dass die individuellen Nutzenfunktionen (die Präferenzerfüllung) mit dem Verfügen über Güter monoton steigen.

Pareto-Optimalität ist eine Art Schrumpfform des Utilitarismus. Wenn man das Wohlergehen des Einzelnen als Maßstab ökonomischen Erfolgs aufgibt und damit auch die interpersonelle Vergleichbarkeit des Wohlergehens, dann bleibt dem Utilitaristen nur noch die Forderung der Pareto-Optimalität. Der klassische, am Wohlergehen orientierte Utilitarismus mutiert zu einem Präferenzenerfüllungsutilitarismus, und mangels interpersoneller Vergleichbarkeit mutiert dieser zur Schrumpfform der bloßen Pareto-Optimalität. Was dies für die Gerechtigkeitsthematik bedeutet, erörtern wir in Teil III, Kapitel 6.

Wenn im Gefangenendilemma zwei Personen sich jeweils eigenorientiert optimierend verhalten, dann ist das Ergebnis nicht pareto-optimal; in diesem Fall könnten beide besser gestellt werden, wenn beide auf eigenorientierte Optimierung verzichteten und sich an einer kooperativen Handlung beteiligten. Die Situation des Gefangenendilemmas ist ein Beispiel dafür, dass je individuell optimierendes Verhalten nicht zwangsläufig zu pareto-optimalen Verteilungen führt. Für die ökonomische Theorie entsteht ein Dilemma: Hält sie an dem einen Strang der Normativität, der individuellen Rationalität fest, muss sie Pareto-Ineffizienz in Kauf nehmen. Die naheliegende Reaktion, eben dafür zu sorgen, dass solche Situationen erst gar nicht auftreten, ist im schlechten Sinne utopisch. Überall dort, wo sich das ohne Gefahr für die freiheitliche und soziale Demokratie realisieren lässt, habe ich dagegen keine Einwände. Die Vorstellung aber, man könnte die Interaktionssituation des Gefangenendilemmas durch Kontrolle und Sanktionen beseitigen, führt geradewegs in die totalitäre Gesellschaft (siehe I.7).

Wenn man sich auf den anderen Strang der Normativität in der Ökonomie stützt, also die Pareto-Optimalität aufrechterhält, dann wäre von Individuen eine kooperative Praxis zu fordern. In der Tat zeigen die empirischen Befunde, dass viele Personen in Gefangenendilemmasituationen zur Kooperation bereit sind. Angenommen, ein Individuum wählt in der Tat die kooperative Strategie. Dann äußert es eine Präferenz. Wenn diese Präferenz interpretiert wird als Ausdruck einer Bewertung von Handlungsfolgen, geraten wir in eine Paradoxie. Wir müssten dann nämlich annehmen, dass die Gefangenen eine Präferenz für mehr Gefängnisjahre haben. Schließlich ist – gemessen am Ziel der Minimierung des Gefängnisaufenthalts – die nicht kooperative Strategie dominant, d. h., in jedem Fall führt sie zu einer geringeren Anzahl an Haftjahren.

Der indische Ökonom und Nobelpreisträger für Ökonomie Amartya Sen hat zu Recht gefordert: »We have to drive a wedge between personal choice and personal welfare.«[48] Er hat dazu keine Theorie, obwohl seine Beiträge wunderbares Material zu einer solchen Theorie beigesteuert haben.[49] Ich füge unbescheiden hinzu: Mit der Theorie struktureller Rationalität ist zumindest die Richtung gewiesen, in der eine solche Entkop-

---

48 Amartya K. Sen, »Rational Fools: A Critique of the Behavioral Foundations of Economic Theory«, in: *Philosophy and Public Affairs,* Vol. 6, No. 4. (1977), S. 317–344.
49 Vgl. JNR, »Practical Reason and Meta-Preferences«, in: *Theory and Decision,* Vol. 30, No. 2, S. 133–162.

pelung von Präferenz und Entscheidung erfolgen muss. Der Grundgedanke ist der, dass die Präferenzen, die Individuen in ihrem (rationalen) Entscheidungsverhalten äußern, nicht (ausschließlich) als Bewertung von Handlungskonsequenzen interpretiert werden dürfen. Vielmehr sind diese Präferenzen Ausdruck einer umfassenden Beschreibung der Entscheidungssituation und ihrer Bewertung.[50]

Wenn eine Person kooperieren möchte, dann sollte ihr das nicht von einer Theorie der Rationalität untersagt werden. Kooperation kann ein gutes, einer rationalen Person angemessenes Motiv sein. Kooperation ist aber gar nicht definierbar unter ausschließlichem Bezug auf Handlungskonsequenzen. Hier muss die Interaktionssituation einbezogen werden. Wie wir bei der Analyse kooperativen Verhaltens im ersten Teil dieses Buches gesehen haben, ist Kooperation ja nur definierbar, indem wir auf die verschiedenen Entscheidungsmöglichkeiten der beteiligten Individuen und deren Folgen Bezug nehmen. Hier sind die Grenzen des Atomismus erreicht. Wir hatten schon darauf hingewiesen, dass wir es hier offenbar mit einer Analogie zur Quantenphysik zu tun haben. Auch dort ist das Grundprinzip des Atomismus verletzt: Man kann die Beschreibung nicht mehr in Einzelteile zerlegen und sie dann nach den Regeln oder Gesetzmäßigkeiten der Theorie wieder zusammensetzen. Wir dürfen den Individualismus in den Sozialwissenschaften, auch in der Ökonomie nicht auf die Spitze treiben. Dieser Individualismus hat Grenzen, und das Kooperationsproblem zeigt diese Grenzen besonders deutlich auf. Es ist die Struktur der Interaktion selbst, die Kooperation definiert. Entsprechend können wir das Motiv einer Person

---

50 In meinen englischsprachigen Publikationen habe ich das *comprehensive description* genannt. Vgl. JNR, »Rationality, Coherence, and Structure«, in: *Rationality, Rules, and Structure* (hrsg.) von JNR und W. Spohn, Dodrecht (2000).

zu kooperieren gar nicht angemessen beschreiben, wenn wir nicht auf diese Struktur der Interaktion Bezug nehmen. Diese Beobachtung war für mich der Namensstifter der Theorie der *Strukturellen Rationalität,* wie ich sie zunächst in meiner Habilitationsschrift – wenn auch noch sehr tentativ – eingeführt, dann in einigen Publikationen detailliert und schließlich in ihrem Kern in der kleinen Schrift *Strukturelle Rationalität. Ein philosophischer Essay über praktische Vernunft* (Stuttgart, 2001) präsentiert habe. Vernünftige Menschen sind keine die Konsequenzen ihres Handelns optimierenden Atome, sie leben in einem sozialen Zusammenhang mit anderen und tragen dem in der ganzen Vielfalt ihrer Handlungsmotivationen Rechnung. Wenn man die Kritik der ökonomischen Orthodoxie in einem Satz fassen will, dann lautet er: Kooperation ist möglich!

III.2 Gründe für Handlungen

I will take the idea of a reason as primitive. Any attempt to explain what it is to be a reason for something seems to me to lead back to the same idea: a consideration that counts in favor of it.

T. M. Scanlon,
What We Owe to Each Other, 1998

Wenn die Argumentation bis dahin stimmig ist, haben wir gezeigt, dass rationales Handeln nicht lediglich darin bestehen kann, die eigenen Interessen zu optimieren. Beispielsweise kann das Motiv zu kooperieren rational sein. Die Entscheidung für die kooperative Strategie und gegen die Optimierung der eigenen Interessen kann zweifellos vernünftig sein, prägt einen Gutteil der sozialen Praxis und ist für eine humane Gesellschaft, einschließlich einer humanen Ökonomie, unverzichtbar. Dieses ist von einer wichtigen Minderheit der zeitgenössischen Ökonomen akzeptiert. Dazu zählen etwa der US-amerikanische Ökonom James Buchanan, aber auch die Freiburger Schule der Ökonomie (heute Viktor Vanberg) oder der deutsche Wirtschaftsethiker Karl Homann. Entsprechend sind das Kooperationsproblem und dessen Überwindung bzw. das Gefangenendilemma für diese Denkart zentral. In der zeitgenössischen politischen Theorie äußert sich das in der Tradition des Kontraktualismus, des vertragstheoretischen Denkens. Nicht alle Kontraktualisten setzen auf Institutionen, auf Kontrolle und Sanktionen allein. John Rawls und David Gauthier vertrauen auf so etwas wie einen Gerechtigkeitssinn, der Menschen motiviert, in einer bestimmten Weise zu kooperieren. Thomas Scanlon vertraut seinerseits unterdessen auf die

Kraft – die Handlungswirksamkeit – eingesehener guter Gründe.[51] Auch ein egalitärer Denker wie Ernst Tugendhat oder der Kantianer Otfried Höffe tendieren erstaunlicherweise zu dieser Auffassung.[52]

Wer einen guten Grund für eine Überzeugung hat, macht sich diese Überzeugung normalerweise zu eigen. Es bedarf dazu keines zusätzlichen Motivs mehr, etwa, dass es nützlich ist, eine solche Überzeugung zu haben. Ganz analog steht es um Handlungsgründe. Wer einen guten Grund für eine Handlung hat, vollzieht diese Handlung, es bedarf keines zusätzlichen Motivs dafür. Es kommt natürlich vor, dass jemand gute Gründe für eine Überzeugung hat, sich diese Überzeugung aber dennoch nicht zu eigen macht. Es handelt sich dann um einen offenkundigen Fall (epistemischer) Irrationalität. Dieser Person fehlt es an Urteilskraft. Pathologisch sind solche Fälle dann, wenn starke Emotionen die Aneignung von Überzeugungen, auch dann wenn sie gut begründet sind, blockieren. Wie stark jedoch Gründe dafür ausschlaggebend sind, ersieht man daraus, dass wir uns in der Regel auch solche Überzeugungen zu eigen machen, die unserer Zufriedenheit im Wege

---

51 Das »unterdessen« bezieht sich darauf, dass Scanlon früher – dokumentiert in dem berühmt gewordenen Aufsatz »Contractualism and Utilitarianism«, in: Amartya Sen/Bernard Williams (hrsg.), *Utilitarianism and Beyond*, Cambridge (1982) – meinte, dass Gründe allein nicht motivierten, sondern dass letztlich doch nur das Eigeninteresse motivieren könne.

52 Vgl. John Rawls, *A Theory of Justice*, Oxford (1971), und Robert Nozick, *Anarchy, State and Utopia*, New York (1974); James Buchanan, *The Limits of Liberty*, Chicago (1975) und die stärker ethisch ausgerichteten Kontraktualisten, wie z.B. David Gauthier, *Morals by Agreement*, Oxford (1986); Thomas Scanlon, *What We Owe to Each Other*, Cambridge (1998), oder in Deutschland Norbert Hörster, *Utilitaristische Ethik und Verallgemeinerung*, München (1971); Viktor Vanberg, *Markt und Organisation: Individualistische Sozialtheorie und das Problem korporativen Handelns*, Tübingen (1982); Karl Homann, *Vorteile und Anreize*, Tübingen (2002); Otfried Höffe, *Gerechtigkeit. Eine philosophische Einführung*, München (2007); Peter Stemmer, »Moralischer Kontraktualismus«, in: *Zeitschrift für philosophische Forschung* 50 (2002), S. 1–21.

stehen. Viele Menschen glauben nicht an ein ewiges Leben nach dem leiblichen Tod, obwohl es tröstlich wäre, daran zu glauben. Sie meinen dann, dass es für diesen Glauben an ein ewiges Leben keine guten Gründe gebe – im Gegenteil, dass gute Gründe dagegen sprächen. Hier handelt es sich nicht um eine Überzeugung neben vielen anderen, die wir haben können oder auch nicht, sondern um eine Überzeugung, die das Lebensgefühl als Ganzes betrifft. Wenn säkulare Humanisten davon schwärmen, wie befreit sie sich doch fühlten, nachdem sie den Glauben an einen richtenden Gott, an dessen Erwartungen und Befehle, aber auch an eine jenseitige Existenz aufgegeben hätten, erweckt das meist den Eindruck von Selbstsuggestion. Gründe für eine Überzeugung zu haben, heißt in aller Regel, sich diese Überzeugungen zu eigen zu machen. Gründe für eine Handlung zu haben, heißt in aller Regel, diese Handlung auszuführen. Doch gibt es nicht nur epistemische, sondern auch praktische Irrationalität. Es gibt Menschen, die gute Gründe für eine Handlung haben, diese Gründe aber nicht vollziehen. Das ist aber nicht der Normalfall. Es bedarf nicht des zusätzlichen Verweises auf etwas, das uns treibt, in dieser Weise zu handeln, wie ein Großteil der modernen, auch der zeitgenössischen praktischen Philosophie annimmt.

Es gibt eine Vielfalt epistemischer Gründe – Gründe, etwas für wahr zu halten. Und genauso gibt es eine Vielfalt praktischer Gründe – Gründe, etwas zu tun. Es gibt nicht den *einen* epistemischen Grund, auf den jeder andere reduzierbar sein muss, um überzeugend zu sein. Analog gibt es nicht den *einen* praktischen Grund, auf den alle anderen praktischen Gründe reduzierbar sein müssen, um überzeugend zu sein. Es ist überhaupt nicht einzusehen, warum praktische Gründe so ganz anders strukturiert sein sollten als theoretische. Warum sollte ausschließlich ein Grund, nämlich die Optimierung meines Eigeninteresses oder meines Wohlbefindens, für die Rationalität einer

Handlung ausschlaggebend sein? Was könnte es rechtfertigen, alle anderen Handlungsgründe zu entwerten, für irrelevant zu erklären? Vor allem: Welche Autorität maßt sich eine Theorie an, die Menschen vorschreibt, welche Handlungsgründe sie haben dürfen und welche nicht? Eine solche Autorität käme allenfalls Müttern oder Vätern gegenüber ihren Kindern zu, aber nicht Wissenschaftlern gegenüber selbstverantwortlichen Persönlichkeiten. Ich muss das zuspitzen: Ich glaube nicht, dass ein Mensch nur deswegen, weil er Wissenschaftler ist, über eine besondere Kompetenz verfügt zu beurteilen, was ein guter Handlungsgrund sei. Wir alle haben unsere Gründe. Wir teilen mit anderen eine Praxis des Gründegebens und Gründenehmens, die durch keine wissenschaftliche Theorie ersetzbar ist. Vielmehr gilt umgekehrt: Jede wissenschaftliche Theorie muss sich an dieser bewähren. Wenn man mich aufgrund dieser Positionierung als Pragmatisten bezeichnet, kann ich damit leben, auch wenn diese Bezeichnung besonders im deutschen Sprachraum das Missverständnis nahelegt, Überzeugungen seien dann zutreffend, wenn sie nützlich wären. Dies war aber gerade nicht die Auffassung von Charles Sanders Peirce, schon eher – phasenweise – die des anderen pragmatistischen Klassikers William James. Man kann diese Position mit dem späten, dem allerspätesten Ludwig Wittgenstein in Verbindung bringen, wie ich es selbst getan habe (vgl. *Philosophie und Lebensform*, Teil I, Frankfurt am Main 2009). Auch diese Zuordnung kann jedoch Missverständnisse nach sich ziehen. Wittgenstein, das meinen jedenfalls die meisten seiner Anhänger, wollte von normativen Fragen nichts wissen, jedenfalls nicht als Philosoph. Mir geht es dagegen gerade um die normative Verfasstheit unserer Lebenswelt und die sich daraus ergebenden Implikationen für die philosophische Analyse. Vielleicht wäre es am unverfänglichsten, aber auch am irritierendsten, diese Position als *aristotelisch* zu charakterisieren

Damit soll keineswegs gesagt sein, dass die Ethik oder die Rationalitätstheorie – die Ökonomie als Wissenschaft beruht auf einer Rationalitätstheorie – für unsere Praxis irrelevant seien. Unsere Praxis, die Gründe, die wir für und wider vorbringen und abwägen, ist verworren und widersprüchlich und unklar genug, um jeden Klärungsversuch willkommen zu heißen. Dieser Klärungsversuch darf nur nicht gegen diese Praxis als Ganze gerichtet sein, sondern muss sich an ihr bewähren. Wir können hier das von John Rawls benutzte Bild des *Überlegungsgleichgewichts* heranziehen. Wir haben zunächst wohlüberlegte Urteile darüber, welche Handlung gut begründet ist. John Rawls nennt das *well-considered moral judgements*. Wir versuchen dann, diese Urteile in einen systematischen Zusammenhang zu bringen; dabei gehen wir vor und zurück, d. h. von der Theorie oder dem jeweiligen Prinzip zur Praxis und wieder zurück. Wir modifizieren die Theorie, aber unter Umständen auch die Praxis, um beides ins Gleichgewicht zu bringen. Die Theorie, zumal eine Theorie praktischer Vernunft, entfaltet so ihre normative Kraft. Sie verliert aber jede Autorität, wenn sie sich gegen die etablierte Praxis des Gründegebens und Gründenehmens als Ganze stellt. Schließlich würde sie damit ihre Bewährungsinstanz einbüßen, und es ist nicht erkennbar, woher eine andere Bewährungsinstanz kommen könnte. Die Vorstellung, man könne eine Theorie der Rationalität, sei sie eher ökonomischer oder eher philosophischer Provenienz, auf einige axiomatische Postulate stützen, ist schlicht abwegig. Das entspricht einem längst überholten Denkmodell des Rationalismus aus der frühen Neuzeit, für den exemplarisch René Descartes steht. Für eine wissenschaftliche Disziplin, die sich heute, anders als gestern, als *nicht normative* versteht, wäre ein solches Verständnis von Rationalitätstheorie geradezu grotesk. Eine Theorie, die keine Vorschriften machen will, wie zu handeln ist, die also nicht normativ ist, die aber auch nicht lediglich beschreiben will, wie sich Individuen de facto verhalten, könnte sich allenfalls als eine Subdisziplin der Logik sehen. Das entspricht aber sicher nicht dem Selbstverständnis der zeitgenössischen Ökonomie.[53] Die Theorie der Rationalität sollte gewissermaßen behutsam vorgehen. Sie sollte die menschliche Praxis, oder besser: die guten Teile dieser Praxis, zum Ausgangspunkt nehmen. Sie sollte nicht den Versuch einer radikalen Reduktion der Vielfalt praktischer Gründe an den Anfang stellen. Sollte sich am Ende herausstellen, dass eine solche radikale Reduktion möglich ist, hätte ich dagegen keine Einwände; doch bislang – nach Jahrhunderten des theoretischen Bemühens – deutet nichts darauf hin, dass dies möglich ist. Ebenso wenig, wie es bis heute gelungen ist, das Universalgesetz der Physik zu formulieren. Dabei wende ich mich nicht nur gegen den Reduktionismus der ökonomischen Theorie, sondern auch gegen den vergleichbaren Reduktionismus zahlreicher Theorien aus der philosophischen Ethik der Gegenwart. Versuchen wir stattdessen, die Vielfalt der Gründe zu systematisieren, sie in Kategorien einzuteilen:

Verpflichtungen. Wenn ich etwas versprochen habe, habe ich einen guten Grund, eine Handlung zu vollziehen, die dieses Versprechen erfüllt. Selbstverständlich kann es gewichtige Gründe geben, die dagegen sprechen, dass ich dieses Versprechen erfülle, und dann mag es sogar falsch sein, das Versprechen

---

53 In unserer Darstellung und Fortentwicklung eines Zweiges der Entscheidungstheorie, den man im Englischen als *collective choice* bezeichnet, haben wir eine streng logische Interpretation ihrer Ergebnisse vorgenommen. Ihr normativer Gehalt ergibt sich dann daraus, dass man sich das eine oder andere Postulat zu eigen macht, also fordert, dass Abstimmungen in der Demokratie dieses Kriterium erfüllen, wenn man etwa an das berühmte Paradox von Kenneth Arrow denkt (vgl. JNR und Kern, *Logik kollektiver Entscheidungen,* Kapitel 3, München 1994). Dieses Paradox zeigt, dass sehr elementare Bedingungen von keinem Entscheidungs- oder Wahlverfahren zugleich erfüllt werden können. Das bedeutet aber, dass es kein rational befriedigendes kollektives Entscheidungsverfahren gibt.

zu erfüllen. Aber prima facie bildet ein gegebenes Versprechen einen guten Grund, etwas zu tun, das dieses Versprechen erfüllt. Handlungen lassen sich rechtfertigen durch eingegangene Verpflichtungen. Zu diesem Typ der *Verpflichtungen*[54] gehören nicht nur Versprechungen, sondern auch Vereinbarungen und Verträge. Ausschlaggebend ist, dass ich durch eine eigene Entscheidung mein Handeln gewissermaßen gebunden habe. Ich hätte diese Entscheidung auch unterlassen können, ich hätte beispielsweise das betreffende Versprechen auch nicht geben können, dann würde ich die entsprechende Verpflichtung jetzt nicht haben. Verpflichtungen sind gewissermaßen *selbst auferlegte normative Bindungen*. Diese normativen Bindungen generieren gute Handlungsgründe. Ich habe einen guten Grund, x zu tun, wenn ich mit x eine Vereinbarung erfülle. Verpflichtungen bilden einen Typus guter Handlungsgründe.

Pflichten[55]. Eltern haben Pflichten gegenüber ihren Kindern.

---

54 Dies ist jetzt gewissermaßen ein Terminus technicus geworden, der durch diese Erläuterungen genauer bestimmt wird. Wer das verwirrend findet, kann dafür auch das dem Lateinischen entnommene Kunstwort *commissiva* verwenden.

55 Auch hier führen wir einen Terminus technicus ein, der sich allerdings an die übliche Verwendung des Pflichtenbegriffs anlehnt. Wer dies deutlich machen will, kann hier auch den lateinischen Ausdruck *officia* verwenden. Der berühmte lange Brief des Cicero an seinen in Rom über die Stränge schlagenden Sohn, der als die Abhandlung *De Officiis* Generationen von Lateinschülern vermittelt wurde, ist ein interessantes Dokument für die Veränderungen, die Theorien erfahren, wenn sie von einer Kultur in die andere übertragen werden. Cicero weist in aller Bescheidenheit darauf hin, dass er im Grunde nur das wiedergibt, was er bei Panaitios, dem griechischen Stoiker, gelesen hat. Nun sind die Schriften des Panaitios nicht überliefert, aber sicher ist, dass *officium* eine Übertragung des griechischen *kathekon* ist. *Kathekon* war aber nach griechischem Verständnis doch deutlich von dem lateinischen *officium* unterschieden. Nach römischem Verständnis sind die *officia* mit bestimmten Ämtern und Rollen verknüpft, während nach dem Verständnis der griechischen Philosophen das *kathekon* einen Anspruch objektiver Geltung hat. In eine moderne Kontroverse übersetzt, ist der römische Pflichtbegriff kommunitaristisch und der griechische universalistisch. Wir lehnen uns hier eher dem kommunitaristischen an.

Sie haben die gleichen Pflichten nicht gegenüber den Kindern anderer Eltern. Diese Pflichten sind zum Teil rechtlich gefasst, zum größeren Teil jedoch kaum kodifizierbar. Die Pflichten umfassen nicht nur Elemente der Praxis wie etwa Ernährung und Erziehung, sondern auch Einstellungen. Eltern, die ihre Kinder nicht lieben, verletzen ihre Pflichten, so merkwürdig dies klingen mag. Liebe ist eine Einstellung, die auch von Entscheidungen abhängt.

Lehrer haben Pflichten gegenüber ihren Schülern und umgekehrt. Es handelt sich selbstverständlich nicht um die gleichen. Es geht mir hier um die spezifischen Pflichten als Schüler oder als Lehrer, nicht um Pflichten, die wir unabhängig von diesen sozialen Rollen haben. Wir sollten allen Menschen mit Respekt begegnen, so auch der Lehrer seinen Schülern. Doch darüber hinaus hat der Lehrer Pflichten, die etwa im Curriculum beschrieben sind; dies sind Pflichten oder *officia* im engeren Sinne.

Das gesamte Netz der sozialen Kooperation und der kulturellen Interaktionen ist getragen von Rollen, die wir einnehmen und die jeweils durch spezifische Pflichten charakterisiert sind. Sofern wir Teil dieser sozialen Kooperation und kulturellen Interaktionen sind, akzeptieren wir wechselseitig diese Pflichtenzuschreibung. Man könnte sagen, dass auch das System der Pflichten intrapersonell (in der Praxis einer Person) und interpersonell (in Austausch von Gründen) kohärent sein muss. Ist es natürlich nicht immer. Genau hier setzen Reflexion und schließlich Theoriebildung ein.

Aufforderungen. Wenn mich jemand am Tisch bittet, das Salz herüberzureichen, dann tue ich dies in der Regel. Ich brauche dazu kein weiteres Motiv. Eine Bitte ist ein guter Grund, etwas zu tun. Man könnte dieses Phänomen so interpretieren: Die Verbundenheit der Personen miteinander ist es, die darin zum Ausdruck bringt, dass eine Aufforderung für sich genommen schon einen guten Grund zu handeln darstellt. Ich muss nicht wissen, welche Motive die entsprechende Person hat oder welche Ziele sie verfolgt. Die Tatsache, dass sie mich um etwas bittet, gibt mir einen Grund, diese Bitte zu erfüllen. Natürlich gilt auch hier, wie beim Versprechen, dass es entgegenstehende, auch gewichtige Gründe geben kann, die mich daran hindern (sollten), dieser Bitte nachzukommen. Das ändert nichts daran, dass eine Bitte ein guter Grund ist, die Bitte zu erfüllen. Gleiches gilt für Aufforderungen, auch für Befehle, wenn die betreffende Person zu Recht die Autorität für sich beanspruchen kann.

Freiheiten. Wir sind davon überzeugt, dass jedem menschlichen Individuum bestimmte Rechte und Freiheiten zukommen. Besonders einflussreich, vor allem im englischsprachigen Kulturraum, ist die Konzeption der Menschenrechte bei John Locke. Demnach haben Menschen von Geburt an drei Grundrechte (oder Menschenrechte): das Recht auf Leben, das Recht auf körperliche Unversehrtheit und das Recht auf (rechtmäßig erworbenes) Eigentum. John Locke ist überzeugt, dass es hierüber keinen Dissens gibt, dass jeder Vernünftige weiß, dass Menschen diese Rechte haben, und jeder Vernünftige auch bereit ist, diese Rechte zu respektieren. Probleme gibt es hinsichtlich der konkreten Auslegung und gegebenenfalls der Sanktionierung. Daher bedarf es eines Rechtstaats, um die Konflikte, die aus diesen Problemen resultieren, nicht eskalieren zu lassen.

Wer ein Recht auf etwas hat bzw. die korrespondierende Freiheit, etwas zu tun, der hat Gründe, sich gegenüber Einmischungen anderer zu verwahren. Und andere haben Gründe, sich einer solchen Einmischung zu enthalten. Rechte und Freiheiten stiften also Handlungsgründe. Dies gilt nicht nur für die Grundkategorie der moralischen, vorjuridischen und vorpolitischen Menschenrechte, sondern für Rechte und Freiheiten generell, auch solche, die erst durch die jeweilige staatliche Ordnung etabliert werden.

Solidarität. Wenn wir sehen, dass eine Person leidet, und wir die Möglichkeit haben, dieses Leid zu mildern, haben wir einen guten Grund, Entsprechendes zu tun. Das scheint nicht nur für Menschen zu gelten, sondern auch für andere leidensfähige Wesen.

Wohlwollen (benevolentia). Schon umstrittener ist, ob allein die Möglichkeit, jemandem etwas Gutes zu tun, einen guten Grund für entsprechende Handlungen stiftet.

Eigeninteresse. Wenn die Möglichkeit, fremdes Leid zu mildern, einen Grund gibt, entsprechend zu handeln, und die Möglichkeit, das Wohlergehen von Personen zu mehren, einen Grund gibt, entsprechend zu handeln, dann liegt auf der Hand, dass auch das eigene Wohlergehen Handlungsgründe stiftet. Immanuel Kant spricht hier von pragmatischen Imperativen, die auf die Förderung der eigenen Glückseligkeit gerichtet sind. Er unterscheidet diese sorgfältig von moralischen Imperativen, die sich aus dem Sittengesetz – gemeint ist der Kategorische Imperativ – ergeben. Diese Zweiteilung ist aber eine unzulässige Vergröberung. Unsere Handlungsgründe sind komplexer und lassen sich nicht in dieser Weise reduzieren.

Die letzte Kategorie von Gründen beruht auf (Invarianz-)*Prinzipien.* Zu diesen Prinzipien gehören beispielsweise Regeln der *Gleichbehandlung.* Oder auch der schon genannte Kategorische Imperativ. Beide sind in unserer moralischen Praxis tief verankert. Das Prinzip der Nutzen-Summen-Maximierung ist dagegen in unserer moralischen Praxis nicht verankert.

Diese Liste von Kategorien von Handlungsgründen sollte die Komplexität unserer lebensweltlichen Praxis vor Augen führen. Die Liste ist nicht erschöpfend, und die einzelnen Kategorien sind nicht trennscharf. Interessant ist, dass man ein Gutteil der zeitgenössischen ethischen Theorien und Rationalitätsthe-

orien als jeweils eine Reduktion aller Arten von Handlungsgründen auf eine der hier genannten Kategorien ansehen kann.
Die kontraktualistischen Ethiken, die also einen (fiktiven) Vertrag zugrunde legen, reduzieren alle Handlungsgründe auf den
der Verpflichtung. Der von Karl Popper bevorzugte negative
Utilitarismus reduziert alle Handlungsgründe auf Solidarität. Libertäre Philosophen, wie etwa Robert Nozick, reduzieren alle Handlungsgründe auf die Kategorie der individuellen
Freiheiten. Die ökonomische Orthodoxie reduziert alle Handlungsgründe auf die Kategorie des Eigeninteresses. Es ist wenig plausibel anzunehmen, dass eine dieser reduktionistischen
Theorien sich an der lebensweltlichen Praxis des Gründegebens
und Gründenehmens, an der wir uns alle beteiligen, bewähren
könnte. Alle diese reduktionistischen Theorien scheitern daran,
dass sie mit Handlungsgründen unvereinbar sind, die wir für
unverzichtbar halten: Der Utilitarismus scheitert daran, dass er
Gründe, die auf Freiheiten beruhen, nicht anerkennt. Die libertäre Ethik scheitert daran, dass sie Gründe, die auf Solidarität beruhen, nicht anerkennt. Die Rationalitätskonzeption der
ökonomischen Orthodoxie scheitert daran, dass sie Gründe,
die auf Kooperation beruhen, nicht anerkennt und so weiter.
Eine Theorie der Rationalität muss sich an den guten Handlungsgründen bewähren. Eine Theorie der Rationalität, die
wohlbegründete Handlungen als irrational charakterisiert,
muss damit als gescheitert gelten.

Philosophischer Exkurs: Gründe und Lebensform
Auch wenn wir für jede unserer Handlungen Gründe vorbringen können und Gründe unser Handeln leiten, so darf dies
nicht zu einem rationalistischen Missverständnis führen. Etwas begründen heißt, etwas anführen, welches das zu Begrün-
dende plausibel macht. Begründungen haben nur dort ihren
Ort, wo Nachfragen sinnvoll ist. Je weniger Nachfragen Sinn

ergeben, desto legitimer sind triviale Antworten. »Warum bist du heute früh aufgestanden?« ist eine ziemlich sinnlose Frage, und die Antwort: »Weil ich das jeden Tag so mache« ist legitim. »Warum glaubst du, dass dort ein Baum steht?« kann erschöpfend beantwortet werden mit: »Weil ich ihn dort sehe.« »Warum hast du das Salz hinübergereicht?« ist erschöpfend mit »Weil ich darum gebeten wurde« beantwortet.

Manche Begründungen sind länger. Begründungen sollten immer dann länger sein, wenn die erste Antwort den Zweifel des Fragestellers noch nicht behebt. Die Begründungsketten sollten dort enden, wo es eine Übereinstimmung zwischen der befragten und der fragenden Person gibt und beide sich auch darüber einig sind, dass mit dieser Übereinstimmung die Frage beantwortet ist. Sie müssen also auch darin übereinstimmen, dass die Begründungskette schlüssig ist. Wir brauchen eine Übereinstimmung in Sachverhalten (Ausgangspunkt der Begründung) und eine Übereinstimmung hinsichtlich der Schlussregeln (der Inferenzen). Auch dieses Bild ist natürlich noch bei weitem zu simpel. Der Ausgangspunkt einer Begründung ist nicht ein Sachverhalt; in der Regel spielen mehrere Sachverhalte eine Rolle oder werden im Laufe des Begründens zusätzlich eingeführt. Umstrittene Sachverhalte sind pragmatisch wertlos. Eine pragmatisch gute Begründung ist eine solche, die den Fragesteller befriedigt, die ihn davon überzeugt, dass diese Überzeugung für diese Handlung richtig ist.

Aber was sind die unumstrittenen Ausgangspunkte des Begründens? Beliebige Setzungen können es nicht sein, sonst hinge alles von diesen Setzungen ab und wäre letztlich willkürlich. An dieser Stelle scheint mir eine Wittgensteinsche Perspektive, wie ich es genannt habe, sinnvoll zu sein.[56] Der Aus-

---

56 Vgl. JNR, *Demokratie und Wahrheit*, München (2006), Kap. 1, und *Philosophie und Lebensform*, Frankfurt am Main (2009), Teil I.

gangspunkt des nicht mehr Begründungsbedürftigen ist in der geteilten Lebensform in den Regeln, nach denen wir handeln, in den übereinstimmenden Bewertungen, Wahrnehmungen und Überzeugungen zu suchen. Diese Merkmale der Lebensform stehen uns in der Regel nicht ausdrücklich vor Augen. Wir folgen bestimmten Regeln, ohne angeben zu können, welche es genau sind – so wie Muttersprachler ihre Sprache korrekt sprechen, ohne die Regeln der Grammatik, denen sie folgen, angeben zu können. Die Begründungen enden also nicht in einem philosophischen Prinzip, selbstevidenten Axiomen oder logisch zwingenden Sätzen, sondern in der geteilten Lebensform.

Diese Sichtweise bedürfte jetzt natürlich noch der weiteren Erläuterung, was hier den Rahmen sprengen würde; doch ich möchte wenigstens auf zwei Gefahren hinweisen. Zum einen auf die kulturalistische: Man könnte meinen, dass die Lebensform jeweils an eine spezifische Kultur oder gar an eine Sprachgemeinschaft gekoppelt ist. Dass es dementsprechend Myriaden von Lebensformen gibt und alles Urteilen und Handeln nur bezüglich dieser als rational gelten kann. Man kann das, wie es in der Postmoderne verbreitet ist, sogar noch auf die Spitze treiben und meinen, dass diese Lebensform jeweils eine Gemeinschaft *(community)* ist, die ausmacht, was für eine Person rational ist, ja sogar welche Identität sie hat. Dieser Kulturalismus führt zu einem Relativismus. Tatsächlich empfehle ich auch hier eine gradualistische Sicht. Weder gibt es die eine, sozusagen an die Spezies Homo sapiens gebundene Lebensform, noch gibt es die Myriaden von Lebensformen der kulturellen Gemeinschaften. Es geht um das Maß der Übereinstimmung an Regelbefolgungen, an Überzeugungen, an Handlungsweisen und Emotionen. Jedes einzelne Individuum mit seinem besonderen und selbstverantworteten Leben repräsentiert gewissermaßen eine Lebensform. Diese hat aber einen riesigen Bereich von Gemeinsamkeiten mit anderen – jetzt individuell verstandenen – Lebensformen. Das Gleiche gilt für die Lebensform von kulturellen Gemeinschaften, Sprachgemeinschaften, Kulturregionen, Religionen etc. Kurz: Wir müssen uns das Entweder-Oder abgewöhnen. Es gibt nicht entweder die eine menschliche Lebensform oder aber die Myriaden von Einzellebensformen, zwischen denen keine Verständigung möglich ist.

Unsere Art und Weise des Urteilens[57] beinhaltet unter anderem einen robusten *Realismus*. Wir sind alle – außer im philosophischen Oberseminar – davon überzeugt, dass es Fremdpsychisches gibt, dass es externe Gegenstände gibt, dass sich unsere Überzeugungen auf Sachverhalte beziehen, die sich mit unseren Meinungen über diese Sachverhalte nicht ändern. Die Art und Weise, wie wir über normative Fragen, über Fragen des richtigen Handelns und Wertens, urteilen und streiten, weist uns alle als ethische Realisten aus. Der ethische Subjektivismus und Relativismus hat in der Moralpraxis des Alltags keine Entsprechung. D. h., es ist die lebensweltliche Praxis der Verständigung selbst, die – ernst genommen – postmoderne Beliebigkeit und ethischen Skeptizismus ausschließt.

Die zweite Gefahr ist die des *Quietismus*. Der späte Wittgenstein selbst scheint mir Quietist gewesen zu sein. Demnach ist es nicht sinnvoll, Kritik zu äußern, man muss sich mit der jeweils etablierten Praxis in toto einverstanden erklären, die philosophische Kritik muss zur Ruhe kommen. Dieser Quietismus setzt implizit voraus, dass alles in Ordnung ist, dass unsere lebensweltliche Praxis in sich stimmig ist, dass es keine Brüche und Widersprüche gibt. Dies scheint mir nicht der Fall zu sein.

---

57 Und ich lasse hier bewusst offen, worauf genau sich das »unsere« bezieht.

In dieser Wittgensteinschen Perspektive lässt sich nun das Verhältnis von Tugenden und Gründen besser beleuchten. Das, was wir als Tugenden bezeichnet haben, sind Haltungen, die Menschen zu Charaktermerkmalen geworden sind und die sich in der Praxis äußern, aber auch die Lebensform als Ganze prägen. Diese stehen gewissermaßen nicht mehr zur Disposition. Sie sind kein möglicher Gegenstand einer Entscheidung mehr. Sie werden zu einem arationalen Element der moralischen Praxis. Sie sind eher Ausgangspunkt als Endpunkt von Begründungen. Man muss für diese Haltungen werben, sie eingewöhnen, sie fördern, dann sind sie Teil einer gemeinsamen Lebensform, Ausgangspunkte von Begründungen und tragen so zu einer humanen Praxis bei.

III.3 Jenseits des Egoismus

*Aber sage mir, der Arzt nach der genauen Rede, von dem
du jetzt sprachst, ist der ein Gelderwerber oder ein Versorger
der Kranken? Und sprich mir nur von dem wahrhaften
Arzt. – Der Kranken Versorger, sagte er, ist er.*

Platon,
Politeia, ca. 347 v. Chr.

Wenn die Entwicklungspsychologen recht haben, dann beginnt die Moralentwicklung des Kindes beim Egoismus. Wir
werden alle als kleine Egoisten geboren. Dieser Egoismus hat
zunächst eine sehr radikale, nämlich epistemische Ausprägung.
In den ersten Lebensmonaten kennen Kinder nur ihre eigenen
Interessen. Sie haben das noch nicht, was in der Verhaltensfor-
schung (Tier-Ethologie) als *theory of mind* bezeichnet wird. Sie
haben zunächst keine Einschätzung der mentalen Verfasstheit
anderer Menschen. Dementsprechend sind ihnen Mitleid und
Wohlwollen fremd. Andererseits schwankt die Stimmungslage
von Kleinkindern mit der Stimmungslage ihrer Bezugsperson,
meist der Mutter oder des Vaters. Man könnte sagen, sie haben noch keine (bewusste) Kenntnis der Gefühlslage anderer,
aber sie sind von Gefühlslagen anderer beeinflusst. Auffällig
ist, dass auch Kleinkinder fast immer zuverlässig zwischen Be-
lebtem und Unbelebtem, etwa zwischen Tieren und Stofftieren
unterscheiden, was sich auch in ihrem Verhalten zeigt. Stoff-
tiere werden herumgeworfen, kleine Hundewelpen nicht, und
das gilt schon für vorsprachliche Kleinkinder.
Mit dem schwindenden epistemischen Egoismus, der zuneh-
menden Fähigkeit, Gefühlslagen anderer Personen einzuschät-
zen, entstehen die ersten Rudimente moralischer Praxis. Mit-

leid ist ein sehr früher Impuls, der sich auch darin äußert, dass kleine Kinder vorgeben, die gleichen Verletzungen, die gleichen Schmerzen zu haben oder sich einbilden, sie zu haben, wie die Bezugspersonen. Mit der Fähigkeit des Mitleidens treten die ersten altruistisch motivierten Handlungen auf. Der Impuls zu helfen, wenn andere Schmerzen empfinden, zeigt sich schon in einem sehr frühen Lebensalter.

Interessant ist, dass die Warumfragen sich zunehmend auch auf Stimmungslagen anderer richten. Warum schaust du so grantig? Warum ist Mama so fröhlich? Kinder wissen schon früh, dass es Gründe für emotive Einstellungen gibt, und sie wollen diese Gründe kennenlernen. Ich spreche hier von Gründen, nicht von Ursachen. Dieses beständige Suchen nach Begründungen ist eine Vorform der Suche nach einer kohärenten Praxis. Deliberation in diesem Sinne begleitet uns von unseren ersten Lebensjahren an. Gründe strukturieren schon bei Kleinkindern einen Teil ihrer Lebensform.

Es gibt eine Art Imperativphase der kindlichen Moralentwicklung. Das ausgesprochene Verbot als solches ist ein Grund, die Handlung zu unterlassen. Aber die meisten Kinder wollen auch hier Begründungen, um dem Verbot zu folgen. Die kleine Persönlichkeit versucht, sich gegen die Übermacht elterlicher Autorität dadurch zu behaupten, dass sie Gebote und Verbote infrage stellt, indem ihr die Begründungen nicht einleuchten. Schließlich spielt zunehmend – da ist sich die Entwicklungspsychologie einig – die Zugehörigkeit zur Gemeinschaft anderer Kinder eine wichtige Rolle. Um dazuzugehören, muss man die Regeln kennen. Das läutet eine Phase ein, die man als *konventionalistisch* bezeichnen kann. Aber auch hinsichtlich der Konventionen haben Kinder Fragen, wollen immer wieder wissen, warum. Die Wittgensteinsche Auskunft »Das machen wir eben so« befriedigt sie meist nicht.

Unabhängig davon, ob sich die Begründung auf Weisungen

oder Konventionen beziehen: Sie sind alle normativ, sie nehmen wertend Stellung. Warum soll man im Restaurant nicht laut schreien? Weil dies andere Menschen stört. Dass es andere Menschen stört, ist ein guter Grund, nicht zu schreien. Die Konvention, sich im Restaurant ruhig zu verhalten, hat einen guten Grund. Dieser Grund besteht in der Rücksichtnahme. Wir bewerten Rücksichtnahme als etwas Positives. Rücksicht nehmen heißt, wertend Stellung nehmen.

Dieser Prozess des moralischen Lernens wird in geradezu bizarrer Weise entstellt, wenn wir in den Begründungen jeweils nur auf das eigene Interesse der fragenden Person – gar lediglich auf unser Eigeninteresse – Bezug nehmen.

Wenn das Kind fragt, warum es dem Ball nicht nachlaufen darf, wenn er über die Straße rollt, antworten wir: »Weil ein Auto kommen und dich verletzen könnte«. Das Kind will nicht verletzt werden, also versteht es diese Begründung. Das eigene Interesse generiert gute Gründe. Doch im Restaurant ist es nicht das eigene Interesse, sondern das Interesse anderer, das gute Gründe generiert. Sollen wir da etwa sagen, die Menschen würden ungehalten reagieren, und das wiederum wäre für uns unangenehm, und deswegen sollst du dich ruhig verhalten? Auf diese Weise würde ein Kind nie lernen, was es heißt, sich richtig, aus den richtigen Gründen und Motiven, zu verhalten. Lawrence Kohlberg und seine Schüler meinen, festgestellt zu haben, dass die letzte, die postkonventionelle Stufe der Moralentwicklung in der einen oder anderen Weise auf universalistische Prinzipien Bezug nimmt.[58] Prinzipien von der Art des Kategorischen Imperativs beispielsweise: Handle nur nach der Maxime, von der du wollen kannst, dass sie zu einem allgemeinen Gesetz werde. Vielleicht ist es die Rücksichtnahme auf die

---

58 Vgl. Lawrence Kohlberg, *Die Psychologie der Moralentwicklung*, Frankfurt am Main (1996).

Menschheit als Ganze, die diese letzte Phase der Moralentwicklung von Kindern und Jugendlichen ausmacht. Allerdings ist es unplausibel, diese Universalisierung an den Speziesgrenzen enden zu lassen. Also ist die Rücksichtnahme auf alle empfindenden Lebewesen gerichtet, eine Empathie über die Grenzen der eigenen Familie, der Nahestehenden, des gemeinsamen Sprachraums, ja des Menschen als Ganzem hinaus. In der ökologischen Ethik wird diese Position als *Sentientismus* bezeichnet, also eine ethische Theorie, welche die Empfindungsfähigkeit zum entscheidenden Kriterium moralischer Relevanz macht.[59] Nach Kohlberg erreicht nur eine Minderheit die Stufe postkonventioneller Moral. Die Mehrheit bleibt, von Kultur zu Kultur schwankend, einer konventionellen Moral verhaftet. Diese Charakterisierung legt allerdings das Missverständnis nahe, dass sich die Mehrheit der Bevölkerung in ihrem moralischen Urteil und in ihrer moralischen Praxis lediglich an den je etablierten Konventionen orientiert. Das ist sicherlich abwegig. Es ist nicht das bloße Bestehen der Konvention als solche, die Menschen anleitet, sich in der einen oder anderen Weise zu verhalten. Es ist der Wunsch, mit anderen in einem kooperativen und respektvollen Verhältnis zu stehen, welcher die Orientierung an den jeweils etablierten moralischen Normen plausibel macht. Auch diejenigen, die im Kohlberg-Schema nicht die letzte Stufe erreichen, haben Gründe für das, was sie tun, und diese Gründe liegen nicht im bloßen Faktum der konventionellen Geltung. Unabhängig davon, wie weit die moralische Entwicklung einer Person gediehen ist, in jedem Fall hat sie – außer bei patholo-

---

59 Wer sich näher dafür interessiert, den möchte ich auf die gute Gesamtdarstellung der ökologischen Ethik von Angelika Krebs hinweisen: *Naturethik*, Frankfurt am Main (2009). Eine Kurzform dieser Darstellung ist das Kapitel »Ökologische Ethik« in JNR (hrsg.), *Angewandte Ethik*, Stuttgart (2005). In diesem Handbuch habe ich mich auch mit der Frage der moralischen Relevanz von Tieren und mit den Kriterien des Tierschutzes befasst (vgl. Kapitel 1 und 2, »Tierethik«).

gischen Entwicklungsstörungen – die egoistische Phase überwunden. Den Prozess der Moralentwicklung wieder rückabzuwickeln, ihn von hinten her aufzurollen und einen Lernprozess
nach dem anderen zu annullieren, um am Ende das Handeln
allein am Kriterium des Eigeninteresses auszurichten, würde
einer Art Kulturzerstörung gleichkommen. Eine Gesellschaft
von Individuen, die im frühkindlichen Stadium ihrer Moralentwicklung stehen geblieben sind, wäre in einem kaum vorstellbaren Ausmaß inhuman.

Merkmale dieser Gesellschaft haben wir zumindest implizit in
den vorausgegangenen Kapiteln erörtert. Wir haben beispielsweise festgestellt, dass Kommunikation ohne die Regeln der
Wahrhaftigkeit, des Vertrauens und der Verlässlichkeit unmöglich ist. Damit würde in einer Gesellschaft rationaler Egoisten
wahrhaftige, verlässliche und vertrauensvolle Kommunikation
unmöglich sein und Kommunikation am Ende überhaupt nicht
mehr machbar. Was der schrittweise Verfall der moralischen
Praxis für die Lebenssituation jedes Einzelnen bedeutet, lässt
sich durch historische Erfahrungen belegen. Die Erosion gemeinsamer moralischer und weltanschaulicher Beurteilungen
durch das Aufkommen des Protestantismus und des Machtkonflikts zwischen der katholischen Kirche und der protestantischen Bewegung führte am Ende nach knapp einhundertundfünfzig Jahren zum schlimmsten europäischen Bürgerkrieg
aller Zeiten (1618–1648), der sich nach dreißig Jahren in einem
Zustand der vollständigen moralischen Verkommenheit, in
einer grausamen Alltagspraxis von Mord und Totschlag, in
Not und Seuchen erschöpfte.

Eine vergleichbare Geschichte des Moralverfalls liegt historisch gesehen erst kurz zurück und fand in einem hochentwickelten Kultur-, Bildungs- und Industriestaat statt, nämlich in
Deutschland zwischen 1933 und 1945. Es fand eine rasche Verrohung im Umgang mit anderen Menschen statt, zumal sol

chen, die durch eine systematische Praxis der Entwürdigung zunächst marginalisiert und zur Emigration gezwungen und schließlich in den Konzentrationslagern ermordet wurden. Was es bedeutet, wenn der Respekt vor jedem menschlichen Individuum erodiert – vorbereitet durch eine rassistische Propaganda –, zeigt die politische, soziale und kulturelle Vorgeschichte des Völkermords an den Juden.

Nicht erst heute, in der wissenschaftlich-technischen Welt, ist Wissenschaft mehr als eine Spielerei. Die Bezweiflung des Fremdpsychischen, der Antirealismus, auch ein Gutteil des Rationalismus in der Philosophie der Neuzeit ergeben nur Sinn als philosophische Gedankenspielerei. Aber auch die Einzelwissenschaften sollten ihre eigenen Theorien ernst nehmen. Das, was sich als vielleicht elegante, aber abwegige theoretische Spielerei ausnimmt, kann kulturelle, politische, soziale und ökonomische Wirkungen haben, vor denen die Autoren – im günstigen Fall – selbst erschrecken. Um nicht missverstanden zu werden: Eine wissenschaftliche Theorie kann nicht für jeden Missbrauch, der mit ihr getrieben wird, verantwortlich gemacht werden. Der Darwinismus bleibt auch nach dem Missbrauch durch die Ideologien des 19. und 20. Jahrhunderts eine vernünftige Evolutionstheorie. Aber die Begriffe müssen mit Bedacht, die Theorien sorgfältig entwickelt werden, und die wissenschaftlichen Autoren bleiben in der Verantwortung für die Praxis, die sich auf ihre Theorien stützt.[60] Eine Rationalitätstheorie, die zum alleinigen Kriterium die auf den eigenen

---

60 Es gibt eine wissenschaftliche Verantwortung im engeren Sinne, diese beschränkt sich auf die Seriosität des wissenschaftlichen Arbeitens, den fairen und rationalen Gedankenaustausch, auf Publikationspflichten, wissenschaftsinterne Kooperationen etc. Aber es gibt auch eine externe wissenschaftliche Verantwortung, die darüber hinausgeht. Die Wissenschaft ist kein isoliertes System, sondern mit der Gesellschaft als Ganze eng verbunden, wird auch zum größten Teil aus öffentlichen Mitteln finanziert. Vgl. JNR, *Verantwortung*, Stuttgart (2011).

Vorteil gerichtete Folgenoptimierung des jeweiligen Handelns hat, ist in doppeltem Sinne unverantwortlich: Zum einen darf sich eine wissenschaftliche Theorie nicht derart weit von den empirischen Realitäten entfernen, um als seriös gelten zu können. Zum anderen aber wirkt diese Theorie, zumal wenn sie in einer so mächtigen Disziplin wie der ökonomischen vertreten wird, auf die Praxis zurück und verändert diese. Es gibt dazu besorgniserregende Befunde, etwa die, dass Studierende der ökonomischen Fächer eine signifikant niedrigere Kooperationsbereitschaft zeigen als Studierende anderer Fächer.[61] Die Ironie dieser Befunde ist, dass die monetären Auszahlungen, die Studierende ökonomischer Fächer in Situationen des Gefangenendilemmas erreichen, deutlich unter dem Durchschnitt liegen. Die konsequente theoretische Reduktion von Rationalität auf egoistische Konsequenzenoptimierung hat, wie wirtschaftliche Praktiker zu berichten wissen, auch das Verhalten der jüngeren Managergeneration verändert. In der Literatur wird beispielsweise der *Darwiportunismus*[62] diskutiert, wonach Manager genauso lange einer Firma angehören, wie sie das erworbene Wissen und die dort erworbenen Fertigkeiten und Kontakte für eine Besserstellung in einem anderen Unternehmen nutzen können. Das, was die ältere Managergeneration, insbesondere aus der europäischen Finanzwelt, für unverzichtbar hielt, nämlich das »Ethos des ehrbaren Kaufmanns«, ist erodiert. Messbar ist dieser Verlust an den zahlreichen Prozessen, die gegenwärtig im Gefolge der Weltfinanzkrise auch in Deutschland gegen Kreditinstitute stattfinden, von denen sich die Anleger betrogen fühlen. Auch jüngste

---

61 Vgl. Sebastian Kube, *Homo oeconomicus vs homo aequus – Experimentelle Untersuchungen zu sozialen Präferenzen* (2007).

62 Verbindung von Darwinismus (»survival of the fittest«) und Opportunismus (Ausnutzung der jeweiligen Bedingungen für den eigenen Vorteil, Anpassung an gegebene Erwartungen) bei Angestellten.

Untersuchungen der Stiftung Warentest bestätigen diese Problematik (z. B. *Anlageberatung von Banken*, 2009). Offenbar weicht das, was mündlich mitgeteilt wird und was den Anleger zu bestimmten Entscheidungen veranlassen soll, weit von der tatsächlichen Risikolage ab. Das Kleingedruckte des Vertrags sichert dann den Anlagenberater entsprechend ab. So nutzt er seinen Kompetenzvorsprung gegenüber dem finanzökonomisch ungebildeten Laien in unfairer Weise aus. Zum Ethos des ehrbaren Kaufmanns, so angestaubt diese Formulierung klingt, gehörte, dass man solche Auskünfte wahrhaftig, also nach bestem eigenem Wissen und Gewissen gibt, auch dann, wenn dies einen Vertragsabschluss unwahrscheinlicher machen sollte. Die punktuelle Konsequenzenoptimierung zerstört also die Vertrauensgrundlage zwischen Anlegern und Finanzinstituten. Die massive Kapitalverschiebung von Privatbanken zu öffentlich-rechtlichen Stadtsparkassen lässt sich mit diesem Vertrauensverlust wenigstens zum Teil erklären.

Zum Schluss dieses Kapitels müssen wir uns noch mit einer Argumentationsstrategie auseinandersetzen, die an dieser Stelle gern zum Einsatz kommt. Demnach müsse man lediglich sorgfältig unterscheiden zwischen Rationalität und Moralität. Selbstverständlich werde durch die egoistische und konsequentialistische Rationalitätstheorie die Notwendigkeit moralischer Normen und Werte nicht bestritten, das sei aber Gegenstand anderer Disziplinen und anderer Praxisfelder. Wer sich diese Sichtweise zu eigen macht, handelt sich große philosophische Probleme ein. Soll damit gesagt sein, dass moralisches Handeln irrational sei? Soll angenommen werden, dass die Menschen in der Regel rational handeln im Sinne egoistischer Folgenoptimierung – folglich müsse die Ökonomie daher diese Annahmen zugrunde legen – und also der Appell an moralische Werte und Normen praktisch wirkungslos sei?

Oder sollen wir zwei Bereiche der Praxis annehmen: einen, in dem lediglich egoistisch und folgenoptimierend agiert wird – die Ökonomie –, und alle übrigen, in denen moralische Motive eine Rolle spielen?

Immerhin wäre damit die Kolonialisierung anderer Geistes- und Sozialwissenschaften durch das Paradigma ökonomischer Rationalität im Sinne egoistischer Folgenoptimierung, wie es etwa Gary S. Becker vorgeführt hat, ausgeschlossen.

Ein bedeutender Ökonom und Ethiker, nämlich John C. Harsanyi, ebenfalls Nobelpreisträger für Ökonomie, hat das Dilemma durch seine zahlreichen Publikationen zum Verhältnis von Ethik und Rationalität in aller Präzision deutlich gemacht.[63] Er hält zunächst an der ökonomischen Orthodoxie fest, wonach sich Präferenzen in entsprechenden Entscheidungen äußern *(revealed preference concept),* und setzt die Postulate des Nutzentheorems als Kern der Rationalität voraus, um dann ethische Präferenzen *(ethical preferences),* die auf der Grundlage dieser persönlichen Präferenzen *(personal preferences)* gebildet werden, zu formulieren. Daraus ergibt sich eine interessante Form des (Regel-)Präferenzutilitarismus. Diese ethische Theorie ist nichts anderes als die Erweiterung des Nutzentheorems um ein ethisches Postulat der Gleichgewichtung aller Präferenzen *(personal preferences)* und der Empfehlung, diejenigen Regeln zu befolgen, welche die Präferenzerfüllung universell optimieren.

Dieses elegante ethische und zugleich rationalitätstheoretische Konzept scheitert aber an folgender Problematik: Solange Individuen lediglich ihre persönlichen Präferenzen optimieren, besteht ein Zusammenhang zwischen Handlung und Individuen; Individuen sind rational, insofern sie die entsprechende

---

63 John C. Harsanyi, »Rule Utilitarianism and Decision Theory«, in: *Erkenntnis* 11 (1977), S. 25–53.

Nutzenfunktion optimieren. In dem Moment, in dem sich Individuen ethische Präferenzen zu eigen machen, wird der Zusammenhang zwischen Präferenz und Entscheidung aufgelöst, d. h., wir wissen gar nicht mehr, welche Präferenzen die Individuen haben. Wenn man diese Problematik genauer analysiert, kommt man sogar zu dem Ergebnis, dass die Theorie zirkulär ist, und zwar im tödlichen Sinne.[64] Diese Argumentationsstrategie, so plausibel sie zunächst erscheinen mag, führt also in eine tiefe Aporie hinein, die sich am Beispiel des elaboriertesten und logisch saubersten Konzepts, nämlich des Konzepts von John C. Harsanyi, besonders eindrucksvoll zeigen lässt.

Vor dem Hintergrund unserer bisherigen Analysen in diesem Buch müsste aber die Abwegigkeit der Trennung von Rationalität und Moral ohnehin auf der Hand liegen. Rational ist eine Handlung, wenn sie gut begründet ist. Die Gründe, die hierfür ausschlaggebend sind, sind vielfältig. Einer Bitte zu folgen, ist nicht schon dann irrational, wenn ich dadurch mein eigenes Wohl nicht optimiere. Ein Versprechen zu halten, ist nicht schon dann irrational, wenn ich damit mein eigenes Wohl nicht optimiere. Wenn ich erwarte, dass die andere Person sich an einer Praxis beteiligt, die für uns beide vorteilhaft ist, dann kann Kooperation rational sein, obwohl die kooperative Entscheidung mein eigenes Wohl – unabhängig davon, was die andere Person macht – gerade nicht optimiert.

Wer diese Vielfalt von Handlungsgründen ernst nimmt – und das tun wir alle in unserer lebensweltlichen Praxis, wenn auch möglicherweise nicht in philosophischen oder ökonomischen Seminaren –, wird ohnehin Skepsis gegenüber der modernen Dichotomie von Eigeninteresse einerseits und Moralität

---

64 Vgl. JNR, *Entscheidungstheorie und Ethik – Decision Theory and Ethics,* München (2005).

andererseits entwickeln. Da waren die Alten möglicherweise näher bei der Wahrheit: Für sie standen das Richtige, das Gute, Gerechtigkeit und ein gelungenes Leben in einem engen Zusammenhang.

III.4 Begrenzung der Wünsche

Self-command, by which we are enabled to abstain
from present pleasure or to endure present pain.

Adam Smith,
The Theory of Moral Sentiments, 1759

Eine für die ökonomische Orthodoxie unverzichtbare Annahme ist die der Monotonie der Nutzenfunktionen. Gemeint ist Folgendes: Unabhängig davon, um welche Güter es sich handelt, der Nutzen, den eine Person aus diesen Gütern zieht, ist umso größer, je mehr sie davon hat. Diese Annahme monoton steigender Nutzenfunktionen ist vereinbar damit, dass eine jeweils zusätzliche Einheit des Gutes einen umso geringeren Nutzenzuwachs für die einzelne Person erbringt. Dies nennt man das Prinzip des fallenden Grenznutzens. Die ersten 100 Euro bringen den größten Nutzenzuwachs, die zweiten 100 Euro bringen immer noch einen großen, aber nicht mehr ganz so großen. Der letzte Einkommenszuwachs um 100 Euro bringt den geringsten zusätzlichen Nutzen. Die Annahme des fallenden Grenznutzens und die Annahme monoton steigender Nutzenfunktionen sind selbstverständlich miteinander vereinbar.
Beide Annahmen sind zudem damit vereinbar, dass der Nutzen einer Person grundsätzlich unbeschränkt ist, d. h., dass er mit zunehmender Güterausstattung über alle Schranken hinaus ins Unendliche zunimmt. Beide Annahmen lassen sich aber auch mit der zusätzlichen Annahme verbinden, dass die individuellen Nutzenfunktionen jeweils nach oben beschränkt sind. An die kleinste dieser oberen Schranken nähert sich eine monoton steigende Nutzenfunktion mit fallendem Grenznutzen asymptotisch an.

Der im letzten Kapitel genannte Ökonom John C. Harsanyi hat, um seine ethische Theorie entwickeln zu können, von der Begrenzung der individuellen Nutzenfunktionen Gebrauch gemacht. Ausgehend von der Vermutung, dass alle individuellen Nutzenfunktionen nach oben beschränkt sind, dass es also für alle eine kleinste obere Schranke gibt, die nicht überschritten, wohl aber asymptotisch angenähert wird, hat er vorgeschlagen, die Nutzenfunktionen allesamt auf ein einziges Intervall zu normieren. Dies ist eine radikale, aber wirksame Methode, den Individuen gleiches Gewicht zu geben und eine interpersonelle Vergleichbarkeit herzustellen, die in der ökonomischen Orthodoxie sonst abgelehnt wird. Wenn man die individuellen Nutzenfunktionen in dieser Weise normiert, kann man sagen, welche Nutzendifferenz für den einen größer ist als für den anderen. Man kann dann sogar Niveauvergleiche des Nutzens zwischen Individuen anstellen, ohne die Axiomatik des Nutzentheorems aufgeben zu müssen – eine kleine Veränderung mit großer Wirkung.

Die Theorie des steigenden Nutzens bei größerer Güterausstattung hat theoretisch und praktisch eine große Bedeutung für die Ökonomie. Daher lohnt sich ein genauerer Blick auf dieses Prinzip. Zunächst einmal steht es für die Entkoppelung von Wohlergehen und Ökonomie. Offenkundig und empirisch belegt ist die Annahme falsch, dass das Wohlergehen von Menschen mit zunehmendem Lebensstandard wächst. Ländervergleiche ergeben, dass es oft die ärmeren Länder sind, in denen die durchschnittliche Zufriedenheit besonders hoch ist.[65] Auch die eigene Biografie bestätigt in der Regel diese Einschätzung. Mitnichten steigt die Zufriedenheit mit steigendem Einkom-

---

65 Vgl. R. Veenhoven, *World Database of Happiness, Distributional Findings in Nations*, Erasmus University Rotterdam. http://worlddatabaseofhappiness.eur.nl

men. Es gibt einen Zusammenhang zwischen Einkommen und Zufriedenheit, aber der beschränkt sich auf das unterste Spektrum. Die Daten werden dadurch verzerrt, dass die Zufriedenheit von Individuen in hohem Maße von ihrer Einschätzung abzuhängen scheint, wie sie sich im Vergleich zu anderen stellen. Um diese Befunde zu karikieren: Der Besitzer der kleinsten Jacht in Saint-Tropez spürt schmerzlich den Größenunterschied zu den größeren, während der Facharbeiter, der in der gleichen Wohnsiedlung wie seine Eltern lebt, den sozialen Aufstieg, den er erreicht hat, täglich vor Augen geführt bekommt. Ich vermute, dass diese Relationalität der Zufriedenheit sehr stark von anderen psychischen Eigenschaften abhängt. Nicht alle Menschen interessieren sich gleichermaßen für den Wohlstand anderer. John Rawls hat sogar Neidfreiheit zu einem Rationalitätskriterium gemacht und in seiner Theorie berücksichtigt. Neidfreie Menschen sind solche, die nicht allein dadurch schlechter gestellt werden, dass es anderen besser geht. Mir persönlich ist dieses Postulat sympathisch, auch wenn es sich mit den empirischen Befunden schwer in Einklang bringen lässt. Die Annahme monoton steigender Nutzenfunktionen lässt sich substanziell, also bezogen auf menschliches Wohlergehen, nicht rechtfertigen. Dieses Prinzip ist sowohl empirisch als auch ethisch problematisch. Empirisch, weil das Wohlergehen de facto nicht mit zusätzlichen Gütern beliebig steigt, und ethisch, weil die Begrenzung der Wünsche Voraussetzung einer humanen Praxis ist.

Zur empirischen Problematik: Ein Kühlschrank im Haus bringt in der Regel eine deutliche Verbesserung des Lebensstandards. Zwei Kühlschränke im Haus mögen noch sinnvoll sein, wenn genug Platz vorhanden ist, vielleicht noch eine Kühltruhe im Keller. Bei drei Kühlschränken stellt sich dann die Sinnfrage, doch spätestens ab dem vierten Kühlschrank sinkt der Lebensstandard, da unnötig Energie verbraucht und

Raum verschwendet werden. Zehn Kühlschränke in einer durchschnittlichen Wohnung wären ein Albtraum. Der Nutzen des ersten Kühlschranks war am größten, der Nutzenzuwachs durch den zweiten war schon deutlich kleiner, ob der dritte noch einen Nutzenzuwachs erbrachte, mag umstritten sein, ab dem vierten Kühlschrank – so wollen wir annehmen – sinkt die Nutzenfunktion ab. Das Prinzip der monoton steigenden Nutzenfunktion ist also verletzt.

Stellen wir dem Prinzip der monoton steigenden Nutzenfunktion das *Satisfaktionsprinzip* gegenüber: Für jedes materielle Gut gibt es einen Sättigungsgrad, ab dem zusätzliche Güter das Nutzenniveau absenken.[66] Die Nutzenfunktionen aller Individuen hätten bezüglich beliebiger Güter nicht nur jeweils eine unterste/oberste Schranke, die den Scheitelpunkt dieser Nutzenfunktion berührt, sondern würden allesamt ab der Satisfaktionsgrenze sinken. Dies ist jetzt nicht als ethische Forderung gemeint, sondern als empirischer Befund: So betreffen unsere Präferenzen materielle Güter. Es mag pathologische Ausnahmen geben, in denen Personen über eine unbegrenzt hohe Zahl von Gegenständen verfügen wollen, auch jenseits jeder Relevanz für ihre Lebenspraxis. Aber wir sollten pathologische Grenzfälle nicht zur Grundlage einer ökonomischen Theorie der Rationalität machen.

Das Satisfaktionsprinzip gilt für alle materiellen Güter und alle Dienstleistungen, d. h. für die gesamte reale Ökonomie. Nun könnte man sagen, es gäbe doch eine Ausnahme, nämlich das besondere Gut »Geld«. Solange Geldbesitz nur eine Formel für potenziellen Güterbesitz ist, gilt auch hier das Satisfakti-

---

66 Man könnte hier kritisch einwenden, dass ich nun doch einen substanziellen, also nicht lediglich auf Präferenzen beruhenden Nutzenbegriff verwende. Dieser Einwand trügt. Auch wenn wir die Nutzenfunktion lediglich als Repräsentation von Präferenzen einführen, gilt das Satisfaktionsprinzip.

onsprinzip. Wenn Geld zum Selbstzweck wird, könnte man sich allerdings wegen des immateriellen Charakters des Geldes eine Verletzung des Satisfaktionsprinzips vorstellen. Aber diese Verletzung hat wiederum einen hohen theoretischen Preis, nämlich den, dass Geld nicht mehr als bloßes Tauschmittel, sondern als Ware sui generis definiert werden würde. Geld als eine Ware sui generis, nicht als bloßes Tauschmittel, ergibt ökonomisch keinen Sinn. Dennoch mag man vermuten, dass es gerade diese Verwandlung von einem Tauschmittel zu einer Ware sui generis ist, die zur Pathologie der Weltfinanzmärkte beigetragen hat.

Wenn das Satisfaktionsprinzip für alle materiellen Waren und Dienstleistungen gilt, also für die gesamte reale Ökonomie, dann gilt es auch für das besondere immaterielle Gut des Geldes in seiner Funktion als Tauschmittel. Das bedeutet: Das Prinzip des monoton wachsenden Nutzens ist in der empirischen Welt realer Waren und Dienstleistungen nicht erfüllt.

Das Satisfaktionsprinzip hat aber vor allem eine immense ethische Bedeutung. Betrachten wir zunächst den individualethischen Aspekt: Es ist ein wesentliches Merkmal der entwickelten moralischen Persönlichkeit, dass sie ihre Wünsche begrenzen kann. Das Streben nach immer mehr ist ein infantiler Charakterzug. Aristoteles nennt das *akrasia*, die Unfähigkeit, sich selbst zu beherrschen. In gewissem Sinne ist das Streben nach immer mehr eine Form von Willensschwäche. Es zeigt, dass die Person nicht in der Lage ist, ihrem Leben eine kohärente Struktur zu geben. Zwischen der punktuellen Optimierung des Unbeherrschten und dem Prinzip egoistischer Konsequenzenoptimierung besteht ein enger systematischer Zusammenhang. Nun könnte man, sogar mit einigem Recht dagegenhalten, dass die ökonomische Optimierungstheorie doch die Mittel bereitstellt, um die Präferenzerfüllung über die Zeit zu optimieren. Schließlich müsse es doch um das zeitliche Integral der Präferenzenerfüllung gehen und nicht um die Präferenzenerfüllung im Augenblick. Entsprechend muss die Wunscherfüllung heute unter Umständen zugunsten einer Wunscherfüllung morgen zurückgestellt werden. Ist das nicht sogar der Kern der modernen ökonomischen Rationalität, das, was Max Weber als die Verwandtschaft zwischen protestantischem Ethos und dem Geist des Kapitalismus analysiert hat? In der Tat ist der Geist des Kapitalismus merkwürdig ambivalent. Aufseiten der Konsumenten produziert er eine Verkindlichung, in den Begriffen von Sigmund Freud eine orale Mentalität des bloß passiven Konsumierens; er lebt von einer im Grunde kindlichen, regressiven Gesellschaft. Der ideale Konsument verhält sich wie das Baby an der Mutterbrust: Es saugt und saugt, bis es restlos befriedigt ist. Auf Seiten der Produzenten allerdings ist Triebverzicht gefordert, die Zurückstellung der augenblicklichen Wunscherfüllung zugunsten der Kapitalbildung. Die extreme Sparsamkeit eines Rockefeller in den USA oder der Brüder Albrecht (ALDI) ist dafür exemplarisch. In den USA oder in Australien ist die konsumistische Verkindlichung der Gesellschaft am weitesten fortgeschritten, messbar etwa in den niedrigen Sparquoten bis zur letzten großen Weltfinanzkrise. Die Vereinigten Staaten leben, auch ausweislich eines hohen Außenhandelsdefizits, gewissermaßen auf Pump, haben sich Geld geliehen vom größten internationalen Gegenspieler China und alimentieren ihre unteren Einkommensschichten mit Billigimporten aus dem gleichen Land. Das gigantische Außenhandelsbilanzdefizit ist Ausdruck kollektiver Willensschwäche, der Tendenz, über seine Verhältnisse zu leben.

Außenhandelsbilanz für Güter und Dienstleistungen – in Mrd. US-$

	1997	1998	1999	2000	2001	2002	2003	2004	2005	2006	2007	2008	2009	2010	2011	2012
Australien	1,7	-6,7	-10,2	-4,2	2,3	-4,4	-13,8	-18,0	-13,5	-9,2	-18,1	-9,3	-6,2	17,4	23,8	14,7
Kanada	12,6	12,3	24,2	41,6	41,2	32,4	32,5	42,7	42,5	32,0	27,1	24,8	-23,1	-24,4	-26,9	-15,6
Frankreich	40,9	38,0	30,7	12,8	15,0	25,1	17,7	2,3	-18,2	-29,5	-50,3	-64,6	-51,7	-63,8	-73,3	-77,9
Deutschland	27,0	29,6	18,0	7,0	38,4	93,4	98,2	137,7	147,0		239,4	234,4	165,4	172,5	211,5	252,6
Italien	46,3	37,1	22,1	10,5	15,3	11,6	9,0	11,4	-0,9	-14,9	-5,2	-13,4	-8,3	-18,8	-6,0	2,7
Japan	47,4	72,4	69,4	68,0	26,2	51,2	69,3	89,0	63,3	54,5	73,3	6,1	15,7	69,3	76,6	67,1
Niederlande	21,9	18,9	17,4	21,3	23,2	28,8	33,9	45,1	54,5	52,5	64,5	71,4	57,7	64,3	80,1	86,6
Portugal	-9,4	-11,4	-13,0	-13,0	-12,3	-11,0	-11,0	-15,5	-18,1	-17,5	-18,6	-25,4	-17,9	-17,5	-13,7	-10,7
Spanien	5,0	-1,4	-11,3	-18,2	-15,4	-14,7	-21,1	-41,8	-59,5	-79,0	-97,3	-92,9	-31,1	-39,1	-37,6	-33,1
Schweiz	14,1	13,1	14,9	14,6	12,6	18,4	21,4	25,1	25,0	32,4	44,7	57,4	54,3	66,2	72,2	76,0
Vereinigtes Königreich	7,3	-11,3	-21,9	-27,2	-34,6	-42,2	-42,7	-59,5	-77,7	-76,7	-86,1	-71,3	-51,7	-71,4	-72,3	-65,6
USA	-101,4	-161,8	-262,1	-382,1	-371,0	-427,2	-504,1	-618,7	-722,7	-769,3	-714,0	-710,5	-386,4	-538,9	-597,3	-621,6
Euro-Zone	146,8	128,0	88,1	39,7	89,1	172,7	171,1	191,5	148,1	124,4	187,8	150,9	168,9	174,5	264,1	340,5
Total OECD	146,5	90,5	-52,0	-212,9	-183,4	-155,7	-208,7	-266,6	-443,8	-518,5	-401,2	-500,2	-83,6	-200,8	-183,0	-142,0

Die extrem hohe Mobilität in den Vereinigten Staaten, die ein Vielfaches derjenigen der europäischen Länder beträgt, hängt mit diesem Phänomen erstaunlicherweise eng zusammen. Es ist nicht so sehr die Mobilität des Arbeitsmarkts, sondern es ist die Tendenz amerikanischer Arbeitnehmer, das verfügbare Einkommen fast vollständig zu konsumieren und sich somit die gerade noch mögliche Miete zu leisten. Dies bedingt häufige Umzüge, da die Arbeitsverhältnisse unsicher sind und die damit einhergehenden Einkommen schwanken. In Deutschland wird die Neigung der Konsumenten, einen Teil ihres verfügbaren Einkommens zurückzulegen – die Sparquote liegt knapp über zehn Prozent –, von Ökonomen häufig kritisiert. Man muss sich die Absurdität dieser Kritik vor Augen führen: Wenn Individuen im Schnitt in einem der reichsten Länder der Welt gerade einmal zehn Prozent ihres verfügbaren Einkommens für zukünftige Ausgaben, für die Altersvorsorge, für besondere Anschaffungen, für die persönliche Sicherheit zurücklegen, gilt dies schon als Verletzung der Prinzipien des konsumistischen Kapitalismus. In China liegt die Sparquote etwa drei Mal so hoch; so beträgt die nationale Bruttosparquote für das Jahr 2008 gar 36,1 Prozent.[67] Dieses Land ist weit ärmer und straft diejenigen Lügen, die meinen, dass die Sparquote ein Indiz für eine Überflussgesellschaft sei. Das Bruttoinlandsprodukt pro Kopf ist in China kleiner als ein Zehntel des Bruttoinlandsprodukts der Bundesrepublik Deutschland. Man muss – und ich tue das nur widerwillig – resümieren, dass der zeitgenössische konsumistische Kapitalismus eine unreife moralische Persönlichkeit voraussetzt und fördert.

---

67 Guonan Ma und Wang Yi, *China's high saving rate: myth and realty*, Bank for International Settlements, Working Papers No 312 (2010).

Sparquoten – Prognosen
Prozentanteil am frei zur Verfügung
stehenden Haushaltseinkommen

	2003	2004	2005	2006	2007	2008	2009	2010
Nettosparquoten								
Australien	-3,1	-2,5	-0,8	1,4	2,1	2,6	5,4	3,4
Kanada	2,6	3,2	2,1	3,5	2,5	3,7	5,1	4,6
Deutschland	10,3	10,4	10,6	10,5	10,8	11,4	12,5	12,5
Italien	10,3	10,2	9,9	9,0	7,9	9,3	11,2	10,1
Japan	3,9	3,5	3,9	3,8	3,3	2,7	3,3	3,2
Niederlande	7,5	7,3	6,3	5,2	7,4	7,3	8,8	9,4
Schweiz	9,4	9,0	9,9	12,0	12,0	11,9	11,7	10,8
USA	2,1	2,1	0,4	0,7	0,6	1,8	5,4	6,5
Bruttosparquoten								
Portugal	10,5	9,7	9,2	8,1	6,6	7,3	10,0	10,9
Spanien	12,0	11,3	11,3	11,2	10,2	12,1	14,1	13,6
Vereinigtes Königreich	5,1	4,0	5,1	4,2	2,2	2,0	5,1	5,1

Quelle: OECD

Die Kritik der Neuen Linken am Konsumterror der kapitalistischen Gesellschaft in den 1960er- und 1970er-Jahren ähnelt in vielem der konservativen Kulturkritik um die Wende vom 19. zum 20. Jahrhundert. Da diese Kritik meist von Angehörigen der gebildeten und vergleichsweise wohlhabenden Schichten vorgebracht wird, beschleicht einen dabei ein ungutes Gefühl. Wenn sich diese Kritik gegen den erreichten Lebensstandard unterer Arbeitnehmerschichten richtet, ist sie abwegig und arrogant. Berechtigt scheint mir die Kritik nur zu sein, wenn sie sich nicht gegen den erreichten Lebensstandard als solchen, sondern gegen eine charakterliche Deformation richtet, die sich unter anderem darin äußert, dass der Einzelne einen wesentlichen Teil seiner Identität an Umfang und Art des Konsums bindet und die jeweilig vorhandenen Ressourcen bis zur

Neige konsumiert. Dieser Deformation der individuellen Lebensform entspricht eine Deformation der ökonomischen Entwicklung, die kurzfristig optimierend ist, aber keine Rücksicht
auf die Zukunft unseres Planeten und die Interessen zukünftiger Generationen nimmt. Darauf kommen wir in einem späteren Kapitel zurück (siehe III.7).

III.5 Freiheit und Gleichheit

Die Natur hat die Menschen hinsichtlich ihrer körperlichen
und geistigen Fähigkeiten so geschaffen, dass trotz der
Tatsache, dass bisweilen der eine einen offensichtlich stärkeren
Körper oder gewandteren Geist als der andere besitzt, der
Unterschied zwischen den Menschen alles in allem doch nicht
so beträchtlich ist, als dass der eine auf Grund dessen ein
Vorteil beanspruchen könnte, den ein anderer nicht ebensogut
für sich verlangen dürfte.

Thomas Hobbes, *Leviathan*, 1651

Der Mensch wird frei geboren, und überall liegt er in Ketten.
Wer glaubt, andere zu beherrschen, ist nur noch mehr Sklave
als jene. Wie hat sich dieser Wandel vollzogen? Was kann ihm
Rechtmäßigkeit verleihen?

Jean-Jacques Rousseau, *Der Gesellschaftsvertrag*
oder Prinzipien des Staatsrechts, 1762

Die Moderne beginnt nicht mit der Entdeckung Amerikas, mit
der Erfindung des Buchdrucks, mit dem Schisma zwischen Ka-
tholiken und Protestanten, sondern mit der Entdeckung eines
moralischen Kontinents, nämlich mit der Erkenntnis, dass die
Menschen frei und gleich sind. Die Menschen sind frei, weil es
keine natürliche Herrschaft gibt, weil Herrschaft auf Übereinkunft beruhen muss, um legitim zu sein. Und sie sind gleich,
weil es keine natürlichen Unterschiede des Standes und der Herkunft gibt. Schon bei dieser Charakterisierung ist deutlich, dass
Freiheit und Gleichheit miteinander verkoppelt sind: Menschen
sind frei, weil sie gleich sind, weil es niemanden gibt, der von

Natur oder von Gott zur Herrschaft bestimmt ist. Und sie sind gleich, weil sie gleichermaßen befähigt sind, rational zu handeln. Die großen Denker – vielleicht sollte man besser sagen: Vordenker – der Moderne sind sich nur in wenigem einig, ihre Theorien weichen stark voneinander ab, und sie bekämpfen sich gegenseitig. Aber in diesem normativen Fundament, in dieser anthropologischen Überzeugung, in dieser moralischen Entdeckung stimmen sie alle überein: Menschen sind frei und gleich. Dies – das 17. und 18. Jahrhundert – ist die Zeit der Blüte des modernen vertragstheoretischen Denkens. Da Menschen frei und gleich sind, muss jede Herrschaft, jedes Oben und Unten, auf eine Übereinkunft gestellt werden. Diese Übereinkunft muss nicht faktisch, sondern kann auch lediglich hypothetisch sein. Wenn rationale Personen übereinstimmen würden, dass eine bestimmte Herrschaftsform – sei es die Herrschaft von Personen oder Institutionen oder die Herrschaft der Gesetze – wünschenswert sei, dann legitimiert das eine dementsprechende politische und gesellschaftliche Ordnung.

Die moralische Erkenntnis der Freiheit und Gleichheit aller Menschen hat sich in einem über Jahrhunderte währenden Prozess erst kulturell, politisch und juridisch etablieren müssen. Heute, mehr als sechzig Jahre nach der *Allgemeinen Erklärung der Menschenrechte* am 10. Dezember 1948, ist diese moralische Erkenntnis der Freiheit und Gleichheit aller Menschen zu völkerrechtlich verbindlichen internationalen Pakten geronnen. Insbesondere die Gleichheit aller Menschen erfährt immer neue und zusätzliche Konkretisierungen. Es ist eben nicht nur die Herkunft, die keine Diskriminierung rechtfertigt, es sind auch Merkmale wie die Hautfarbe, die Religionszugehörigkeit, das Geschlecht, in jüngster Zeit das Alter – die Antidiskriminierungsrichtlinie der Europäischen Union verbietet auch die Diskriminierung des Alters. Dabei ist die weitverbreitete These unzutreffend, dass die auf dieser moralischen Erkenntnis der Freiheit und Gleichheit aller Menschen beruhenden Menschenrechte eine Erfindung der jüdisch-christlichen, der europäischen oder westlichen Kultur sei. Das ist im doppelten Sinne falsch: Zum einen war es gerade die katholische Kirche, die lange Zeit gegen die Idee der Menschenrechte und die Gleichstellung von Mann und Frau, auch gegen die Demokratie opponierte – eine Opposition, die erst mit dem Zweiten Vatikanischen Konzil zu Ende ging –, und zum anderen gibt es auch in anderen kulturellen Traditionen menschenrechtliches Denken; das gilt für den Islam und den Buddhismus im besonderen Maße. Die Vereinten Nationen, die unmittelbar nach dem Zweiten Weltkrieg und noch unter dem Eindruck der Verheerungen dieses Krieges gegründet wurden, sollten ursprünglich ausschließlich als System kollektiver Sicherheit konzipiert werden. Dieses System sollte den Ausbruch weiterer Kriege generell und eines Dritten Weltkriegs speziell auf Dauer unmöglich machen. Dass es zu einer zweiten Säule, nämlich den Menschenrechten im Fundament der Vereinten Nationen kam, war nicht der Nachkriegsdominanz der westlichen Staaten zu verdanken, sondern im Wesentlichen den folgenden Akteuren: Roosevelt bzw. seiner Witwe, die mit einiger Autorität in der US-amerikanischen Öffentlichkeit für die Idee ihres Mannes warb; den jüdischen Organisationen innerhalb der USA und außerhalb, die nicht nur die Verhinderung des Krieges, sondern vor allem auch die Verhinderung von Völkermord und menschenverachtenden Praktiken erreichen wollten; den lateinamerikanischen Staaten, die in einer Vorkonferenz die Grundzüge der *Allgemeinen Erklärung der Menschenrechte* schon ausformulierten; und schließlich einem großen, um seine Unabhängigkeit kämpfenden Land, nämlich Indien. Der Widerstand gegen die Menschenrechtsorientierung der Vereinten Nationen bildete sich inneramerikanisch insbesondere im Umfeld des Pentagon (des Verteidigungsministeriums) und vor allem vonseiten der Kolonialmacht Großbritannien, die um ihre kolonialen Besatzungen fürchtete. Nach meinem Dafürhalten entwickelte der indische Delegierte in seiner Rede die beeindruckendste Begründung für die *Allgemeine Erklärung der Menschenrechte.*

Es dauerte fast zwanzig Jahre, bis sich die *Allgemeine Erklärung der Menschenrechte* in konkrete völkerrechtliche Verträge umsetzen ließ, und zwar in Gestalt der beiden Pakte[68] aus der Mitte der 1960er-Jahre. Hier befinden wir uns schon mitten im Kalten Krieg, und die Auseinandersetzung um die Formulierungen war durch die Systemkonkurrenz von West und Ost geprägt. Es dauerte bis Ende der 1970er-Jahre, bis das Quorum durch Ratifizierungen erreicht war, um eine völkerrechtliche Verbindlichkeit herzustellen.

Ich habe dies hier so ausführlich geschildert, weil gerade in der jüngsten Zeit die These vertreten wird, dass moralische Überzeugungen an kulturelle Gemeinschaften gebunden sind und man die Idee der Universalität, der universellen Geltung der moralischen Normen aufgeben müsse. Der Menschenrechtsdiskurs ist dagegen ein beindruckender Beleg, dass es möglich ist, sich über massive politische Interessenkonflikte (Kalter Krieg) und großer kultureller Divergenzen hinwegzusetzten und einen normativen Konsens zu erarbeiten. Schon allein die Mehrheitsverhältnisse in den Vereinten Nationen schließen aus, dass es sich da lediglich um einen Vorschlag einiger westlicher Industrieländer handelte. Der Menschenrechtsdiskurs ist auch deswegen beeindruckend, weil er die Auffassungen der Teilnehmer verändert hat. Er ist ein Beispiel dafür, dass das Argument vernünftige Übereinstimmungen stiften kann.

Ich habe von der moralischen Entdeckung und nicht von einer kulturellen Erfindung, einem Konstrukt, gesprochen. Man

---

68 *Internationaler Pakt über bürgerliche und politische Rechte* und *Internationaler Pakt über wirtschaftliche, soziale und kulturelle Rechte* (1966).

darf diesen Gegensatz nicht auf die Spitze treiben; jede moralische Überzeugung ist auch Ausdruck der Teilhabe an einer Lebensform, wie wir an anderer Stelle ausgeführt haben. Aber ich denke, es griffe zu kurz, wenn man die Überzeugung, dass Menschen frei und gleich sind, nicht in ihrer ganzen Dignität, nämlich als eine fundamentale Erkenntnis, interpretierte. Die feudalen Ordnungen des Mittelalters sind dieser Erkenntnis entsprechend illegitim, auch wenn sie einer wohletablierten kulturellen Praxis und einer tief verankerten Weltanschauung entsprechen. Wenn man sich die gesellschaftlichen Verhältnisse im 16. und 17. Jahrhundert vor Augen führt, kann keine Rede davon sein, dass Freiheit und Gleichheit aufgrund eines kulturellen Prozesses unterdessen zur allgemeinen Praxis geworden seien, die von den Philosophen des 17. und 18. Jahrhunderts lediglich in eine theoretische Form gegossen werden mussten. Diese Theorien standen so gut wie allen politischen und klerikalen Autoritäten entgegen, auch dem Empfinden der allermeisten Menschen, sowohl in den adligen und herrschenden Familien als auch in der Landbevölkerung. Die Interpretation, dass es sich um den Ausdruck einer bürgerlichen Entwicklung in den Städten handelte, scheint mir sowohl angesichts der Zahlenverhältnisse – dieses Bürgertum machte einen sehr kleinen Bruchteil der Gesamtbevölkerung aus – als auch angesichts der Biografien und sozialen Herkünfte der Philosophen der Freiheit und der Gleichheit unplausibel. In der praktischen Philosophie Immanuel Kants und der von ihm begründeten Tradition wird dieses moralische Fundament der Moderne, die Verkoppelung von Freiheit und Gleichheit, zur Vollendung gebracht. Der zentrale Begriff ist die Autonomie. Menschen sind als Vernunftwesen autonom, nicht heteronom, weil sie sich selbst die Regeln geben, nach denen sie handeln. Eine vernünftige Praxis folgt Regeln, deren allgemeine Befolgung gewünscht werden kann. Die Freiheit besteht gerade darin, nicht den jeweiligen Neigungen zu folgen, sondern aus Achtung vor dem Sittengesetz zu handeln.

Diese Fähigkeit zur autonomen Praxis kommt allen Menschen gleichermaßen zu, macht ihre gleiche Würde aus und verlangt gleichen Respekt. Für die Neukantianer des 19. Jahrhunderts ist es Aufgabe des Staates, die Bedingungen gleicher Autonomie zu schaffen. Die öffentliche Bildung, aber auch die Sozialgesetzgebung stehen dabei im Mittelpunkt. Seit einigen Jahrzehnten gibt es eine mit John Rawls beginnende analytische Form des Neukantianismus. Diese gibt die Kantischen Dichotomien – Heteronomie versus Autonomie, *a posteriori* versus *a priori* – auf, hält aber an der Zentralidee einer autonomen Freiheit und Gleichheit begründenden Praxis fest. Auch meine eigenen Beiträge zur Freiheitstheorie – *Über menschliche Freiheit*, Stuttgart (2005) – und zur Handlungstheorie – *Strukturelle Rationalität*, Stuttgart (2001) – kann man als Fortführung und Modifikationen des Kantischen Projekts lesen.

Freiheit und Gleichheit sind die beiden miteinander verkoppelten normativen Fundamente der modernen Gesellschaft. Nur eine Praxis, die sich an Freiheit und Gleichheit orientiert, kann als human bezeichnet werden. Der ethische Humanismus, den ich für unverzichtbar halte, gruppiert sich um diese beiden moralischen Grundnormen und anthropologischen Prinzipien. Gegenwärtig ist es vor allem die Norm der Gleichheit, die in den öffentlichen Debatten, aber auch in der zeitgenössischen praktischen Philosophie einen schweren Stand hat.[69] Vor einigen Jahrzehnten war es eher die Freiheit, die sich

---

69 Eine Zusammenstellung von Aufsätzen, die sich gegen Gleichheit als fundamentale Norm stellen, enthält: *Gleichheit und Gerechtigkeit*, hrsg. Angelika Krebs, Frankfurt am Main (2008). Einen dezidiert egalitaristischen, an Gleichheit orientierten Standpunkt nehmen dagegen ein: Ernst Tugendhat, *Ethik und Politik*, Frankfurt am Main (1992), und Stefan Gosepath, *Gleiche Gerechtigkeit*, Frankfurt am Main (2004). Meine eigene Auffassung entwickle ich in *Demokratie und Wahrheit*, München (2006); Kap. IV.

zu behaupten hatte und als ideologische Verbrämung des Kapitalismus galt.

Freiheit und Gleichheit auf der Grundlage gleicher Autonomie, gleichen Respekts, gleicher Achtung halte ich für das unaufgebbare moralische Fundament einer humanen Gesellschaft. Wer sich daran orientiert, bestimmt das richtige Handeln über Grenzen hinweg, die diesen Respekt vor dem anderen setzt. Ich kann meine eigenen Interessen nur in den Grenzen verfolgen, in denen ich das gleiche Streben anderer nicht beeinträchtige. Die Grenzen meiner Freiheit werden durch den gleichen Anspruch auf Autonomie der anderen gezogen. Insofern besteht ein enger systematischer Zusammenhang zum vorausgegangenen Kapitel. Die Grenze der Wunscherfüllung ist Respekt vor der gleichen Autonomie aller anderen. Immanuel Kant hat diese Einsicht als Instrumentalisierungsverbot gefasst. Andere menschliche Personen dürfen niemals zum bloßen Mittel meiner eigenen Handlungsziele werden. Andere Personen sind als Selbstzweck, als autonome Akteure mit eigenen Überzeugungen, Wünschen und Emotionen, die ihre Praxis begründen, zu behandeln. Auch wenn ich gute Gründe zu der Annahme habe, dass ich nur Gutes für eine andere Person tue, ist es diese Person selbst, die ihre Lebensentscheidungen nach eigenen Vorstellungen zu treffen hat. Eine egoistische, die Konsequenzen des eigenen Handelns, das eigene Wohlergehen optimierende Praxis ist nur in den Grenzen zulässig, in denen die Autonomie anderer nicht gefährdet ist. Gleiche individuelle Autonomie ist mehr als die Freiheit des Marktes, zu produzieren, konsumieren und entsprechende Verträge einzugehen. Freiheit als Autonomie ist mehr als Marktfreiheit. Vielmehr findet Marktfreiheit dort ihre Grenzen, wo die gleiche Autonomie gefährdet ist.

Wenn die Freiheit des Marktes zu einer Einkommens- und Vermögensverteilung führt, welche die gleiche Autonomie gefährdet, dann ist ihre Einschränkung legitim. Es wäre ja schließlich eine merkwürdige Geschichte, wenn die kapitalistische Marktwirtschaft als ein Nebenprodukt der Entdeckung von Freiheit und Gleichheit gerade diese zerstörte. Durch die Möglichkeit, auch große Vermögen auf die Nachkommen zu übertragen, kann sich eine neue Form des Feudalismus bilden. In manchen lateinamerikanischen Ländern ist es so weit längst gekommen: Es sind einige wenige »große« Familien, die nicht nur die ökonomischen Geschicke, sondern auch die politischen und die sozialen bestimmen. Zwischen der demokratischen Ordnung mit ihren gleichen Wahlrechten und im Prinzip gleichen Einflussmöglichkeiten und dem Marktprinzip besteht ein Spannungsverhältnis: Obwohl beide Ordnungssysteme – das des kapitalistischen Marktes und das der parlamentarischen Demokratie – auf diesen miteinander verkuppelten Säulen von Freiheit und Gleichheit beruhen, besteht zwischen ihnen kein natürliches Ergänzungsverhältnis, wie lange Zeit angenommen wurde. Gegenwärtig zeigen einige Staaten, dass Diktaturen mit kapitalistischer Marktwirtschaft gut vereinbar ist: China und Singapur sind momentan vielleicht die eindrücklichsten Beispiele. Auch die umgekehrte Auflösung ist denkbar, wenn auch bislang nicht realisiert: eine demokratische Ordnung ohne kapitalistische Marktwirtschaft.

Der ökonomische Markt verschiebt die Gewichte innerhalb dieser verkoppelten Säulen zur Freiheit und gefährdet die Gleichheit. Eine Demokratie ohne Markt würde die Gewichte von der Freiheit zur Gleichheit verschieben. Beides schafft eine Dysbalance. Deshalb muss man den sogenannten neoliberalen, eigentlich libertären, Bestrebungen des sich verselbstständigten ökonomischen Marktes, welcher den Einfluss demokratischer Entscheidungsfindung zurückdrängt, entgegentreten. Ein anspruchsvolles Verständnis von Freiheit und Gleichheit, im Sinne von gleicher Autonomie, erfordert eine Balance zwischen Demokratie und Markt, die immer wieder neu austariert werden muss. Die Krise auf den Weltfinanzmärkten ist ein Hinweis darauf, dass jedenfalls im globalen Rahmen diese Balance gestört ist.

Die Moralität der Moderne, die auf einer Anthropologie der Freien und Gleichen beruht, verlangt nach einer Begrenzung der optimierenden Praxis. Wir dürfen das, was aus der jeweiligen Perspektive sinnvoll erscheinen mag, nur in den Grenzen verfolgen, welche die gleiche Autonomie anderer anerkennt. Die moderne Moralität ist deontologisch, nicht konsequentialistisch. Das gesamte Rechtssystem der modernen Staaten berücksichtigt diese deontologische Struktur, die im deutschen Grundgesetz seinen Ausgangspunkt in Artikel 1, Absatz 1 »Die Würde des Menschen ist unantastbar« nimmt. Ökonomische Rationalität im Sinne eigeninteressierter Optimierung muss sich in den strukturellen Grenzen praktischer Vernunft halten, die den Respekt vor der Autonomie anderer gebietet.

III.6 Gerechtigkeit und Effizienz

The distribution of wealth and income, and hierarchies of authority, must be consistent with both the liberties of equal citizenship and of equality opportunity.

John Rawls,
A Theory of Justice, 1971

Eine Verteilung ist (pareto-)effizient, wenn es keine Möglichkeit gibt, auch nur eine einzige Person besser zu stellen, ohne eine andere schlechter zu stellen. Das Ergebnis individuell optimierenden Verhaltens im Gefangenendilemma wird zu einer pareto-ineffizienten Verteilung von Gefängnisjahren, d. h., beide Gefangenen haben, da sie je individuell ihre Interessen optimierten, mehr Gefängnisjahre abzusitzen, als nötig gewesen wäre. Hätten sie beide kooperiert, d. h. geschwiegen, wären sie mit einer jeweils geringeren Strafe herausgekommen.
Im Gegensatz zum Gefangenendilemma ist jedoch der (ideale) ökonomische Markt so beschaffen, dass er bei individuell optimierendem Verhalten effiziente Verteilungen hervorbringt. Das ist seine große Stärke. In der ökonomischen Literatur ist die Auffassung weitverbreitet, dass alles, was mit Gleichheit – in der englischsprachigen Literatur *equity* – zu tun hat, Effizienz behindert. Wenn Gerechtigkeit eine Eigenschaft von Gesellschaften oder Institutionen oder Verteilungen ist, die etwas mit Gleichheit zu tun haben, also beispielsweise gleiche Leistungen gleich bewerten, dann hätten wir ein Spannungsverhältnis zwischen Effizienz und Gerechtigkeit. Wir müssen Schritt für Schritt vorgehen, um diesen komplexen Zusammenhang zwischen Gerechtigkeit und Effizienz – spezifischer: zwischen ökonomischer Rationalität und Gleichheit – zu klären.

Zunächst muss das Effizienzkriterium vollständig verstanden sein.[70] Angenommen, wir haben eine Gemeinschaft von zehn Personen vor uns. Diese verfügen über bestimmte Ressourcen, beispielsweise ihre Arbeitskraft, und generieren ein bestimmtes Einkommen. Zudem können sie untereinander Güter, die sie besitzen, tauschen. Wenn alle rational sind, findet ein Tausch nur dann statt, wenn beide etwas davon haben, wenn der Tausch beide besser stellt als vor dem Tausch. Solange es zwei Personen gibt, die sich beide bei einem Tausch von Gütern, über die sie verfügen, besser stellten, ist die Güterverteilung in dieser kleinen Gemeinschaft nicht effizient. Erst wenn kein Gütertransfer mehr stattfinden kann, der im wechselseitigen Vorteil ist, ist Effizienz (bei der gegebenen Güterausstattung) erreicht.

Effizienz hat also einen Verteilungsaspekt: Vorhandene Güter sollen so verteilt werden, dass jede Besserstellung einer Person wirksam wird, vorausgesetzt, sie ist realisierbar, ohne einen anderen schlechter zu stellen. In der Regel finden Transfers nur statt, wenn beide am Transfer Beteiligten einen Vorteil haben, sodass man sagen kann, dass die Effizienz darauf gerichtet ist, Vorteile des einen zu realisieren, wann immer sich dies mit dem Vorteil eines anderen verbinden lässt.

Der ideale Markt bewirkt effiziente Verteilungen, weil Transfers von Gütern immer dann realisiert werden, wenn beide am Transfer Beteiligten einen Vorteil davon haben. Auf dem idealen Markt gibt es keine sogenannten externen Effekte. D. h., wenn ein solcher Transfer zwischen zwei Individuen stattfindet, wird die Güterausstattung der anderen Teilnehmer auf dem Markt nicht beeinflusst, weder positiv noch negativ. In der realen Welt der Ökonomie ist diese Bedingung natürlich

---

70 Im Folgenden steht Effizienz immer für Pareto-Effizienz oder auch Pareto-Optimalität, was dasselbe bedeutet.

häufig oder meist verletzt. Der Verkauf eines alten, von Efeu bewachsenen und von vielen Pflanzen umgebenen Häuschens, das über Jahrzehnte von einer Witwe bewohnt war, an eine wohlhabende Familie bewirkt für die Nachbarn in aller Regel beträchtliche Veränderungen. Das Häuschen wird umgebaut, der Efeu beseitigt, der Garten zur Grünfläche etc. Die Nachbarn waren an diesem Transfer nicht beteiligt, aber es gibt für sie – in diesem Falle vermutlich negative – Effekte.

Effizienz bezieht sich aber nicht nur auf Güterverteilungen, sondern auch auf die Ressourcennutzung. Bei einer gegebenen Ressourcenlage lassen sich unterschiedliche Gütermengen und unterschiedliche Zusammensetzungen von Gütern produzieren. Die Nutzung von Ressourcen ist erst dann effizient, wenn es bei der gegebenen Ressourcenlage keine andere Möglichkeit der Erstellung von Gütern gibt, die mindestens eine Person besser stellt, ohne eine andere schlechter zu stellen. Solange es eine andere Nutzungsmöglichkeit der gegebenen Ressourcen gibt, die mindestens eine Person besser stellt, ohne eine andere Person schlechter zu stellen, ist diese Ressourcennutzung nicht effizient.

Effizienz ist ein wichtiges und machtvolles Prinzip der ökonomischen Praxis. Sie war einer der treibenden Motoren, die Anfang des 19. Jahrhunderts einen Prozess in Gang setzten, der unterdessen global geworden ist und insgesamt zu einer deutlichen Wohlfahrtssteigerung geführt hat. Vermutlich ist sie die stärkste Kraft dieses Prozesses und nicht so sehr die technologischen Veränderungen, wie so oft angenommen wird. Und diese Kraft wird durch Machtbeziehungen freigesetzt, durch Konkurrenz auf den Märkten. Wir können auch in Zukunft auf diese treibende Kraft wirtschaftlicher Dynamik nicht verzichten.

Wie steht es aber um die weitverbreitete Behauptung, wer Effizienz wolle, müsse auf Gerechtigkeit verzichten? Gerechtigkeit sei sicher wünschenswert, aber sie behindere eben die wirtschaftliche Dynamik und sei im Ganzen ineffizient. Man müsse eben abwägen zwischen wirtschaftlichem Erfolg und gerechten gesellschaftlichen Verhältnissen.

Betrachten wir zunächst ein einfaches, wenn auch etwas künstliches Beispiel. Wir sind auf einem Kindergeburtstag, und die Mutter des Geburtstagkinds, das vier Jahre alt wird, hat die Aufgabe, den etwas klein geratenen Geburtstagskuchen zu verteilen. Entsprechend einer bewährten Regel sind vier Kinder eingeladen. Zusammen mit dem Geburtstagskind sind es also fünf Kinder.

Nehmen wir an, jedes dieser Kinder hat unbegrenzt viel Appetit auf diesen Kuchen, d. h., selbst wenn es allein wäre, würde es diesen Kuchen vertilgen. Auch angesichts des enormen Appetits jedes dieser Kinder können wir annehmen, dass der Grenznutzen fällt, dass also das erste Stück Kuchen mehr mundet als das zweite, gleich große Stück. Zugleich aber steigt die Nutzenfunktion dieser Kinder monoton an. Je mehr Kuchen, desto besser, bis zur Erschöpfung der vorhandenen Ressourcen, sprich des zu klein geratenen Geburtstagskuchens.

Die Mutter könnte den Kuchen in fünf gleich große Stücke teilen und jedem Kind ein Stück geben. Die Mutter könnte die fünf Kuchenstücke aber auch unterschiedlich groß schneiden, je nach Alter oder Gewicht des Kindes. Sie könnte sich auch nach der Lautstärke des Schreiens richten, da sie von dieser Lautstärke auf den Appetit des jeweiligen Kindes schließt. Sie könnte – weniger wahrscheinlich – dem Geburtstagskind die Hälfte des Kuchens überlassen, die andere Hälfte in vier gleich große Stücke teilen und den Gästen jeweils ein Stück überlassen. Sie könnte auch den ganzen Kuchen nur dem Geburtstagskind überlassen, sie könnte den Kuchen in unterschiedlich große Stücke schneiden und dann ein Spiel veranstalten, dessen Sieger jeweils das noch vorhandene größte Stück nehmen dürfte, und so weiter.

Welche dieser Verteilungen des Kuchens auf fünf kindliche Teilnehmer einer Geburtstagsparty ist effizient? Lassen Sie sich bei der Beantwortung dieser Frage nicht voreilig von Ihren Intuitionen leiten, sondern nehmen Sie das Kriterium, wie wir es formuliert haben: Effizient ist eine Verteilung, wenn es dazu keine Alternative gibt, die eine Person besser stellt, ohne eine andere schlechter zu stellen.

Nun, offenkundig ist jede der aufgeführten und jede andere denkbare Verteilung des Kuchens auf diese fünf Kinder effizient. Zu keiner Verteilung gibt es eine Alternative, die eine Person besser stellt, ohne eine andere schlechter zu stellen. Wann immer ein Kuchenstück, über welches das eine Kind verfügt, vergrößert wird, geht dies zu Lasten des Kuchenstücks mindestens eines anderen Kindes. Jede Besserstellung des einen bedeutet eine Schlechterstellung des anderen.

Generell gilt für das, was die Entscheidungstheoretiker und theoretischen Ökonomen als Nullsummenspiel bezeichnen: dass jedes mögliche Ergebnis (hier Verteilung) effizient ist. Offenkundig bietet also das Effizienzkriterium in diesem Fall keine Entscheidungshilfe. Die Mutter ist gezwungen, andere Kriterien zugrunde zu legen und sich zu überlegen, welche Verteilung gerecht ist oder – um den Frieden der Party zu wahren – von möglichst allen Kindern als gerecht empfunden wird. Bei der Verteilung einer gegebenen Gütermenge auf Individuen ist Effizienz vollkommen verteilungsblind: Jede dieser Verteilungen ist effizient, wenn man die Annahme monoton steigender Nutzenfunktionen macht. Ganz anders sieht es aus, wenn wir das Satisfaktionsprinzip des letzten Kapitels zugrunde legen. Je früher die Wünsche der Einzelnen befriedigt sind – technisch gesprochen: je rascher das Maximum der individuellen Nutzenfunktionen erreicht ist –, desto eher lässt sich eine allgemeine Sättigung erreichen. Unterhalb dieser Sättigungsgrenze würden Utilitaristen die Verteilung wählen, bei welcher der Anstieg der individuellen Nutzenfunktionen jeweils gleich (erste Ableitung) und die Gütermenge erschöpft ist. Egalitaristen, also diejenigen, für die Gerechtigkeit sich vor allem an Gleichheit orientieren muss, könnten fordern, dass der relative Abstand zum Nutzenmaximum für alle Individuen gleich sein sollte, also etwa zwei Drittel oder drei Viertel etc.

Abbildung 1: Vollständige Befriedigung der Wünsche (Satisfaktionsprinzip statt Prinzip des monoton steigenden Nutzens vorausgesetzt)

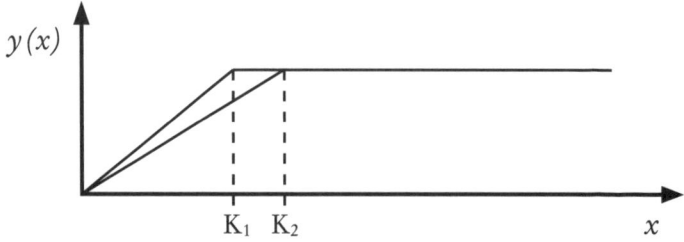

Abbildung 2: Utilitaristische Gerechtigkeit (Wunscherfüllung wird in der Summe maximiert), Verteilung bei gleicher erster Ableitung (Steigung der Asymptote)

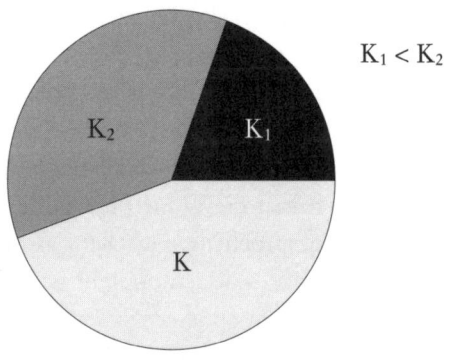

Abbildung 3: Gerechtigkeit als gleicher relativer Verzicht

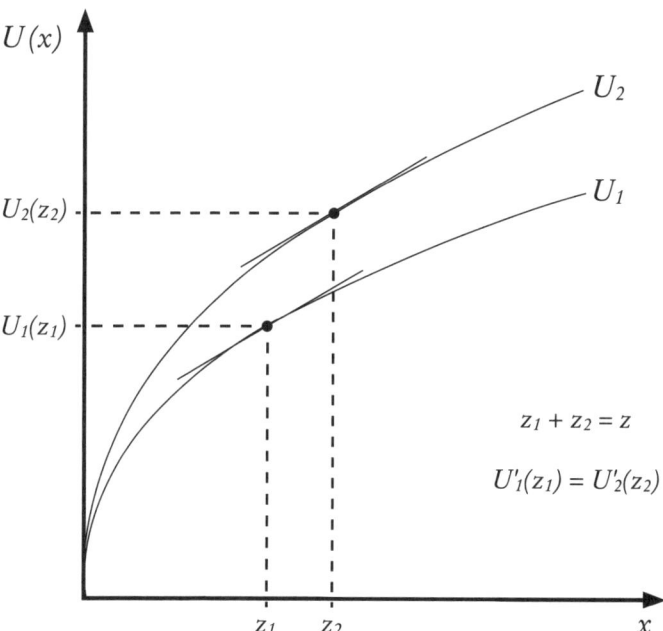

John Rawls, der bedeutendste Gerechtigkeitstheoretiker der vergangenen Jahrzehnte, nutzte folgendes, hier nur leicht vereinfachtes Beispiel, um seine Gerechtigkeitstheorie einzuführen: Angenommen, in einer Schuhfabrik werden die Erträge vollständig an die Mitarbeiter ausgezahlt, und zwar zu gleichen Teilen.[71] Wenn alle Möglichkeiten der Produktivitätssteigerung und der effizienten Ressourcennutzung sowie der Arbeitsorganisation ausgeschöpft wurden, ist die maximale Gleichverteilung erreicht. Alle Mitarbeiter erhalten nach wie vor den gleichen Ertrag ihrer gemeinsamen Wertschöpfung, und dieser

---

71 Vgl. John Rawls, »Justice as Fairness«, *Collected Papers, Cambridge* (1999), Kap. 3.

Ertrag lässt sich nicht mehr steigern. Angenommen, jemand schlägt vor, in Zukunft die Löhne je nach Arbeitsleistung zu variieren. Es entstünde also eine Ungleichverteilung. Angenommen, der damit verbundene Leistungsanreiz würde eine höhere Produktivität bewirken, was bei starker intrinsischer Motivation der Mitarbeiter nicht oder bei wenig intrinsischer Motivation nur in einem geringen Umfang zu erwarten ist. Angenommen weiter, man könnte die dadurch erreichten höheren Erträge so in das System der Leistungsanreize einbauen, dass niemand schlechter gestellt wird als bei der maximalen Gleichverteilung. Dann, so meint Rawls, sei diese Ungleichverteilung gerechtfertigt. Es gibt also gerechtfertigte Ungleichheiten. Darüber hinaus schlägt Rawls vor, die Gerechtigkeit in erster Linie an der Situation der am schlechtesten gestellten Gruppe – in diesem Beispiel an der der am schlechtesten bezahlten Mitarbeiter – zu orientieren. Die Ungleichverteilung also so auszurichten, dass nicht nur ein möglichst hoher Ertrag erreicht wird, sondern dieser Ertrag auch so eingesetzt wird, dass er der am schlechtesten bezahlten Person besonders zugutekommt. Der Einwand, das sei doch am besten wieder dadurch zu erreichen, dass man zur Gleichverteilung zurückkehre, beruht auf einem Denkfehler. Die Annahme war ja, dass die Ungleichverteilung eine Erhöhung des Ertrags nach sich zieht, und es geht ja um die Verteilung dieses zusätzlichen Ertrags, des durch Ungleichheit erst ermöglichten Zuwachses (im Englischen *inequality-surplus).*

Die grundsätzliche Perspektive von John Rawls ist, dass Individuen nicht lediglich eine bestimmte Leistung einbringen und nach dieser Leistung vergütet werden, sondern dass jeder Einzelne Teil eines großen sozialen und ökonomischen Kooperationsgefüges ist. Deshalb stellt sich die Frage der Gerechtigkeit, weil wir alle von dieser Kooperation abhängen und alle ein Interesse daran haben, dass jeder Einzelne sich an dieser

Kooperation beteiligt. Erst wenn der Gerechtigkeitssinn befriedigt ist, ist diese allgemeine Beteiligung – das entsprechende Engagement des Einzelnen – zu erwarten.

In der experimentellen Spieltheorie illustriert das Verhalten der Teilnehmer am Ultimatumspiel eindrücklich diesen Zusammenhang zwischen Beteiligungsbereitschaft und Gerechtigkeitssinn. Im Ultimatumspiel geht es um die Aufteilung eines Gutes auf zwei Personen. Die erste Person macht einen Teilungsvorschlag, und die zweite Person hat die Alternative, diesen Verteilungsvorschlag anzunehmen oder ihn zu verwerfen. Wenn sie ihn annimmt, bekommt jeder den von der ersten Person vorgeschlagenen Anteil. Wenn sie ihn verwirft, erhält keiner einen Anteil. Ein großer Prozentsatz weigert sich, Teilungsvorschlägen nachzukommen, die als ungerecht empfunden werden. Dies ist deswegen bemerkenswert, weil die Person sich ja dadurch selbst schadet, sie erhält ja dann statt des vorgeschlagenen Anteils gar nichts. Dies zeigt, dass Individuen nur innerhalb bestimmter Grenzen Optimierer sind, und eine dieser Grenzen wird durch den Gerechtigkeitssinn vollzogen. Individuen sind auch nur dann bereit, sich an einer für sie vorteilhaften Praxis zu beteiligen, wenn diese Praxis ihren Gerechtigkeitssinn nicht allzu stark verletzt.

Auch internationale Vergleiche können diese Befunde bestätigen. Es ist keineswegs so, dass Länder mit großen Einkommensdifferenzen auch die produktivsten sind. Japan und Finnland gehören aus ganz unterschiedlichen Gründen zu den Ländern mit den niedrigsten Einkommensdifferenzen, was der sogenannte Gini-Koeffizient anzeigt.[72] In Finnland hängt dies mit einem stark ausgebauten Sozialstaat zusammen, in Japan scheinen dafür vor allem kulturelle Traditionen verantwortlich zu sein – die sozialen Transferleistungen sind dort ausge-

---

72 Vgl. www.oecd.org

sprochen niedrig, gemessen am Bruttoinlandsprodukt. In beiden Ländern ist die Produktivität sehr hoch. Länder wie die USA, die sehr viel weitgehender auf die Kräfte des Marktes vertrauen und einen schwach ausgebauten Sozialstaat haben, bezahlen dies mit hohen Kriminalitätsraten und einer geringen Kooperationsbereitschaft in einem großen Teil der Bevölkerung. Die Kosten für Gefängnisse, öffentliche und private Sicherheit, die das nach sich zieht, sind immens. Diese Kosten werden überwiegend vom Staat und Privatleuten getragen, beeinträchtigen aber den Lebensstandard im reichsten Land der Welt empfindlich.[73]

Man kann diesen Ansatz auch folgendermaßen formulieren: Die maximale Gleichverteilung, das Ergebnis eines radikalen Egalitarismus, ist ineffizient. Wenn sich auch unter Inkaufnahme von Ungleichheiten Effizienzgewinne erreichen lassen, sollten diese zugelassen werden. Da alle Individuen von diesen Ungleichheiten profitieren (im Vergleich zur maximalen Gleichverteilung), kann man diese ungleichen Verteilungen nicht ungerecht nennen, sie sind gerechtfertigt. Das Effizienzkriterium sagt uns zwar, dass die maximale Gleichverteilung kein befriedigender Zustand ist; es sagt uns aber nicht, welche von den Ungleichverteilungen, die alle besser stellen, vorzuziehen ist. John Rawls macht den Vorschlag, dies an der Situation der am schlechtesten gestellten Person auszurichten.

Jede vernünftige Theorie der Gerechtigkeit zeichnet nur solche Verteilungen als gerecht aus, die effizient sind. Gerechtigkeit ist *pareto-inklusiv*. Gemeint ist: Das Effizienzkriterium wird durch jedes vernünftige Gerechtigkeitskriterium erfüllt. Daraus ergibt sich aber nicht im falschen Umkehrschluss, dass

---

73 Für einen interessanten Vergleich von 20 OECD-Staaten, darunter Japan, USA, Deutschland, Großbritannien, Frankreich, vgl. Thomas Meyer, *Praxis der sozialen Demokratie*, Wiesbaden (2006).

alle effizienten Verteilungen gerecht sind! Effizienz garantiert keine Gerechtigkeit, wie unser Kuchenbeispiel eindrücklich gezeigt hat. Gerechtigkeit impliziert aber Effizienz.

Der ideale Markt führt zu effizienten Verteilungen. Daraus können wir also nicht schließen, dass der ideale Markt zu gerechten Verteilungen führt. Wir wissen aber, dass alle gerechten Verteilungen effizient sind. Der Markt ist ein gutes Instrument, um Ineffizienzen zu beheben. Gerechtigkeit und Effizienz sind keine Gegensätze. Gerechtigkeit verlangt nach Effizienz. Effizienz allein reicht nicht aus, um Gerechtigkeit zu garantieren.

III.7 Nachhaltigkeit und Ökologie

Der ökonomische Markt ist in einer bestimmten Weise, die wir im vorausgegangenen Kapitel genau beschrieben haben, *verteilungsblind*. Er ist zudem in einem Sinne, den wir in diesem Kapitel beschreiben werden, *zukunftsblind*. Diese Zukunftsblindheit kann man als eine Variante der Verteilungsblindheit interpretieren.

Die Verteilungsblindheit des Marktes wirft ein Problem für die Gerechtigkeit auf. Reine Marktgesellschaften sind zwar effizient, aber in der Regel ungerecht. Diese Ungerechtigkeit führt zur Marginalisierung eines Teils der Bevölkerung, desjenigen Teils, dessen Arbeits- oder Kaufkraft zu gering ist, um ein autonomes Leben zu gestalten und an der sozialen und kulturellen Gemeinschaft teilzuhaben. Gerechtigkeit ist, wie wir gesehen haben, nicht gegen Effizienz gerichtet, sondern trifft – abstrakt gesprochen – eine Auswahl aus den möglichen effizienten Zuständen. Diese Auswahl kann der ökonomische Markt nicht vornehmen, weil diesem dafür die Kriterien und Entscheidungsmechanismen fehlen.

Der einfache Grund dieser Zukunftsblindheit besteht darin, dass zukünftige Generationen, also Menschen, die heute noch nicht leben, von denen wir aber erwarten können, dass sie in Zukunft den Planeten bevölkern werden, heute noch keine Nachfragewirksamkeit entfalten können. Ungeborene haben keine Kaufkraft. Auf dem Markt realisieren sich die Interessen von Individuen aber nur, wenn sie über Kaufkraft verfügen. Es gibt eine indirekte Form, in der die Interessen zukünftiger Generationen berücksichtigt werden. Das sind zum einen die Vorsorgemaßnahmen, die Eltern und Großeltern für ihre Kinder und Enkel treffen. Dies reicht in der Regel nicht weit in der Generationenfolge, berücksichtigt aber doch einen – wenn auch nur kleinen – Bruchteil der Interessen zukünftiger Generationen. Und dann gibt es das Phänomen der Moralisierung der Märkte, d. h. Entscheidungen von Konsumenten, die Produkte bevorzugen, die mit einer nachhaltigen ökonomischen Entwicklung verträglich sind.

Was heißt Nachhaltigkeit in der Ökonomie? Der Begriff kommt aus der Forstwirtschaft und leitete eine Praxis an, die jeweils nur so viel Holzgewinnung vorsah, wie Holz nachwuchs. Unsere ökonomische Praxis ist spätestens seit Beginn der Industrialisierung weit davon entfernt, das Prinzip Nachhaltigkeit zu realisieren.

Die Karriere dieses Begriffs spätestens seit der Konferenz in Rio de Janeiro 1992 hatte unterdessen so gut wie alle Bereiche der Politik und das gesellschaftliche Leben zumindest rhetorisch erreicht. Dies hat jedoch auch zu einer Verwässerung des Nachhaltigkeitsprinzips geführt. Wenn etwa von einer nachhaltigen Wachstumsstrategie gesprochen wird, so kann nur gemeint sein, dass das Wachstum anhaltend von einer gewöhnlichen Höhe ist. Eine nachhaltige Ökonomie würde ihren Ressourcenverbrauch so einrichten, dass die jeweiligen Bestände unverändert bleiben. Davon sind wir heute weiter entfernt denn je.

Der kritischste Aspekt ist die Deckung des globalen wachsenden Energieverbrauchs durch nicht erneuerbare Ressourcen, insbesondere Erdöl und Erdgas, aber auch Kohle. Während die Kohlevorräte vergleichsweise groß sind, kann heute kein Zweifel mehr bestehen, dass die Erdöl- und Erdgasvorkommen zur Neige gehen werden. Die Hoffnung mancher Technokraten auf immer wieder neu entdeckte Vorkommen wird enttäuscht werden. Zwar haben sich die Berechnungen des Club of Rome[74] vor rund vierzig Jahren insgesamt als bei weitem zu

---

74 Dennis Meadow et al., *Die Grenzen des Wachstums* (1972).

pessimistisch herausgestellt, doch scheint unterdessen das erreicht zu sein, was als *peak oil* bezeichnet wird, d. h., pro Jahr werden weniger zusätzliche Erdölvorräte entdeckt, als es dem weltweiten Verbrauch entspricht. Ab diesem *peak oil* lässt sich die Erschöpfung der Ressourcen absehen.[75]

Noch leichtfertiger wäre es, Erdöl in Zukunft durch Kernenergie auf der Basis von Leichtwasserreaktoren zu ersetzen. Zum einen, weil damit die Proliferationsproblematik völlig unbeherrschbar würde, d. h., es wäre zu befürchten, dass eine zunehmende Zahl von Ländern sich mit der Nutzung der friedlichen Atomenergie auch die Möglichkeit einer militärischen Verwendung der Atomenergie verschafft. Zum anderen aber, weil die schlechte Ausnutzung der Ressource Uran durch Leichtwasserreaktoren die Vorräte noch rascher zur Neige gehen ließe. Die Gefahren von Reaktorunfällen klammern wir hier aus.

Der schnelle Brüter, der fast hundert Mal so viel Nutzenergie aus derselben Masse Uran schöpft, sollte als Grundlage der Energieversorgung erst gar nicht in Betracht gezogen werden. Die vom US-Präsidenten Gerald Ford eingesetzte Kommission ist schon vor vielen Jahren zu dem Ergebnis gekommen, dass damit die Risiken der Plutoniumwirtschaft und des unkontrollierbaren militärischen und terroristischen Einsatzes viel zu hoch sind.[76]

Die fossilen Energieressourcen Kohle, Erdöl und Erdgas, aber auch Holz, tragen im Gegensatz zur Kernenergie und zur Solarenergie zur Anreicherung der Atmosphäre mit Kohlendioxid bei und fördern somit den Treibhauseffekt, der zur Klimaerwärmung führt. Die stark wachsenden Ökonomien

---

75 Jeremy K. Leggett, *Peak Oil,* Köln (2006).
76 Ford Foundation, *Das Veto. Der Atombericht der Foundation. Ein kritisches Handbuch zu den Problemen der Kernenergie,* Reinbek bei Hamburg (1979).

Chinas, Indiens und Brasiliens sowie der anhaltend hohe Pro-Kopf-Verbrauch in den USA, aber auch in Europa – hier ist der Pro-Kopf-Verbrauch etwa halb so hoch wie in den USA –, scheinen eine Klimakatastrophe unausweichlich zu machen. Tatsächlich ist dem nicht so; es gibt seriöse Studien, die das Ziel eines weltweit gleichen CO_2-Ausstoßes pro Kopf (aus Gerechtigkeitsgründen) anstreben und denen zufolge der tatsächlich dann steigende Energieverbrauch in China, Indien und anderen Wachstumsländern der vormaligen sogenannten Dritten Welt durch massive Effizienzgewinne bei den größten Energiesündern – den USA, Europa und den Staaten der früheren Sowjetunion – kompensiert würde.

Emission in Mio. CO_2-Tonnen

	2005	2006	2007	2008
Frankreich	388	380	373	368
Deutschland	811	823	801	804
Italien	457	458	441	430
Japan	1221	1205	1 242	1151
Mexiko	390	397	418	408
Niederlande	183	178	177	178
Neuseeland	33	34	32	33
Spanien	340	332	344	318
Schweden	50	48	46	46
Schweiz	44	44	42	44
Türkei	216	240	265	264
Vereinigtes Königreich	532	533	521	511
USA	5772	5685	5763	5596
OECD – total	12.903	12.841	12.970	12.630
Brasilien	326	331	345	365
China	5068	5 608	6032	6508

Indien	1160	1 250	1338	1428
Indonesien	324	339	365	385
Russische Föderation	1516	1 580	1579	1594
Südafrika	331	332	343	337
Welt	27.129	28.024	28.945	29.381

Quelle: OECD

Auch wenn eine solche Strategie konsequent umgesetzt würde, käme es zu einer globalen Temperaturerhöhung um etwa zwei bis vier Grad Celsius. Eine solche Strategie wäre nachhaltig lediglich hinsichtlich der Ressource Klima, aber nicht gegenüber den Energieressourcen. Das eigentlich Bittere an der Situation ist, dass eine nachhaltige Ökonomie realisierbar wäre, die Realisierung aber an der Gegenwartsorientierung der Marktteilnehmer und an der Kurzfristigkeit der Politik scheitert. Selbst moderate Maßnahmen wie die gesetzliche Vorschrift, Kraftfahrzeuge mit Katalysatoren auszustatten, konnte nur gegen den erbitterten Widerstand der Automobilindustrie durchgesetzt werden. Auch die konsequente Umsteuerung auf erneuerbare Energien stößt auf den Widerstand derjenigen, die von der Nutzung erneuerbarer Energien nicht profitieren. Wir haben es daher häufig mit einem Konflikt heute noch machtvoller Marktinteressen gegen zukünftige zu tun.

In der Problematik der Nachhaltigkeit zeigt sich, wie bedeutsam die moralischen Normen und ethischen Tugenden sind. Es ist nicht übertrieben zu sagen, dass das Überleben der Menschheit davon abhängt, wie wirksam diese für unsere ökonomische Praxis werden. Es ist zu vermuten, dass auch unter radikal veränderten klimatischen Bedingungen, auch bei Erschöpfung der fossilen Ressourcen, die Spezies Mensch nicht aussterben wird. Doch werden die Lebensbedingungen völlig andere sein. Und es besteht die reale Gefahr, dass es zumindest in der Übergangsphase zu massiven Bevölkerungsverschiebungen kommen wird; diese werden alles in den Schatten stellen, was wir von der zeitgenössischen Migration gewohnt sind, da große Teile der Erde unbewohnbar werden. Ein Rohstoffkrieg bis hin zur Möglichkeit eines Dritten Weltkriegs wären die Folge. Diese Wahrscheinlichkeit ist Bedingung für das, was Hans Jonas als genuine menschliche Existenz bezeichnet hat: »Handle so, dass die Wirkungen deiner Handlung verträglich sind mit der Permanenz echten menschlichen Lebens auf Erden.«[77] Der durch die Klimaveränderung und die Ressourcenerschöpfung erzwungene Wechsel zu einer nachhaltigen Ökonomie wird angesichts fehlender internationaler Institutionen nicht strukturell rational und strategisch-langfristig erfolgen, sondern unter dem Zwang der Verhältnisse unter Einschluss des Versuchs der Stärkeren, für sich den Zeitpunkt der Umstellungen hinauszuzögern und die Kosten den Schwächeren aufzuerlegen. Die genuin menschliche Lebensform, die es zu bewahren gilt, ist nicht durch die Verfügbarkeit über materielle Güter definiert, sondern über die Kriterien der Humanität. Die Fähigkeit, ein Leben nach eigenen Vorstellungen leben zu können, mit der Anerkennung gleicher Autonomie, gleichen Respekts, geschützt durch institutionell verankerte Menschen- und Bürgerrechte und gestützt durch ein Netzwerk der Kooperation. In diesem Sinne sind die Errungenschaften des Humanismus, der Aufklärung und der Kultur der Moderne unverzichtbar. Wenn die aktuelle Unverantwortlichkeit der ökonomischen Praxis allerdings anhält, dann ist es nicht ausgeschlossen, dass sowohl die kulturellen Errungenschaften als auch die wissenschaftlich-technologischen der letzten Jahrhunderte verloren gehen. Es wäre nicht das erste Mal in der Geschichte – man denke an den Untergang des *Imperium Romanum.*

---

[77] Hans Jonas, *Das Prinzip Verantwortung: Versuch einer Ethik für die technologische Zivilisation,* Frankfurt am Main (1979).

Das Prinzip gleicher Freiheit, ausgedehnt auf die menschlichen Individuen zukünftiger Generationen, hieße, in Rücksichtnahme auf deren Interessen die ökonomischen und technologischen Möglichkeiten zu nutzen, um rasch auf nachhaltiges Wirtschaften umzustellen. Die Begrenzung der Wünsche, das Satisfaktionsprinzip flankiert von den ethischen Merkmalen der moralischen Persönlichkeit, die wir im zweiten Teil beschrieben haben, sind Bedingungen einer nachhaltigen und zugleich humanen Ökonomie.

Gegenüber dem Klima und den natürlichen Ressourcen haben wir bislang in diesem Kapitel einen instrumentellen Blick eingenommen, d. h., wir haben diese als Bedingungen eines guten menschlichen Lebens betrachtet. Die Frage ist aber berechtigt, ob eine rein anthropozentrische Sicht gerechtfertigt ist. Zumindest empfindungsfähige, nicht menschliche Lebewesen können nicht als bloße Sachen betrachtet werden. Die Solidarität, die uns Gründe gibt, das Leid anderer zu mindern, kann nicht an den Speziesgrenzen haltmachen. Wenn die Leidminderung uns Grund gibt, etwas zu tun oder zu unterlassen, dann gilt dies auch für nicht menschliche Lebewesen. Dies wird vom deutschen Tierschutzgesetz auch berücksichtigt. Unterdessen wurde das deutsche Grundgesetz so weit angepasst, dass diese Sonderstellung von Tieren im positiven Recht eine verfassungsmäßige Grundlage hat.[78] Tiere sind zwar gegenwärtig zweifellos eine wichtige Ressource menschlichen Wohlergehens. Ein Gutteil unseres Lebensstandards beruht auf ihrer industriellen Haltung und Verwertung. Der Fleischverbrauch ist in den Industrieländern sehr hoch und nimmt in den Schwellenländern Südamerikas und Ostasiens rasch zu – so wird geschätzt,

---

78 Als Sachverständiger des Deutschen Bundestags habe ich mich mit Dietmar von der Pfordten für eine entsprechende Veränderung des Grundgesetzes ausgesprochen. Vgl. das Kapitel »Tierethik II«, in: *Handbuch angewandter Ethik*, Stuttgart (2005).

dass der Fleischkonsum in den OECD-Ländern von 68 Kilogramm pro Kopf auf 71 Kilogramm im Jahr 2014 steigen wird, in den Nicht-OECD-Ländern von 25 Kilogramm auf 27 Kilogramm. Dieser Fleischkonsum hat eine Klimakomponente, da das durch die Tierhaltung frei werdende Methangas um ein Vielfaches mehr (pro Volumeneinheit) zum Treibhauseffekt beiträgt als Kohlendioxid. Zudem entsteht eine Konkurrenz der Flächennutzung, welche die pflanzliche Nahrung weltweit verteuert und in den letzten Jahren dadurch verschärft wurde, dass die Produktion von Biokraftstoffen die Flächen weiter verknappt hat. Insbesondere in Afrika führt die Viehzucht zur ökologischen Verarmung und Versteppung. In Brasilien trägt sie zur Abholzung des Tropenwalds bei. Eine nachhaltige Ökonomie muss also auch unter einem instrumentellen Blickwinkel auf einen mäßigeren Fleischkonsum umstellen.

Eine nicht anthropozentrische Sicht würde jedoch auch das Leiden der Tiere in der industriellen Landwirtschaft einbeziehen. Die Massentierhaltung verbilligt das Fleisch, führt zu einem höheren Fleischkonsum, ist ökologisch schädlich und mit millionenfachem tierlichem Leid verbunden. Eine nachhaltige Ökonomie muss daher sowohl aus Gründen der Ressourcenschonung (anthropozentrisch) als auch aus Gründen der Rücksichtnahme und der Solidarität gegenüber tierlichen Interessen auf eine artgerechte Haltung in der Landwirtschaft umstellen. Hierdurch würde das Produkt Fleisch – ebenso wie Fisch – verteuert werden, woraus eine Eindämmung des Fleischkonsums und eine Reduzierung des Flächenverbrauchs resultieren würden. Zugleich verbessert dies auch die Gesundheit der Menschen.

Die erfreuliche Tatsache, dass die ökonomische Dynamik, die in Europa vor rund zweihundert Jahren einsetzte, in mehreren Etappen nun die gesamte Welt erreicht hat, hat auch eine Schattenseite. Der Lebensstil der hoch entwickelten westlichen

Gesellschaften – der immense Energieverbrauch pro Kopf, die hohe Mobilität, der hohe Fleischverbrauch, die gigantischen Abfallberge pro Kopf (14 Tonnen in den Industrienationen pro Kopf pro Jahr) – globalisiert sich. Diese Form der Globalisierung wird der Planet jedoch nicht lange ohne tief greifende und irreparable Schäden überstehen. Die ganze Wucht der Folgen für die menschliche Lebensform werden bei einer Fortsetzung des gegenwärtigen Entwicklungspfads die nachfolgenden Generationen zu spüren bekommen. Dies ist unverantwortlich, es verletzt den Grundsatz der gleichen Freiheit aller Individuen, der heute und der zukünftig Lebenden, und ist mit den im zweiten Teil erörterten Merkmalen einer humanen Lebenshaltung unvereinbar.

III.8 Die Rolle des Staates

*Also, sprach ich, o Thrasymachos bedenkt auch wohl kein
anderer in keinem Amt, sofern er ein Regierender ist, das ihm
selbst zuträgliche noch befiehlt es, sondern das dem Regierten
und von ihm selbst gemeisterten; und auf dieses sehend und
das diesem zuträgliche und angemessene sagt er, was er sagt,
und tut alles insgesamt was er tut.*

Platon,
Politeia, ca. 347 v. Chr.

*Ich denke unsere Stadt, wenn sie anders richtig angelegt ist,
wird ja auch wohl vollkommen gut sein. – Notwendig, sagte
er. – Offenbar also ist sie weise und tapfer und besonnen und
gerecht.*

Platon,
Politeia, ca. 347 v. Chr.

Wir haben gesehen, dass der Markt verteilungsblind ist und
dass dies nicht nur synchron – also für Verteilungen für Personen zu einem Zeitpunkt –, sondern auch diachron – im Verhältnis der Personen aus unterschiedlichen Generationen – gilt.
Insofern kann man die Zukunftsblindheit des ökonomischen
Marktes als eine Variante der Verteilungsblindheit ansehen.
Es gibt aber noch ein drittes vergleichbar fundamentales und
ebenso systematisches Marktversagen. Systematisch soll hier
heißen, dass es im System des Marktes, sowohl wie er in der
Theorie als idealer Markt konzipiert wird als auch in der Em-
pirie des Marktgeschehens, zwingend enthalten ist. Der ökonomische Markt bringt – auf sich gestellt – keine kollektiven
Güter hervor.

Während individuelle Güter je individuell konsumiert, nachgefragt, gekauft, transferiert werden können, stehen kollektive Güter grundsätzlich allen zur Verfügung, unabhängig davon, ob sie dafür gezahlt haben oder nicht. Typische Beispiele kollektiver Güter sind Umweltgüter. So atmen wir im Großen und Ganzen die gleiche Luft. Wir profitieren gleichermaßen davon, wenn die Luft sauber ist, und leiden gleichermaßen darunter, wenn die Luft verschmutzt ist. Die Wasserqualität allgemein zugänglicher Seen, die Vielfalt allgemein zugänglicher Natur, aber auch die Qualität staatlicher Schulen oder öffentlicher Räume in den Städten, der verkehrlichen Infrastruktur etc. sind Beispiele kollektiver Güter. Im Grunde sind die Ausdrücke »kollektive Güter« und »öffentliche Güter« austauschbar. Der Ausdruck »öffentliche Güter« akzentuiert die allgemeine Zugänglichkeit, während der Ausdruck »kollektive Güter« den Gegensatz zu den individuellen Gütern hervorhebt.

Ob etwas ein öffentliches Gut ist oder nicht, liegt in der Regel nicht an seinen natürlichen Eigenschaften. Bildung ist in den meisten europäischen Ländern überwiegend ein öffentliches Gut, und der Zugang zu staatlichen Schulen muss nicht gekauft werden. Manche Länder organisieren einen größeren Teil ihrer Bildung als individuelles Gut; das gilt insbesondere für den tertiären Sektor, die Hochschulbildung. Wer die totale Privatisierung des Bildungswesens fordert, befürwortet die Überführung des kollektiven Gutes Bildung in ein individuelles. Wer über mehr Kaufkraft verfügt, kann sich mehr von einem individuellen Gut leisten. Für kollektive Güter ist charakteristisch, dass sie unabhängig von der eigenen Kaufkraft in Anspruch genommen oder in ökonomistischer Sprache »konsumiert« werden können.

Diese Entkoppelung von Kaufkraft und Inanspruchnahme kollektiver Güter macht deren Unverzichtbarkeit, aber auch deren Gefährdung aus. In mittelalterlichen Dörfern war es Tradition, dass neben den je individuell besessenen Weidegründen auch öffentliche, für alle zugängliche Weidegründe vorhanden waren. Da der Zugang zu diesen unbegrenzt war, kam es regelmäßig zu einer Überweidung, d. h., diese öffentlichen Weidegründe wurden nicht nachhaltig, sondern in einer Weise genutzt, die ihren Wert letztlich zerstörte. Man spricht daher von der »Tragödie der Allmende«.

Die Unverzichtbarkeit und Faszination kollektiver Güter rührt aber von der gleichen Eigenschaft her. Die allgemeine Zugänglichkeit schafft eine Gleichheit, die dem ökonomischen Markt fremd ist. Auf dem ökonomischen Markt gilt die Gewichtung nach Kaufkraft, während kollektive Güter inklusiv sind: Sie beziehen alle ein, sie schließen niemanden aus, auch diejenigen nicht, die über geringe oder gar keine Kaufkraft verfügen. Staaten mit einem hohen Anteil öffentlicher Güter können ihre sozialstaatlichen Transferleistungen einschränken, ohne notwendigerweise Einbußen an sozialer Qualität in Kauf nehmen zu müssen.

In der ökonomischen Theorie ist sowohl die Existenz kollektiver Güter als auch die Tatsache, dass sie auf dem Markt nicht (oder nur unzureichend) bereitgestellt werden, spätestens seit den 1950er-Jahren eigentlich Konsens. Hier spielt übrigens die Entdeckung des Gefangenendilemmas, das wir ausführlich in Teil I, Kapitel 7 besprochen haben, eine wichtige Rolle. Dennoch zieht sich durch den Liberalismus und die ökonomische Theorie seit ihrem Ursprung im 18. Jahrhundert ein Strang, den ich nicht als liberal, sondern als libertär bezeichnen möchte. Während für den Liberalismus die beiden Grundnormen der Moderne, nämlich Freiheit und Gleichheit, sowie die rechtsstaatliche Verfassung einschließlich garantierter Menschen- und Bürgerrechte zentral waren, verselbständigt sich im libertären Denken die Orientierung am ökonomischen Markt. Dieser wird gewissermaßen verabsolutiert, und dies führt zu einer Ideologie, die eine engere Verwandtschaft mit dem Anarchismus als mit dem Liberalismus aufweist. Der Anarchismus lehnt jede Herrschaft und jede institutionalisierte Ordnung ab. Die meisten Anarchisten sind der Auffassung, dass es einer staatlichen Ordnung nicht bedarf, wenn bestimmte Vorkehrungen getroffen werden, beispielsweise wenn das Privateigentum generell oder wenigstens das Privateigentum an Produktionsmitteln ausgeschlossen ist oder wenn die egoistischen Einstellungen, die erst mit bestimmten Wirtschaftsformen wie dem Kapitalismus entstehen, einer menschenfreundlichen Haltung gewichen sind. Der politisch eher links stehende Anarchismus setzt auf die freiwillige Assoziation bis hin zum Syndikalismus. Aber es gibt schon im 19. Jahrhundert den individualistischen, eher rechts stehenden Anarchismus, der nicht auf die gute Menschennatur setzt, sondern auf den Egoismus des Einzelnen und die Rationalität einer Ordnung, die ohne kollektives Handeln auskommt.

Das, was in der heutigen politischen Debatte als neoliberal kritisiert wird, ist meist in dem Sinne libertär, als es den ökonomischen Markt zum fundamentalen Ordnungsprinzip macht. Die ideale Gesellschaft wäre demnach die reine Marktgesellschaft; die Konkurrenz der rationalen und ihr eigenes Interesse optimierenden Individuen würde auf dem Wege der unsichtbaren Hand des Marktgeschehens zur effizienten und daher idealen Verteilung von Gütern führen. Wenn das reale Marktgeschehen keine optimalen Verteilungen hervorbringt, dann spricht das aus libertärer Sicht dafür, dass der Markt eben nicht ideal ist. Interessanterweise ist der wohl bedeutendste Theoretiker des libertären Denkens ein Philosoph, der lange an der Harvard-Universität gelehrt hat, nämlich Robert Nozick[79], der

---

79 Vgl. Robert Nozick, *Anarchy, State, and Utopia*, New York (1974).

sich ökonomischer Modelle für seine Konzeption des Minimalstaats ausgiebig bedient.

Bei Robert Nozick kommen kollektive Güter charakteristischerweise nicht vor. Er setzt auf individuelle Rationalität und die Bereitschaft, die Menschenrechte zu achten. Der Staat ist dann das Ergebnis eines Prozesses der unsichtbaren Hand, wonach Individuen untereinander Verträge schließen, um sich besser schützen zu können. So entstehen Sicherheitsgemeinschaften, und die größeren Sicherheitsgemeinschaften setzen sich gegenüber den kleineren, zumindest regional, durch. Das ist die einzig legitime Staatsform: ein Staat also, der sich auf Sicherheit nach innen und nach außen beschränkt.

Fast zur selben Zeit veröffentlicht der bedeutende Ökonom und spätere Nobelpreisträger James Buchanan eine ökonomisch begründete Staatstheorie, für die kollektive Güter zentral sind. James Buchanan setzt – anders als Robert Nozick und in der Tradition der ökonomischen Theorie – lediglich ihr Eigeninteresse optimierende Subjekte voraus. Buchanan will sich jeder moralischen Wertung enthalten, das hält er für den Kern der Demokratie im Sinne eines methodologischen (die Theoriebildung anleitenden) und eines ethischen Individualismus. Es gibt nur Individuen und ihre Interessen. Alles, was sich rechtfertigen lässt, muss sich gegenüber jedem einzelnen Individuum und dessen Eigeninteresse rechtfertigen lassen. Dementsprechend gibt es für Buchanan keine Menschenrechte, keine Rechte, die Menschen vor aller staatlichen Ordnung zukommen. Staatliche Institutionen sind gegenüber einem Individuum genau dann gerechtfertigt, wenn es seinen eigenen Interessen dient.[80] Im Naturzustand, d. h. vor aller staatlichen Ordnung, entsteht so eine »natürliche« Verteilung von Gütern,

---

80 Vgl. James Buchanan, *The Limits of Liberty – Between Anarchy and Leviathan*, Chicago (1975).

die lediglich dem Kräfteverhältnis der Individuen unter Einschluss von Gewaltanwendung entspricht. Da dieser Naturzustand von einem hohen Maß an Unsicherheit für alle geprägt ist und niemand sich seiner Güter sicher sein kann, gibt es ein gemeinsames Interesse der Individuen, bestimmte individuelle Rechte und Freiheiten zu etablieren. Das Recht auf Leben, d. h. das Verbot, andere zu töten, auch wenn dies im eigenen Interesse sein sollte, gehört dazu. Rationale Individuen werden deshalb einen Vertrag schließen, der diese individuellen Rechte und Freiheiten etabliert und sanktioniert, d. h. ihre Übertretung mit Strafen ahndet. Buchanan nennt dies den *constitutional contract*, den konstitutionellen Vertrag, und den so etablierten Staat den *constitutional state*, den konstitutionellen Staat.

Der Staat entspricht den Interessen aller, indem er die Beachtung bestimmter Grundrechte durchsetzt. Ansonsten bleibt es bei der Bereitstellung der Güter entsprechend den Regeln des ökonomischen Marktes. Dies bedeutet jedoch, dass kollektive Güter nicht bereitgestellt werden; da kollektive Güter aber solche sind, an denen alle ein Interesse haben, ist dieser Mangel für alle von Nachteil. Dies ist die zweite Stufe des Staatsaufbaus. Der Staat wird zum Produzenten kollektiver Güter, deren Kosten er durch Steuern und Abgaben deckt. Idealiter wird er nur solche kollektiven Güter bereitstellen, die im Interesse aller sind. Der konstitutionelle Staat *(constitutional state)* wird um den produktiven Staat *(productive state)* ergänzt.

In einer Demokratie wird mit Mehrheit entschieden, welche kollektiven Güter bereitgestellt werden, während die Grundrechte der demokratischen Mehrheitsentscheidung entzogen bleiben. Damit entsteht ein Spannungsverhältnis zwischen Demokratieprinzip und der Rechtfertigung über ökonomische Rationalität gegenüber jedermann. Es kann sein, dass eine Mehrheit die Produktion eines kollektiven Gutes bevorzugt, dessen Kosten höher sind als sein Gesamtnutzen. Es kann in der Demokratie zu Ineffizienzen kommen. Interessanterweise gilt auch das Umgekehrte, was Buchanan jedoch nicht bewusst zu sein scheint: Wenn Kosten und Nutzen des kollektiven Gutes ungleich verteilt sind, dann kann es Mehrheiten gegen die Produktion eines kollektiven Gutes geben, dessen Bereitstellung effizient wäre, also der Gesamtnutzen größer ist als die Gesamtkosten. Während Buchanan befürchtet, dass die Demokratie zur hypertrophen, zur übermäßigen Produktion kollektiver Güter führt, kann auch das Umgekehrte der Fall sein: Der Umfang der Staatstätigkeit zur Bereitstellung kollektiver Güter kann aufgrund demokratischer Mehrheitsentscheidungen suboptimal sein.

In welchem Maße unser Wohlergehen von der Bereitstellung öffentlicher Güter abhängt, ist schwer präzise zu bestimmen. Es gibt offenkundig jedoch eine Tendenz bei der Einschätzung der eigenen Lebenssituation, aber auch in der politischen Arena, die Rolle des persönlich verfügbaren Einkommens zu überschätzen. Man stelle sich einmal vor, was es hieße, wenn wir für die Infrastruktur, die unsere Mobilität erst ermöglicht, privat aufkommen müssten. Wenn wir zusammen mit denjenigen, die dieselben Wege nehmen, die entsprechenden Straßen finanzieren müssten. Wenn wir für die Benutzung öffentlicher Plätze Gebühren zahlen müssten – die Tendenz, in den Städten für jeden Parkvorgang einen Obolus zu nehmen, geht in diese Richtung. Wenn wir privat die gesamten Kosten der Bildung unserer Kinder tragen müssten etc. Die private Bereitstellung von Gütern wäre nicht nur hochgradig ineffizient, wäre mit hohen Transfer- und Organisationskosten verbunden, sondern würde die alltägliche Lebensplanung zudem unendlich erschweren. Der Staat ist als Garant öffentlicher Güter unverzichtbar. Der Staat kann sich dabei der Leistungen privater Unternehmen bedienen. Er kann, durch Steuern und Abgaben finanziert, Produkte erstellen lassen und dafür sorgen, dass sie durch Wettbewerb möglichst billig hergestellt werden. Der Staat als Produzent heißt nicht notwendigerweise der Staat als Unternehmer, wenn auch die Kommunen in den vergangenen Jahren mit der Privatisierung öffentlicher Dienstleistungen schlechte Erfahrungen gemacht haben. Das gilt insbesondere für Großbritannien, aber auch für viele deutsche Kommunen wie etwa in Nordrhein-Westfalen.

Lässt sich in etwa abschätzen, wie groß die Rolle des Staates hinsichtlich der Produktion öffentlicher Güter und Dienstleistungen ist? Eine grobe Einschätzung lässt sich angesichts der Zahl der öffentlich Bediensteten geben. In Deutschland beläuft sich die Zahl der im öffentlichen Dienst Beschäftigten, einschließlich der Beamten, auf etwa 12 Prozent – umgerechnet auf Vollzeitarbeitsplätze. Die Lohn- und Gehaltssumme der im öffentlichen Dienst Beschäftigten summiert sich auf ungefähr 8 Prozent. Wenn die Produktivität im öffentlichen Dienst nicht wesentlich höher ist als in der Privatwirtschaft – viele werden vermuten, sie sei deutlich niedriger –, dann beläuft sich die Summe öffentlicher Dienstleistungen und Produkte auf etwa 10 Prozent der gesamten Produktion von Gütern und Dienstleistungen. Interessant ist zu sehen, dass andere Staaten wie etwa Schweden weit höhere Anteile aufweisen. Dort beläuft sich der Anteil der im öffentlichen Dienst Beschäftigten auf über 30 Prozent. Die berühmte Staatsquote gibt also ein verzerrtes Bild ab. Angesichts der großen Aufgaben hinsichtlich der Umstellung auf eine nachhaltige, ökologieverträgliche Ökonomie, hinsichtlich der demografischen Herausforderung in den meisten westlichen Industrieländern und hinsichtlich der notwendigen Bildungsanstrengungen scheint mir eine deutliche Ausweitung der staatlicherseits bereitgestellten Güter und Dienstleistungen, der staatlichen Einrichtungen wie Ganztagseinrichtungen und Betreuungsleistungen wünschenswert zu sein. Zu erwarten ist, dass dies auch zu

einer deutlichen Ausweitung der Frauenerwerbsquote und somit zur Gleichstellung der Geschlechter beitrüge.

Die zweite große Aufgabe des Staates ist es, die Verteilungsblindheit des Marktes zu korrigieren. Eine reine Marktgesellschaft führt zur Marginalisierung aller Nichtleistungsfähigen
und Nichtkaufkräftigen und zudem zu einer Konzentration
von Einkommen und Vermögen, die mit einer humanen Gesellschaft unverträglich ist. Wer die Dynamik einer kapitalistischen Ökonomie bewahren will, muss daher den umvertei-
lenden Sozialstaat befürworten. Der sich selbst überlassene
ökonomische Markt bewirkt über eine hohe Vermögenskon-
zentration und ererbte Firmen, Immobilien und Kapitalien
eine neue Form der Diskriminierung, eine auf dem Herkom-
men beruhende Ungleichheit. Im gewissen Sinne unterminiert
dies die Logik der kapitalistischen Ökonomie, die eine immer
wieder erneuerte Konkurrenz unter gleichen Startbedingungen
voraussetzt, um dynamisch zu bleiben. Vor allem aber läuft das
der Idee gleicher Freiheit und gleichen Respekts zuwider. Das
notwendige Pendant zur kapitalistischen Ökonomie ist der aktive, fordernde und nachsorgende Sozialstaat. Es wäre jedoch
ein Irrtum anzunehmen, dass die sozialstaatlichen Transferleistungen für den sozialen Ausgleich der Ungerechtigkeiten
eingesetzt werden. Der bei weitem größte, präzise schwer zu
bestimmende Anteil der sozialen Transferleistungen der Bundesrepublik Deutschland hat den Charakter einer individuellen
Versicherung gegen die Folgen von Krankheit, Arbeitslosigkeit
und Alltag. Die staatliche Sozialversicherung ist in Deutschland bis zu einer Einkommensgrenze gesetzlich vorgeschrie-
ben; das ändert jedoch nichts daran, dass die Leistungen der
Sozialversicherungssysteme im rationalen Eigeninteresse der
Versicherten sind. Der Sozialstaat hat in allen Ländern zu einem sehr großen Teil den Charakter einer individuellen, aber
staatlich verordneten Versicherung. Hinsichtlich des je indivi-

duellen Eigeninteresses agiert der Staat paternalistisch, d. h., er misstraut der strukturellen Rationalität des Einzelnen – und das aus gutem Grund, wie empirische Daten zeigen. Die Vorsorge für das Alter in jungen Jahren, bei schmalem Einkommen und zahlreichen Aufgaben, würde ohne diese staatlichen Vorgaben bei weitem zu niedrig ausfallen.

In der Demokratie kann man den Sozialstaat aber auch als eine kollektive Selbstbindung der Individuen interpretieren. Alle kommen überein, dass jeder ein individuelles Interesse hat, sich gegen Krankheit, Arbeitslosigkeit und Alter zu versichern. Um diese Versicherung für den Einzelnen erschwinglich und die Kosten kalkulierbar zu machen, stellt man sie auf die größte zahlenmäßige Grundlage und legt Regeln fest, die alle kontinuierlich je nach Leistungskraft belasten. In der Rentenversicherung gilt: Wer mehr einzahlt, erhält auch mehr ausgezahlt.

Das, was über die gesamte Biografie einer Person hin betrachtet im jeweils individuellen Eigeninteresse ist, wirkt bei aktueller Betrachtung wie eine Transferleistung – von den Gesunden zu den Kranken, von den Beschäftigen zu den Arbeitslosen, von den Jüngeren zu den Älteren. Was punktuell als ein Akt der Solidarität erscheint, ist strukturell je individuell rational und zwar durchaus im Sinne der ökonomischen Orthodoxie, also die Konsequenzen zur Realisierung des Eigeninteresses optimierend.

Eigeninteresse und Solidarität sind im kooperativen Sozialstaat eng miteinander verkoppelt. Kooperative Sozialstaaten binden die Anspruchsberechtigung an eigene erbrachte Leistungen und beschränken die Kriterien legitimer Ansprüche nicht auf Bedürftigkeit. Diesem Ideal entsprechen die kontinentaleuropäischen Sozialstaatsmodelle Frankreichs und Deutschlands am besten, während das skandinavische überwiegend über Steuern, nicht über Sozialabgaben finanziert ist, der eigene Finanzierungsbeitrag daher eine geringe Rolle spielt. Das US-amerikanische – und nach Thatcher auch zunehmend das britische – orientiert sich dagegen am Armenrecht, was dazu führt, dass die überwiegende Mehrheit, die diese Bedürftigkeitskriterien in ihrem Leben nie erfüllen wird, die kleine Minderheit der Bedürftigsten unterstützt. Das Rentensystem ist dementsprechend nicht staatlich, sondern privat und kapitalgedeckt, was zu entsprechenden existenziellen Problemen von Millionen von US-Bürgern in der Folge von Finanzmarktkrisen geführt hat. Seitdem sind die Befürworter des amerikanischen Rentensicherungssystems in der Ökonomie seltener geworden.

In der Krankenversicherung sind die Leistungsansprüche ausschließlich von der medizinischen Indikation abhängig und nicht von den eigenen vorausgegangenen Einzahlungen. Das gilt allerdings nur für die gesetzlich Versicherten. Die Tatsache, dass die Besserverdienenden aus dem Solidarsystem der gesetzlichen Krankenversicherungen entlassen werden, führt in der Tat zu Ausprägungen einer Art Zweiklassenmedizin.[81] Gerade der Teil der Bevölkerung, der wohlhabender und gesünder ist, trägt zum Solidarsystem der Krankenversicherung nicht bei. Der Umverteilungseffekt ist in der gesetzlichen Krankenkasse weit höher als in der gesetzlichen Rentenversicherung.

In der Arbeitslosenversicherung richten sich die Bezüge zunächst zwar am letzten Einkommen als Arbeitnehmer aus. Allerdings korreliert das schwach mit den eingezahlten Beträgen. Da die zeitliche Begrenzung auf in der Regel nur ein Jahr festgelegt ist, sind die Zahlungen nur schwach an die Vorleistungen gekoppelt. Insbesondere seit den Agendareformen hat das

---

81 Vgl. Karl Lauterbach, *Der Zweiklassenstaat. Wie die Privilegierten Deutschland ruinieren*, Berlin (2007). Karl Lauterbach, *Gesund im kranken System. Ein Wegweiser*, Berlin (2009).

Bedürftigkeitskriterium einen weitaus höheren Stellenwert bekommen, mit erstaunlich starken Auswirkungen auf die Beschäftigungslage, wie der Verlauf der Arbeitslosigkeit seit Beginn des Jahres 2005 und in den Folgejahren im Konjunkturverlauf zeigt. Dies hat aber zugleich eine Gerechtigkeitslücke entstehen lassen, da das Kooperationsprinzip als Grundlage des deutschen Sozialstaatsmodells verletzt ist: die Tatsache nämlich, dass Arbeitnehmer, die über Jahrzehnte in die Arbeitslosenversicherung eingezahlt haben, nun – anders als das früher gesetzlich, vor allem aber in der Praxis der Arbeitsämter gehandhabt wurde – nach einem Jahr zu ALG-II-Beziehern werden, was einem leicht verbesserten Sozialhilfeanspruch im Vergleich zu früher entspricht.

Es kann kaum ein Zweifel daran bestehen, dass eine kapitalistische Marktwirtschaft ohne sozialstaatliche Einbettung zu inhumanen gesellschaftlichen Zuständen führt. Auch ein wohlverstandener Liberalismus wird am Prinzip der gleichen Freiheit aller Bürgerinnen und Bürger festhalten und daher eine sozialstaatliche Einbettung für unverzichtbar halten. Erst recht gilt das für sozialdemokratische, aber auch für konservative Positionen. Umstritten sind der Umfang und die Form. Beim Umfang muss zwischen dem Versicherungs- und dem Umverteilungseffekt des Sozialstaats unterschieden werden. Der Umverteilungseffekt von den Wohlhabenden zu den Bedürftigen ist anteilmäßig weit geringer, als es die öffentliche Debatte um die Grenzen des Sozialstaats nahelegt. Das Gros der sozialstaatlichen Transferleistungen entspricht ökonomisch rationalen Versicherungssystemen in den europäischen Sozialstaaten, insbesondere in Deutschland und Frankreich, aber auch in den skandinavischen Ländern und in Südeuropa. Dort liegt der Akzent auf der Altersvorsorge. Das Komplementaritätsverhältnis von kapitalistischer Marktwirtschaft einerseits und sozialstaatlicher Einbettung andererseits wird an der Geschichte der

Schwellenländer besonders deutlich. So hat etwa Hongkong in wenigen Jahrzehnten eine Entwicklung nachgeholt, welche die westeuropäischen Industrieländer vorgezeichnet hatten. Unterdessen ist in dem ehedem aggressiven kleinen Tigerstaat die Sozialstaatsquote vergleichbar hoch und das Demografieproblem ähnlich drängend. Auch der wachsende Riese China, dessen Bruttoinlandsprodukt pro Kopf sich gegenwärtig lediglich auf einem Zehntel des Bruttoinlandsprodukts der westeuropäischen Länder bewegt, wird diesen Weg gehen, ebenso wie Taiwan oder das Musterbeispiel an Sozialstaatlichkeit (wenn auch nicht an Demokratie), Singapur. In der jüngsten Weltwirtschaftskrise haben sich die sozialstaatlichen Leistungen als ein starker Stabilisationsfaktor erwiesen. Die Arbeitslosenquote schwankte weit stärker, und mit seinem Sonderweg – einer längerfristigen Kurzarbeiterregelung, konjunkturunterstützenden Maßnahmen, Senkung der Lohnstückkosten und den Arbeitsmarktreformen 2005 ff., die der vormalige sozialdemokratische Arbeitsminister Olaf Scholz entwickelt hatte – ist Deutschland von allen Industrieländern am besten aus der Krise hervorgegangen. Hier ist die Arbeitslosigkeit weitab von den ökonomischen Prognosen praktisch konstant geblieben und erreichte nach Überwindung der Krise sogar ein Rekordtief. Dies hat die Zukunftserwartungen freundlicher gestimmt und die Nachfrage stabilisiert; daher war der Weg auch ökonomisch, nicht nur sozial gesehen sinnvoll.

Arbeitslosigkeit als Prozent an der Erwerbsbevölkerung

	2002	2003	2004	2005	2006	2007	2008	2009	2010
Australien	6,5	6,0	5,5	5,1	4,9	4,4	4,3	5,7	5,2
Österreich	4,0	4,3	5,0	5,2	4,8	4,5	3,9	4,8	4,6
Frankreich	8,9	8,5	8,9	8,9	8,8	8,0	7,4	9,1	9,7
Deutschland	8,7	9,4	10,4	11,3	10,4	8,7	7,6	7,8	6,9

Griechenland	10,5	9,9	10,7	10,0	9,0	8,4	7,8	9,6	
Italien	9,1	8,7	8,1	7,8	6,9	6,2	6,8	7,9	8,5
Japan	5,6	5,4	4,9	4,6	4,3	4,1	4,2	5,3	5,1
Portugal	5,3	6,6	7,0	8,1	8,1	8,5	8,1	10,0	10,9
Spanien	11,4	11,4	11,0	9,2	8,6	8,3	11,4	18,1	20,1
Schweden	5,3	5,4	6,6	7,8	7,1	6,2	6,2	8,5	8,4
Schweiz	3,0	4,2	4,4	4,5	4,1	3,7	3,4	4,2	
Türkei	10,6	10,8	11,1	10,9	10,5	10,5	11,2	14,3	
Vereinigtes Königreich	5,1	4,9	4,7	4,7	5,4	5,3	5,4	7,8	
USA	5,9	6,1	5,6	5,1	4,7	4,7	5,8	9,4	9,6
OECD	7,0	7,1	7,0	6,8	6,2	5,8	6,1	8,3	8,6

Quelle: OECD

Die Bereitstellung kollektiver Güter ist die erste, die sozial-staatliche Einbettung der kapitalistischen Ökonomie ist die zweite und die Sicherung einer nachhaltigen Entwicklung ist die dritte unverzichtbare Aufgabe des Staates. Die heute fehlende Nachfrage zukünftiger Generationen führt auf dem ökonomischen Markt zu einer massiven Benachteiligung der zukünftig lebenden Menschen. Eine verantwortliche Staatstätigkeit wird dem zwar auch mit Verboten und Geboten entgegentreten, aber vor allem – ökonomisch vernünftig – dafür sorgen, dass die Nachhaltigkeitskosten der Produkte schon heute auf den Märkten eingerechnet werden. Unter Nachhaltigkeitskosten verstehe ich die Kosten, welche die Produktion eines Gutes oder einer Dienstleistung verursacht, um die Nachteile für eine nachhaltige Entwicklung wieder auszugleichen. Das ist in vielen Fällen schwer zu berechnen. Immerhin gibt es Einschätzungen, welche finanziellen Mittel erforderlich sind, um die Belastung der Atmosphäre mit Kohlendioxid auszugleichen. Die individuelle Entscheidung für einen Flug von A nach B zieht anteilsmäßig eine bestimmte Menge zusätzlichen klimaschädlichen Gases nach sich, und um die CO_2-Bilanz dieser Entscheidung auf null zu bringen, bedarf es bestimmter Maßnahmen, etwa der Aufforstung oder der Investition in eine höhere Energieeffizienz etc. Diese Maßnahmen kosten Geld, und das lässt sich ungefähr berechnen. Nach diesem Muster ist es Aufgabe des Staates, die tatsächlichen Nachhaltigkeitskosten wirksam werden zu lassen. Am einfachsten geschieht dies durch entsprechende Nachhaltigkeitssteuern; wer will, mag auch den vertrauteren Begriff der Ökosteuer verwenden. Wenn dies konsequent geschähe, würden sich die Kosten der Produkte auf den Märkten auch danach richten, wie schädlich oder unschädlich sie für eine nachhaltige Entwicklung sind. Die staatliche Intervention würde die Märkte selbst – ohne dass dies einem Willen der Marktteilnehmer entsprechen muss – »zukunftssehend« machen: Sie würden mit den Interessen zukünftiger Generationen verantwortlicher umgehen.

Der Staat ist als Produzent kollektiver Güter, als Garant der sozialen Qualität einer Gesellschaft und als Vertreter der Interessen zukünftiger Generationen unverzichtbar. Vor allem aber sollte er sich als *Ordnungsmacht* verstehen, die die Regeln eines humanen Zusammenlebens etabliert und sanktioniert. Als Ordnungsmacht sind staatliche Institutionen auch auf den ökonomischen Märkten, die sich zunehmend international und global entwickeln, unverzichtbar. Der Staat kann daher nicht lediglich als Nationalstaat, sondern muss innerhalb eines Mehrebenensystems wirken, das von den Kommunen über kontinentale Zusammenschlüsse wie etwa die Europäische Union bis zu globalen Institutionen im Rahmen der Vereinten Nationen reicht. Der moderne Staat muss zum *kosmopolitischen Staat* werden. Die Globalisierung der Ökonomie verlangt nach einer Globalisierung staatlicher Ordnungsstrukturen, wenn man nicht den Rückfall in die Instabilität des Frühkapitalismus mit allen sozialen und politischen Katastrophen in Kauf nehmen will. Die Nationalstaaten haben sich zwar in der letzten Weltwirtschaftskrise als handlungsfähiger erwiesen, als weithin erwartet wurde – was zugleich ein Versagen internationaler Institutionen, auch der Europäischen Union, bedeutet –; dennoch führt an einer kohärenten Weltwirtschafts-, Weltsozial-, Weltnachhaltigkeitspolitik kein Weg vorbei. Die kosmopolitische Perspektive ist nicht mehr eine Träumerei stoizistischer Philosophen, sondern wird die Agenda der nächsten Jahrzehnte prägen. Die Alternative wäre eine globale kapitalistische Marktgesellschaft mit erodierenden staatlichen Strukturen, hoher Instabilität, geringer sozialer Qualität, brutaler Ausbeutung der verbliebenen Ressourcen und einer sich rasch verschlechternden Umweltsituation.

III.9 Die Rolle der Zivilgesellschaft

Der ökonomische Markt kann die Ordnung nicht stiften, die seine gedeihliche Entwicklung voraussetzt. Wir haben im letzten Kapitel die wichtigsten Aufgaben des Staates skizziert, die dieser komplementär zur ökonomischen Praxis erfüllen muss. Dieses Spannungs- und Ergänzungsverhältnis von Staat und Ökonomie wäre unvollständig ohne den dritten Pol der Zivilgesellschaft. Der ökonomische Markt würde auf sich gestellt die Gesellschaft atomisieren, in je einzelne Konsumenten und Produzenten verwandeln, die untereinander im Verhältnis der Konkurrenz stünden und deren Stellung sich an ihrer Produktivität bzw. an ihrer Kaufkraft bemessen würde. Eine humane Ordnung bedarf daher einer rechtlich und demokratisch verfassten Staatlichkeit, die den anarchistischen Tendenzen des Marktes seine Ordnungsmacht entgegenstellt. Paradox formuliert könnte man sagen, dass der freie ökonomische und von kapitalistischen Konsuminteressen getriebene Markt eine staatlich organisierte Anarchie ist, eine Anarchie in den Grenzen der staatlichen Ordnungsfunktion. Es ist nicht im Interesse der Marktteilnehmer, dass diese Ordnungsfunktion erodiert, der Staat an Gestaltungsmöglichkeiten einbüßt und sich in seiner Praxis selbst zum Marktteilnehmer macht. Die ungute Entwicklung der letzten Jahrzehnte, die von der Kommune bis zur nationalen Regierung die staatlichen Akteure zunehmend von Standortinteressen leiten ließ, muss auch im Interesse der Ökonomie selbst ein Ende haben, auch wenn einzelne Unternehmen davon immer wieder zu profitieren verstehen. Am Ende einer solchen Entwicklung sind alle Verlierer: die staatlichen Akteure, die mit Steuergeldern Industrieansiedlungen fördern, weil diese weiterziehen, sobald Opportunitäten locken (Nokia ist noch vielen in schlechter Erinnerung); die Konsumenten, weil sie diese Subventionen mit ihren Steuergeldern bezahlen; die Unternehmen, weil die Konkurrenz verzerrt wird. So paradox es klingt: Die ökonomische Entwicklung profitiert von einem unabhängigen – und hier gegenüber ökonomischen Lobbyinteressen unabhängigen –, handlungsfähigen Staat.

Ökonomische Effizienz und staatliche Ordnungsfunktion reichen für eine humane Entwicklung jedoch nicht aus. Ohne eine vitale Zivilgesellschaft, ohne das soziale Kapital, ohne die Kooperation der Bürgerinnen und Bürger jenseits staatlicher Verpflichtung und jenseits ökonomischer Interessen ist keine hohe Lebensqualität, ist keine soziale Stabilität und private Zufriedenheit realisierbar. Unter Zivilgesellschaft verstehe ich dabei nicht nur das Zusammenwirken von Menschen in freiwilligen Assoziationen, in Vereinen, Kirchen, Nachbarschaftsinitiativen, Menschenrechtsorganisationen, Umweltprojekten, Bürgerstiftungen etc., sondern jede kooperative und solidarische Praxis, die nicht staatlicherseits verordnet ist und keinen ökonomischen Interessen folgt. Wenn man staatliche Institutionen und politische Praxis als den ersten Sektor und den ökonomischen Markt und wirtschaftliche Praxis als den zweiten Sektor bezeichnet, dann bleibt ein großer Rest, der mit »Zivilgesellschaft« nur unzureichend umschrieben ist. Zu diesem dritten Sektor gehört beispielsweise auch die Hilfe unter Familienangehörigen. Wenn die gesamte Pflege Älterer den staatlichen Institutionen überlassen würde, bräche wohl jeder Sozialstaat weltweit zusammen. Der größte Teil der Pflegebedürftigen wird auch heute noch von Familienangehörigen unterstützt. Auch die unentgeltliche Erziehungsarbeit der Eltern, das ehrenamtliche Engagement von Zehntausenden von Übungsleitern in den Sportvereinen, die aktive Mitgliedschaft in Umweltverbänden oder Parteien, die unentgeltlichen Vorbereitungen des Stadtteilfests, die Beteiligung an Internetforen, ja die virtuelle Welt des Web 2.0, selbst Facebook- und Twitter-Aktivitäten gehören zum dritten Sektor. In allen diesen Fällen wird mit anderen kooperiert, oder es werden andere unterstützt, ohne dass die eigenen ökonomischen Interessen eine zentrale Rolle spielten und ohne dass der Staat diese Aktivitäten erzwingt, wie im Falle der Schulpflicht.

Die Grenzen des dritten Sektors sind weniger scharf als die des ersten und zweiten. Wie steht es etwa um Bildungsengagement, und ich meine hiermit den Einsatz für die eigene Bildung? Wenn es sich um die Ausbildung für einen spezifischen Beruf handelt und primär Einkommenserwartungen motivieren, dann gehört diese Aktivität zum zweiten Sektor. Wenn ich mich dagegen für eine Tätigkeit ausbilden lasse, die ich aus Gründen der Hilfsbereitschaft anstrebe, dann gehört diese Aktivität zumindest teilweise zum dritten Sektor. Wenn sich jemand politisch engagiert und damit nicht in erster Linie eigene Karriereinteressen verbindet, gehört dies zweifellos zum dritten Sektor. Die Definition der Tätigkeit des Bundestagsabgeordneten als Berufstätigkeit, wie sie das Bundesverfassungsgericht vorgenommen hat, hat nicht nur zur Verengung des sozialen und kulturellen Spektrums, das in den Parlamenten vertreten ist, geführt, sondern löst diesen Teil politischer Aktivität aus dem dritten Sektor heraus, was nicht unproblematisch ist. Übungsleiter in den Sportvereinen erhalten eine Pauschale, die man als Honorar nicht bezeichnen kann. Aber je höher diese Pauschale ist, desto fraglicher würde es, ob das Engagement ganz zum dritten Sektor zu zählen ist. Oder um ein Beispiel aus der eigenen Berufstätigkeit anzuführen: Es gibt, wie ich an anderer Stelle in diesem Buch schon angesprochen habe, eine Verpflichtung der Wissenschaftler, sich an den öffentlichen Diskursen über die Verwertung ihres Wissens zu beteiligen, politischen Rat zu geben, zu einem gesellschaftlich verantwortlichen Umgang beizutragen, zentrale Ergebnisse wissenschaftlicher Forschung verständlich zu machen, letztlich an einem kohärenten wissenschaftlichen Weltbild der Gesellschaft mitzuarbeiten. Diese Verpflichtung steht in keinem Anstellungsvertrag der Universität oder des Max-Planck-Instituts. Man wird dazu nicht staatlicherseits verpflichtet, also fallen solche Aktivitäten zunächst in den Bereich des dritten Sektors. Zugleich aber werden legitimerweise für einen Teil dieser Aktivitäten Honorare gezahlt. Je höher diese Honorare sind, umso mehr wandert diese Aktivität in den zweiten Sektor. Es ist also nicht so sehr die jeweilige Wirkung der Aktivität, sondern ihr Motivationshintergrund, der diese einem der drei Sektoren zuordnet.

In einer abstrakteren oder philosophischeren Perspektive stellt sich das Verhältnis der drei Sektoren folgendermaßen da: Das primäre Motiv ökonomischer Praxis sind die jeweils eigenen Interessen. Dieses Streben ist in einer humanen Ordnung eingeschränkt durch rechtliche Regeln des Staates, moralische Prinzipien der Moderne und ethischen Haltungen (Tugenden). Das primäre Motiv des ersten Sektors ist Rechtstreue, die Erfüllung staatlicherseits auferlegter Bürgerpflichten, getragen von Loyalität und Gerechtigkeitssinn. Das primäre Motiv des dritten Sektors ist jedoch eine freiwillige Praxis der Kooperation und der Solidarität, die den Einzelnen über die Teilhabe an der politischen Gemeinschaft als Bürger hinaus zu einem aktiven Mitglied der Gesellschaft als Ganzer und der kulturellen und sozialen Gemeinschaften, aus denen sich diese zusammensetzt, macht.

Das Paradigma ökonomischer Praxis ist die Optimierung eigener Interessen als Konsument und Produzent auf dem freien Markt. In diesem Paradigma gibt es keine Kooperation, sondern nur Konkurrenz und eigenorientierte Rationalität.

Das Paradigma politischer Praxis sind der loyale Staatsbürger und die loyale Staatsbürgerin, die motiviert von einem gemeinsamen Gerechtigkeitssinn ihre Verpflichtungen, die ihnen durch Recht und Gesetz auferlegt sind, erfüllen.

Das Paradigma der Zivilgesellschaft sind die freiwillige Kooperation und das freiwillige solidarische Engagement. Die ökonomische Praxis orientiert sich an Produktivität und Kaufkraft. Die politische an Bürgerloyalität und staatlicher Ordnungsfunktion. Die zivilgesellschaftliche an freien Assoziationen und an Kooperation.

Diese Unterscheidung in drei Sektoren darf den Blick darauf nicht verstellen, dass es sich hierbei nur um Idealtypen handelt; die reale Praxis kennt fließende Übergänge und vor allem wechselseitige Bedingungsverhältnisse. Die von der Sowjetunion dominierte mittel- und osteuropäische Staatenwelt kollabierte nicht so sehr unter dem ökonomischen Konkurrenzdruck, sondern durch das Aufkommen zivilgesellschaftlicher Praxis, die mit dem totalitären Anspruch der regierenden kommunistischen Partei nicht vereinbar war. Die Charta 77, Solidarnosc und die zahlreichen Aktivitäten, die sich auf die Schlussakte von Helsinki beriefen, waren mit dem ideologischen Totalitätsanspruch nicht in Einklang zu bringen. Es waren die vergleichsweise kleinen Gruppen von Dissidenten – vielleicht mit Ausnahme Polens –, welche die staatliche Ordnung destabilisierten. Die Ökonomie war vom ideologischen Selbstverständnis der sogenannten realsozialistischen Regime der staatlichen Entscheidung untergeordnet, und eine eigenständige Zivilgesellschaft durfte es nicht geben; deren Funktion sollten die Aktivitäten der Parteiorganisationen übernehmen. Durch das Entstehen zivilgesellschaftlicher Praxis war damit der totalitäre Machtanspruch kommunistischer Parteien gefährdet, entsprechend nervös reagierten die staatlichen Institutionen, und am Ende trug die verbreitete ökonomische Unzufriedenheit auch im größeren Teil der Bevölkerung, der sich mit den politischen Verhältnissen arrangiert hatte, zum Zusammenbruch der überkommenen staatlichen Ordnungen bei. Soziologische Untersuchungen haben gezeigt, dass eine vitale Zivilgesellschaft den wirtschaftlichen Erfolg fördert. Insbesondere Robert Putnam[82] hat in einer Vielzahl von Studien, zunächst am Beispiel Italiens, herausgearbeitet, in welch enger Korrelation das, was er als soziales Kapital bezeichnet, mit dem ökonomischen Erfolg steht. Der Ausdruck *social capital* könnte den Eindruck erwecken, es handelte sich am Ende doch um eine ökonomische Größe und wäre somit ein Tribut an das ökonomistische Denken in einem Großteil der Sozialwissenschaft. Die Lektüre der von Robert Putnam und anderen erarbeiteten Studien ergibt jedoch ein anderes Bild: Demnach ist es der soziale Zusammenhalt, der durch zivilgesellschaftliches Engagement gestiftet wird, der den ökonomischen Erfolg befördert. Dort, wo es jenseits der Familie keine Kooperationsstrukturen gibt, wie etwa im tiefen Süden Italiens, mögen die Bildungssituation, die Ressourcenlage und die technologischen Möglichkeiten vergleichbar sein; die ökonomische Leistung hängt jedoch weit hinter Regionen zurück, in denen es ein aktives zivilgesellschaftliches Engagement gibt. Dies hat der Vergleich zwischen Nord- und Süditalien nach Putnam eindeutig ergeben. Auch internationale Studien weisen in die gleiche Richtung.

Trotz dieser Übereinstimmung muss ich, um ein Missverständnis auszuschließen, auf eine wichtige Differenz hinweisen: Für Robert Putnam manifestiert sich das Humankapital in all den kooperativen Aktivitäten außerhalb der Familie und schließt die solidarische und kooperative Praxis innerhalb der Familie nicht mit ein. Dies ist insbesondere am Studienobjekt Italien nachvollziehbar, da die Kooperation und Solidarität innerhalb

---

82 Vgl. Robert Putnam, *Making Democracy Work*, Princeton (1993).

der Familien im Süden stark ausgeprägt ist. Die Tatsache, dass es außerhalb der Familienbindungen keine Loyalität und wenig Kooperation gibt, führt zu einer Vernachlässigung des Öffentlichen generell, einer Missachtung staatlicher Institutionen, einer besonders ausgeprägten Tragödie der Allmende, was schon der erste Augenschein angesichts des verbreiteten hohen Verschmutzungsgrads der Dörfer, Städte und Landschaften zeigt. Dennoch sehe ich auch in der solidarischen und kooperativen Praxis innerhalb der Familien eine Form von Sozialkapital realisiert. Der Lebensstandard im Süden Italiens ist weit höher, als die Größe Bruttoinlandsprodukt pro Kopf anzuzeigen scheint, was mit der relativen sozialen Sicherheit durch innerfamiliäre Solidarität, den hohen Anteil unbezahlter Familienarbeit – insbesondere durch Frauen – und das intensive Engagement bei der Erziehung von Kindern und der Pflege von Alten zusammenhängt. Auch das ist soziales Kapital, das sich zwar in einer Verbesserung der Lebenssituation deutlich niederschlägt, aber nicht ausreicht, um die Bürgerschaft als Ganze zu aktivieren und damit eine wesentliche Voraussetzung für eine gedeihliche ökonomische Entwicklung zu schaffen.

Zum ersten Mal in der Geschichte erleben wir gegenwärtig die Anfänge einer globalen Zivilgesellschaft. Während das Engagement in Vereinen und Verbänden überwiegend lokal, regional, allenfalls national ist, entsteht eine Art Weltöffentlichkeit, insbesondere durch das Engagement der NGOs, der *non-governmental organizations*, zu denen die Menschenrechtsorganisationen *Amnesty International* und *Human Rights Watch* ebenso gehören wie zahlreiche internationale Umwelt- und Klimaorganisationen, globale Internetinitiativen sowie eine dichte Folge internationaler Kongresse, die nicht primär ökonomische oder professionelle Interessen verfolgen. Die Gegen- oder Begleitveranstaltungen zu großen politischen Gipfeltreffen wie etwa G8 oder G20, die NATO-Sicherheitskonferenz, aber auch die Davos-Konferenzen sind dafür eindrückliche Beispiele. Es wird zu Recht darauf hingewiesen, dass die große politische Macht der NGOs demokratisch nicht legitimiert sei. Dies spricht jedoch nicht gegen das Wirken dieser ersten und vorläufig wichtigsten Akteure einer globalen Zivilgesellschaft, sondern für den Aufbau kontinentaler und globaler politischer Institutionen, in denen sich die Bürgerschaft artikulieren kann und in deren Rahmen demokratische Entscheidungsprozesse möglich sind – wie sehr diese auch durch das Delegationsprinzip vermittelt sein mögen. Die Zeit, die der Realismus der internationalen Beziehungen so eindrucksvoll beschrieben hat, geht zu Ende: Die Nationalstaaten, die je individuell und frei von moralischen Bindungen ihr nationales Interesse verfolgen, gibt es nicht mehr. Nicht einmal die Großen, etwa die USA oder China, können ohne Rücksichtnahme auf die Weltöffentlichkeit ihre Strategien verfolgen. Diese Weltöffentlichkeit ist rudimentär, sie ist gebrochen, insbesondere durch die meist nationalstaatlich organisierten Medien und die zwar öffentlichkeitswirksamen, aber organisatorisch relativ schwachen globalen NGOs. Dennoch geht von ihnen die Hoffnung aus, dass die Entwicklung zu einer humanen kosmopolitischen, ökonomisch erfolgreichen und sozial wie ökologisch verantwortlichen Weltgesellschaft möglich ist.

III.10 Resümee:
Eine humane Ökonomie

Im ersten Teil des Buches haben wir uns mit der Frage befasst, was ökonomische Rationalität eigentlich ausmache. Im orthodoxen Verständnis sind die beiden Zentralelemente ausschlaggebend: (1) die Optimierung der Konsequenzen des Handelns und (2) der Eigennutzen als Maß der Folgenbewertung. (I.1–I.4) Diese übersichtliche und wirkungsmächtige Rationalitätskonzeption scheitert allerdings schon an alltäglichen Handlungssituationen. So lässt sich ein vertrauensvolles Gespräch zwischen zwei konsequent ihren jeweils eigenen Nutzen optimierenden Individuen nicht vorstellen. Generell verlangt erfolgreiche Kommunikation, dass die Beteiligten sich an bestimmte Regeln halten: die der Wahrhaftigkeit, des Vertrauens und der Verlässlichkeit. Da ökonomischer Erfolg ohne funktionierende Kommunikation gar nicht denkbar ist, kann dieses orthodoxe Verständnis von ökonomischer Rationalität nicht das letzte Wort sein. (I.5)

Diese drei für Kommunikation unverzichtbaren Regeln sind nur Spezialfälle für die Rolle von Regeln für menschliche Interaktion generell. Eine Gesellschaft, die aus einzelnen, ihren eigenen Nutzen optimierenden Individuen bestünde, hätte keine Regeln, könnte sich nicht verständigen, wäre nicht imstande, Gründe auszutauschen und persönliche Identitäten festzustellen. Eine solche Gesellschaft ist nicht vorstellbar. Die Regeln, die menschliches Handeln ermöglichen, durch deren Befolgung ein gesellschaftlicher Sinnzusammenhang entsteht, sind normativ. Es handelt sich dabei nicht lediglich um bestimmte Regularitäten des Verhaltens, die wir beobachten können, sondern um Erwartungen, die wir wechselseitig aneinander richten. (I.6)

Wir haben festgestellt, dass das Befolgen einer Regel eine Form der Kooperation ist. Dies ist das zentrale Argument dafür, dass eine Gesellschaft je individuell optimierender Individuen inhuman wäre. Damit ist keineswegs behauptet, dass ökonomische Konkurrenz durch allgemeine Kooperation ersetzt werden sollte. Vielmehr gibt es ein komplexes Wechselverhältnis von Konkurrenz und Kooperation, das man etwa so zusammenfassen kann: keine Konkurrenz ohne Kooperation. (I.7–I.9)
Interessanterweise lässt sich das für die moderne ökonomische Theorie zentrale Nutzentheorem so interpretieren, dass die Festlegung auf optimierende und egoistische Individuen entbehrlich ist. Tatsächlich beruht diese in der ökonomischen Theorie verbreitete Interpretation des Nutzentheorems auf einem logischen Irrtum. Man kann das gesamte begriffliche und mathematische Instrumentarium der Entscheidungs- und Spieltheorie aufrechterhalten, ohne die inhumanen Konsequenzen einer einseitigen ökonomischen Rationalitätskonzeption in Kauf nehmen zu müssen. Die Alternative ist eine humane Rationalitätskonzeption, die kohärentistisch und nicht konsequentialistisch ist. (I.10)
Im zweiten Teil haben wir uns mit einer Reihe ethischer Befunde befasst, die für eine humane Ökonomie unverzichtbar sind. Die Praxis der Marktteilnehmer muss sich durch Verlässlichkeit auszeichnen. Egoistische Optimierer werden diese »Tugend« nicht entwickeln. (II.1)
Gute ökonomische Entscheidungen verlangen Urteilskraft. Diese entspricht einem eigenständigen Rationalitätstypus, der sich nicht auf den der ökonomischen Orthodoxie reduzieren lässt. Urteilskraft verlangt, den besseren Gründen zu folgen, seine Überzeugungen – und geäußerten Urteile – nicht opportunistisch am eigenen Vorteil auszurichten. (II.2)
Eine Person zeigt Entscheidungsstärke, wenn sich ihre einzelnen Handlungen zu einem kohärenten Ganzen strukturell

über längere Zeiträume hinweg fügen und wernn die Person in der Lage ist, jeweils das zu tun, was sich in die gewünschte Struktur der Praxis einfügt. Jeweils den Wünschen des Augenblicks zu folgen, zeigt dagegen Willensschwäche. In einer humanen Ökonomie sind Verlässlichkeit, Urteilskraft und Entscheidungsstärke gefordert, um eine kohärente, an Gründen orientierte und daher rechtfertigbare Praxis zu ermöglichen. (II.3)

Es hat sich dann gezeigt, dass auch Tugenden wie die der Besonnenheit, des Respekts und der Loyalität von großer Bedeutung für eine humane Ökonomie sind. (II.4–II.6)

Im antiken Begriff der Gerechtigkeit fügen sich diese verschiedenen ethischen Einstellungen zu einem strukturellen Zusammenhang. Entsprechend kann man diese Überlegungen zu den ethischen Grundbedingungen einer humanen Ökonomie auch als Modernisierung der sogenannten Kardinaltugenden ansehen, wie sie über zweitausend Jahre in Europa diskutiert wurden und zum Teil noch bis heute diskutiert werden. Doch spricht viel dafür, diese Einstellungen um eine zu ergänzen, die in ihrer vollen Komplexität zuerst im buddhistischen Kulturkreis diskutiert und praktiziert wurde. Das ist die Tugend der Achtsamkeit. (II.7–II.9)

Eine humane Ökonomie ist mit der persönlichen Integrität aller Beteiligten vereinbar. Das klingt nach einer Trivialität, wie wir im letzten Kapitel des zweiten Teils dieses Buches gezeigt haben, ist aber keineswegs selbstverständlich. Die heute vorherrschende Auffassung ökonomischer Rationalität verletzt die persönliche Integrität der Beteiligten in systematischer Weise. (II.10)

Nachdem wir im ersten Teil über ökonomische Rationalität und im zweiten Teil über ethische Einstellungen nachgedacht haben und jeweils die Implikationen für eine humane Ökonomie erörtert wurden, führten wir die Stränge im dritten Teil zusammen, um eine umfassende Konzeption praktischer Vernunft vorzustellen, in die sich die spezifische ökonomische Rationalität einbetten muss. Der vielleicht wichtigste Schritt für eine solche Einbettung ist die Entkoppelung von Präferenzen und Entscheidungen. Rationalität besteht nicht darin, die jeweiligen Präferenzen, welche die Person zu einem bestimmten Zeitpunkt hat, optimal zu erfüllen. Eine Person, die sich so verhielte, wäre eine Art Optimierungsmaschine, sie optimierte ihre Präferenzenerfüllung. Die Präferenzen selbst wären gegeben. Menschliche Freiheit und Vernunft äußern sich in der Fähigkeit, Gründe abzuwägen und den besten Gründen folgend zu handeln (und zu urteilen). (III.1–III.2)

Nur ein Bruchteil unserer Handlungsgründe bezieht sich in der alltäglichen Praxis direkt und als ausschließliche Motivation auf unser Eigeninteresse. In einer humanen Ökonomie wird das Eigeninteresse nur in den Grenzen verfolgt, die mit der gleichen Freiheit aller und der persönlichen Integrität des Einzelnen, die sich in seinen ethischen Einstellungen niederschlägt, vereinbar ist. (III.3)

In der ökonomischen Theorie wird angenommen, dass Güter nie ausreichen, um gegebene Wünsche zu befriedigen, folglich dass das individuelle Streben nach Befriedigung grenzenlos ist (Prinzip der steigenden individuellen Nutzenfunktionen). Dieses Insuffizienzprinzip wird in einer humanen Ökonomie durch das Satisfaktionsprinzip abgelöst, das für jedes Gut eine individuelle Sättigungsgrenze annimmt, deren Überschreitung den Nutzen nicht weiter steigen, sondern sinken lässt. (III.4)

Eine humanistische ökonomische Theorie hält an den beiden miteinander verkoppelten Grundnormen der modernen Demokratie, der Freiheit und Gleichheit, der gleichen Freiheit, der gleichen Autonomie, des gleichen Respekts, fest und fällt nicht in eine anarchistische Position zurück. Gerechtigkeit und Effizienz sind keine Gegensätze, sondern komplementäre

Normen. Effizienz allein garantiert keine Gerechtigkeit, und jede gerechte Verteilung ist effizient. (III.5–III.6) Gerechtigkeit gegenüber nachfolgenden Generationen verlangt eine rasche Umstellung auf einen nachhaltigen ökonomischen Entwicklungspfad. Nachhaltigkeit – so könnte man sagen – ist die postmoderne Komplettierung der für die Moderne zentralen Werte der Freiheit und Gleichheit. Eine humane Ökonomie ist nachhaltig und kehrt in dieser Hinsicht zu einem Grundprinzip vieler traditioneller Wirtschaftsweisen und Lebensformen zurück.[83] Im schlimmsten Falle werden die Verteilungskämpfe um immer knapper werdende Ressourcen derart eskalieren, dass die kulturellen, die wissenschaftlichen und technologischen Errungenschaften seit Beginn der Industrialisierung wieder verloren gehen und die überlebende Menschheit zur Subsistenzwirtschaft zurückkehrt. Im günstigsten Fall werden die wissenschaftlich-technologischen, aber auch die politischen und kulturellen Potenziale zu einem frühzeitigen Übergang zu nachhaltigem Wirtschaften weltweit genutzt, begleitet von einer neuen technologischen Dynamik, und es etabliert sich eine nachhaltige und humane globale Ökonomie auf hohem technologischem und kulturellem Niveau, eingebettet in zivilgesellschaftliche Strukturen und gerechte politische Institutionen. (III.7–III.9)

Alle Praxis ist Menschenwerk. Es gibt keine ehernen Gesetze der Biologie, der Geschichte oder der Ökonomie. Wir können unsere Handlungsverantwortung nicht entsorgen. Sozialdarwinismus, marxistische Geschichtsmetaphysik, auch der zeitgenössische Ökonomismus sind Formen intellektueller Ver-

---

83 Nicht alle vorindustriellen und Wirtschaftsweisen waren und sind nachhaltig in diesem Sinn, wenn man etwa die Zerstörung ökologischer Gleichgewichte durch hypertrophe Viehzucht der Herero im südlichen Afrika oder die Abholzung der Wälder des Mittelmeers für den römischen Flottenbau bedenkt.

antwortungsflucht. Die Bedingungen menschlichen Lebens können gestaltet werden, die ökonomische Praxis ist ein wichtiger Teil. Diese lässt sich humaner oder inhumaner gestalten. In diesem Traktat ging es lediglich um einen Aspekt: die philosophischen Grundlagen einer humanen Ökonomie. Die ökonomische Praxis humaner zu gestalten, ist eine Aufgabe, an der viele mitwirken müssen: Arbeitgeber und Arbeitnehmer, Verbände und Gewerkschaften, Management, Betriebs- und Personalräte, Parlamente und Regierungen, Bürgerschaft und Zivilgesellschaft. Die Philosophie spielt dabei nur eine kleine Rolle. Die Philosophie kann und sollte jedoch der Praxis Orientierung geben. Das habe ich hier versucht.

Nicht euch wird der Dämon erlosen, sondern ihr werdet den Dämon wählen. Wer aber zuerst geloset hat, wähle zuerst die Lebensbahn, in welcher er dann notwendig verharren wird. Die Tugend ist herrenlos, von welcher, je nachdem jeglicher sie ehrt oder geringschätzt, er auch mehr oder minder haben wird. Die Schuld ist des Wählenden; Gott ist schuldlos.

Platon,
Mythos des Er, ca. 347 v. Chr.